全国革命老区县发展史丛书——河北卷

卢龙县革命老区发展史

卢龙县老区建设促进会 编

河北出版传媒集团
河北人民出版社
石家庄

英烈传千古
事迹励后人

李运昌
一九九一年十二月

李运昌题词

在永平府中学堂读书时的李大钊

原冀东军分区司令员李运昌

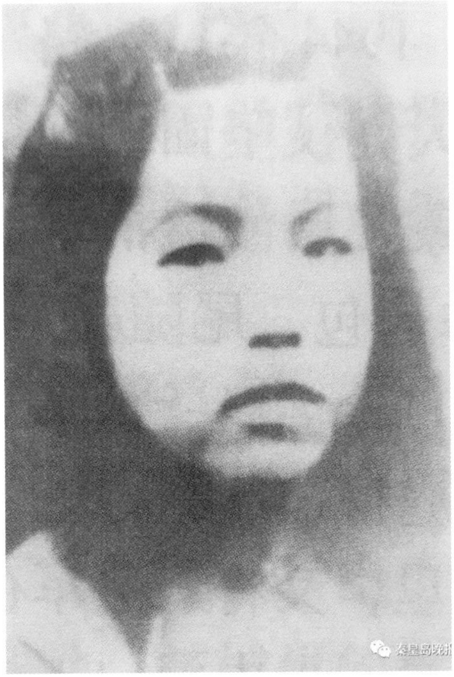

党的女儿李洗凡

爆破英雄邵洪生

冀东八路军渡过滦河开辟滦东

冀东八路军十二团在滦东练兵

冀东十二团团长曾克林（左2）等团部领导在柳河圈杨家台

1942 年，冀东八路军攻克卢龙县樊各庄镇，附近的老百姓欢庆

卢龙县军民拆毁青龙河沿岸的日军炮楼

冀东八路军攻克燕河营

全国重点文物保护单位陀罗尼经幢

卢龙古城大西门

卢龙县冀东抗战纪念馆

卢龙县烈士陵园

卢龙县桃林口

卢龙县孤竹文化公园

中国孤竹文化之乡主题雕塑

河北省文明县城——卢龙县城

《卢龙县革命老区发展史》编委会

主　　任　鞠世闻　中共卢龙县委书记
　　　　　张志明　中共卢龙县委副书记、卢龙县人民政府县长
副 主 任　鲍成超　中共卢龙县委副书记
　　　　　程　浩　中共卢龙县委常委、卢龙县人民政府常务副县长
　　　　　胡瑞东　中共卢龙县委常委、县委宣传部部长
　　　　　李学兴　中共卢龙县委常委、县委办公室主任
　　　　　高建伟　卢龙县人民政府副县长
委　　员　辛昌亮　卢龙县政府办公室主任
　　　　　田　光　卢龙县农业农村局党委书记、局长
　　　　　杨庆妹　中共卢龙县委办公室副主任
　　　　　邢亚辉　卢龙县财政局党组书记、局长
　　　　　齐春宝　卢龙县委组织部副部长
　　　　　陈　亮　卢龙县委宣传部副部长
　　　　　宋　坤　卢龙县老区建设促进会会长
　　　　　杨爱民　卢龙县老区建设促进会副会长、秘书长
　　　　　刘云峰　卢龙县老区建设促进会副会长
　　　　　赵　洋　卢龙县老区建设促进会副会长

主　　编　宋　坤
编写人员　宋　坤　杨爱民　冯庆茹　崔敬祎

总 序

在举国欢庆新中国成立70周年前夕，中国老区建设促进会王健会长请我为《全国革命老区县发展史》丛书作序，作为一名在老区战斗过并得到老区人民生死相助的老兵，回首往事，心潮澎湃，感慨万千，深感义不容辞，欣然应允。

中国革命老区，是以毛泽东为代表的中国共产党人在领导人民推翻帝国主义、封建主义和官僚资本主义三座大山，争取民族独立和人民解放伟大斗争中建立的革命根据地，在这片红色的土地上，诞生了无数可歌可泣的革命英雄儿女，为后人树起了一座不朽的丰碑，他是新中国的摇篮，是党和军队的根。

在艰苦卓绝的战争年代，老区人民把自己的命运与中华民族的命运紧紧地联系在一起，与中国共产党和人民军队的命运紧紧地联系在一起，他们生死相依，患难与共。我曾经历过战争年代，并得到过老区红哥红嫂的救助，切身感受到发生在身边的一幕幕撼天动地的革命故事，在那极其艰难的条件下，老区人民倾其所有、破家支前，不怕艰难困苦，不怕流血牺牲。“最后一碗米送去做军粮，最后一尺布送去做军装，最后一件老棉袄盖在担架上，最后一个亲骨肉送去上战场”，这是当时伟大的老区人民为建立新中国做出巨大牺牲的真实写照，他将永远镌刻在中国共产党、中国人民解放军、中华人民共和国的历史丰碑上。他们的光辉业绩永载史册，他们的革命精神必将影响一代又一代的革命新人，造就一代又一代的民族脊梁。

在社会主义革命和建设时期，革命老区和老区人民响应党的号召，面对落后的面貌、脆弱的经济、恶劣的生态环境，他们本色不变，精神不丢，自力更生，艰苦奋斗，干一行爱一行。始终坚持“革命理想高于天”，自觉做共产主义远大理想的坚定信仰者和忠实实践者，勇于向恶劣的自然环境和贫穷落后宣战，他们在各条战线上为国建功立业，用平凡的双手创造了一个又一个不平凡的奇迹，彰显了老区人民崇高精神和人格力量。

在改革开放的伟大进程中，老区人民解放思想，勇于创新，发奋图强，攻坚克难，老区的经济社会建设取得了辉煌成就。特别是在改变中国的面貌、中华民族的面貌、中国人民的面貌、中国共产党的面貌的伟大实践中发挥了至关重要的作用。老区人民既是改革开放的参与者，也是改革开放的推动者。

艰苦炼意志，危难见精神。老区人民在近百年的革命战争、社会主义建设和改革开放的伟大实践中，孕育形成了伟大的老区精神；爱党信党、坚定不移的理想信念；舍生忘死、无私奉献的博大胸怀；不屈不挠、敢于胜利的英雄气概；自强不息、艰苦奋斗的顽强意志；求真务实、开拓创新的科学态度；鱼水情深、生死相依的光荣传统。这是党和人民宝贵的精神财富、丰厚的政治资源，是凝心聚力、振奋民族精神的重要法宝，也是社会主义核心价值观的重要内容。

中国老区建设促进会怀着强烈的政治责任感和历史使命，组织全国各地老促会人员克服困难，尽心竭力编纂《全国革命老区县发展史》丛书，记录老区的光辉历史和辉煌成就，传承红色基因，弘扬老区精神，是功在当代、利及千秋的一件大事。手捧这部丛书的部分书稿，读着书中的故事，倍感亲切，深感这部丛书具有资政、育人、存史的社会功能，有着重要的时代和历史价值。他是不忘初心、牢记使命的源头活水，是赞颂共产党、讴歌老区人民的一部精品力作，是弘扬老区精神、传承红色记忆的丰富载体，是一项继承优秀传统文化、弘扬革命文化、发展社会主义先进文化，坚定“四个自信”的宏大文化工程。他必将成为一种文化品牌，为各界人士了解老区、宣传老区、支持老区提供一部有价值的研究史料。希望读者朋友们能从中了解并牢记这些为党和民族的利益不断奉献的老区人民，从中得到教益，汲取人生奋斗的精神动力。

新时代赋予新使命，新的起点开启新征程。让我们更加紧密地团结在以习近平同志为核心的党中央周围，坚持以习近平新时代中国特色社会主义思想为指导，增强“四个意识”，坚定“四个自信”，做到“两个维护”，弘扬老区精神，铭记苦难辉煌。为实现“两个一百年”奋斗目标，实现中华民族伟大复兴的中国梦，作出新的更大贡献！

迟浩田

2019 年 4 月 11 日

序

卢龙县隶属河北省秦皇岛市，燕山南麓，明长城脚下。总面积961平方千米。全县有13个乡、镇、经济开发区，548个自然村，总人口40.57万，其中老区乡村、人口占全县总数的一半以上。

卢龙县具有3600年的历史，殷商时期为著名的孤竹国的所在地。以伯夷、叔齐“让国全仁、谏伐存义、采薇守节”的道德精神为核心，形成了名垂千古的中国孤竹文化。近年来，卢龙县先后被中国文联、中国民协命名为“中国孤竹文化之乡”，被联合国命名为“千年古县”，成为全国100个“千年古县”之一。

卢龙县依山傍海，战略地位十分重要。历史上战事频繁。齐桓公“老马识途”，汉李广“射石没羽”就发生在这里。明清时期，这里发生过无数次厮杀征战。这里又是红色革命的摇篮。中国共产党的创始人之一革命先驱李大钊、“东方圣人”蒋卫平在永平府中学堂求学，在这里奠定了马克思主义价值观。1937年，卢龙县师范学校校长、共产党人高敬之，扯旗造反，拉起2000人的抗日队伍，在无税庄起义，打下卢龙城，参加了轰轰烈烈的“冀东大暴动”。冀东军区司令员李运昌、冀东十二团团长曾克林等在卢龙县柳河北山抗日根据地指挥冀东抗战，多次给日本侵略者沉重的打击。在解放战争中，卢龙县老区人民在中国共产党的领导下，为民族独立和解放，同国民党反动派进行了不屈不挠、艰苦卓绝的斗争。他们破交通、炸火车、割电线、埋地雷、抬担架、运军粮，有力地支援了人民解放军的辽沈战役和平津战役。在抗日战争和解放战争时期，卢龙涌现了宁死不屈的党的女儿李洗凡、盘肠大战的爆破英雄邵洪生等一大批血染疆场革命英烈，他们永远活在卢龙县人民心中。

新中国成立后，卢龙县委、县政府和广大人民群众在党的路线、方针、政策的指引下，切实加强党的建设，积极建立和巩固人民民主政权，认真开展"三反""五反""剿匪肃匪""镇压反革命""抗美援朝"等各项运动；认真进行对农业、手工业和资本主义工商业的社会主义改造，搞好社会主义过渡和社会主义建设，全县国民经济和社会各项事业有了大幅度发展。"文革"十年，卢龙县在种种干扰和压力下，大力开展"工业学大庆"和"农业学大寨"运动，大上工业企业，大力开展农田水利基本建设，接力治水，工农业生产不断发展。十一届三中全会以来，卢龙县积极开展农业、工业等各个领域经济体制改革，推行改革承包，对外开放，调整产业机构，发展特色产业。党的十八大、十九大以来，卢龙县认真坚持学习习近平新时代中国特色的社会主义思想，增强"四个意识"、坚定"四个自信"、做到"两个维护"，进一步开展社会主义现代化建设，搞好各项"民心工程"，加强城乡基础设施建设，加强老区建设，实施精准扶贫，为实现中华民族的伟大复兴做出了积极的贡献。

《卢龙县革命老区发展史》，翔实地介绍了卢龙县革命老区在新中国成立前后各个历史时期艰苦卓绝的发展历程。通览全书，可以看到战争年代枪林弹雨、波澜壮阔的战斗场面，看到卢龙英雄儿女前仆后继、英勇无畏的战斗精神，看到卢龙人民自力更生，艰苦创业，改天换地的伟大成就，尤其是能够看到卢龙县乃至全国各族人民改革复兴，在以习近平同志为核心的党中央的领导下，勠力同心，团结奋斗，实现中华民族伟大复兴的美好前景和希望。

卢龙县老区建设促进会

2020年10月

编写说明

2017 年 6 月，中国老区建设促进会组织全国各地老促会启动编纂《全国革命老区县发展史》丛书，按照“建立中国共产党、成立中华人民共和国、推进改革开放和中国特色社会主义事业”三大里程碑的历史脉络，系统书写革命老区百年历史，深入挖掘革命老区红色文化资源，这对于充实丰富中国革命史籍宝库，在新时代传承红色基因、弘扬革命精神、强固根本，对于激励人们夺取新时代中国特色社会主义建设的伟大胜利，实现中华民族伟大复兴的中国梦具有重要意义。

丛书编纂以习近平新时代中国特色社会主义思想为指导，以《中国共产党历史》《中国共产党的九十年》等中央文献为基本依据，以党的领导为核心，以老区人民为主体，以老区发展为主线，体现历史进程特征，突出时代发展特色，坚持辩证唯物主义和历史唯物主义相统一、历史真实性和内容可读性相统一的原则，书写革命老区从站起来、富起来到强起来的光辉革命史、不懈奋斗史、辉煌成就史，把老区人民的伟大贡献、伟大创造、伟大成就、伟大精神充分展示出来，形成一部具有厚重历史特征和鲜明时代特色的精品力作。这是一部培根铸魂、守正创新，既为历史立言，又为时代服务，字里行间流淌着红色血脉、催生着革命激情的传世之作。丛书的编纂出版将成为讴歌党、讴歌人民、讴歌时代，传播红色文化，为革命老区和老区人民树碑立传的重要载体。

丛书按照编年体与纪事本末体结合、以编年体为主的编写体例确定框架结构；运用时径事纬、点面结合的方式记述史实，坚持人事结合、以事带人的原则处理人与事的关系；采取夹叙夹议、叙论结合、以叙为主的方法展开内容，做到了史料与史论、历史与现实、政治与学术统一，文献性、学术性、知识性相兼容。

为编纂好《全国革命老区县发展史》丛书，打造红色文化品牌，中国老区建设促进会认真组织积极协调，提出政治立场鲜明、史料真实准确、思想论述深刻、历史纬度厚重、时代特色突出、编写体例规范、篇目布局合理、审读把关严格、出版制作精良的编纂出版要求，力求达到革命史籍精品的精神高度、思想深度、知识广度、语言力度，增强丛书的权威性和社会影响力。各省（区、市）、市（州、盟）、县（市、区、旗）老促会的同志以强烈的使命感、责任感和紧迫感，勇于担当，积极作为，认真实施，组织由老促会成员、专家学者等参加的十余万人编纂队伍。编纂工作主体责任在县；省、市组织协调，指导、审读把关。各方面人员以高度负责的精神和科学严谨的态度，满腔热情地投入工作，为丛书编纂出版做出了重要贡献，丛书编纂工作还得到了党和国家有关部委、地方各级党委、政府及有关部门的大力支持和积极参与，社会各界也给予了热情帮助。中共中央政治局原委员、中央军委原副主席、原国务委员兼国防部长迟浩田上将，对老区人民怀有深厚感情，对革命老区建设发展十分关注，欣然为《全国革命老区县发展史》丛书作总序。

丛书由总册和1599部分册（每个革命老区县编纂1部分册）组成，共1600册。鉴于丛书所记述的史实内容多、时间跨度长和编纂时间紧，不妥之处，敬请批评指正。

中国老区建设促进会

目 录

CONTENTS

第一编 县域概述

第二编　古城烽火

（1905 年 1 月~1949 年 10 月）

第三编　探索发展

（1949 年 10 月~1978 年 11 月）

第四编 改革复兴

（1978 年 12 月~2020 年 12 月）

第一编 01

县域概述

卢龙县隶属于河北省秦皇岛市，地处河北省东北部，燕山南麓，明长城脚下，面积961平方千米。境内京哈铁路、京秦铁路、大秦铁路横贯东西。

卢龙县殷商时期为孤竹国所在地。伯夷、叔齐让国相去、齐桓公“老马识途”的故事就发生在这里。卢龙县历史悠久，文化积淀深厚，是个具有3600年历史的千年古县。明清时期，卢龙为“京东第一府”治所（永平府），是京东地区政治、经济、文化的中心。抗日战争时期，卢龙县是开辟滦东的桥头堡。解放战争时期，又为冀东地区解放战争的指挥中心。

卢龙县历史悠久，积淀深厚，文化资源十分丰富。孤竹文化，享誉华夏大地，永平府文化，令人耳目一新。甘薯产业、葡萄酒产业、旅游产业资源也非常丰富，大有深度开发潜力。

第一章 历史沿革

第一节 千载孤竹

孤竹国诞生于商朝初期。据《史记索隐·伯夷列传》所记："孤竹君是殷汤（约公元前1600年）三月丙寅日所封"，距今有3600年的历史。

孤竹国是北方诸侯国中强盛的国度。国君与商王朝为同姓血亲。孤竹国疆域广阔，今辽宁以西、内蒙古以南、京津以东、渤海以北广大地区，都属于孤竹国的疆域范围。

孤竹国的核心地带在今河北省卢龙县。《括地志》载，孤竹古城在卢龙城南十二里，今故迹已不可考。至今，在卢龙县境内以及周边地区，尚存"夷齐井""夷齐庙""夷齐读书处"、孤竹少君墓等遗址。

商末，孤竹国逐渐由强变弱。箕子东迁，大部孤竹先民同往朝鲜。孤竹北部，山戎部落日渐强盛，侵吞了孤竹大片领土。西部为西周分化。西周在孤竹国西部建立了燕国，管控孤竹及其北方属地和方国。周惠王十三年（公元前664年），山戎出兵伐燕国。燕向齐国求援，齐桓公为救燕出兵伐山戎，"北伐山戎，弗令支，斩孤竹而南归"。至此，孤竹国并入了燕国，结束了940年的孤竹辉煌。

第二节　千年古县

春秋时，属燕国。燕封肥子国，都城在今卸甲庄一带。秦并六国而统一后，地属辽西郡。

西汉景帝后元三年（公元前 141 年），建肥如县，属幽州刺史部辽西郡。县治肥子国都城旧址。王莽新朝初始元年（公元 8 年）改肥如为肥。东汉建武元年（公元 25 年），复置肥如县。

三国时期，地属魏，为幽州辽西郡肥如县。西晋十六国时期，县地为幽州辽西郡肥如县。北魏，肥如县境于太武帝延和元年（公元 432 年），割境侨置朝鲜县，县治双望古堡一带。太延二年（公元 436 年），析朝鲜县境西部侨置新昌县，县治朝鲜城，北齐初移治今卢龙县城，为新昌城。太延五年（公元 439 年），北魏统一北方时，今县境分属肥如、朝鲜、新昌 3 县，属平州统辖。

北齐，省朝鲜入新昌，今境分属肥如、新昌 2 县，隶于平州北平郡，郡城和新昌县治均为今县城。

隋开皇六年（公元 586 年），省肥如入新昌县。十八年（公元 598 年），县名更为卢龙，治所在今县城。大业元年（公元 605 年）又在卢龙置北平郡。辖地比前有所扩大。

唐武德元年（公元 618 年），复改卢龙为肥如，并析置临渝县，属平州北平郡，二年复名卢龙，析县境东部置抚宁县，均隶属于北平郡。七年，又省抚宁入卢龙。开元二十八年（公元 740 年）析置马城县。

契丹天赞三年（公元 924 年），县始归契丹，属南京道平州。

辽代，太祖神册年间析县境南部侨置望都县，县治今木井一带，今境分属平州卢龙、侨置望都 2 县。

金代，县属中都路平州。大定七年（公元1167年）废侨置望都设海山县。二十九年（公元1189年）析境东部置抚宁县，县治新安镇（今抚宁区城）。

元朝初年，设兴平府。县属之。府、县治均为今县城。中统元年（公元1260年）改兴平府为平滦路，路城未变。至元二年（公元1265年）省迁安入卢龙，后复置，省海山入昌黎，三年复置，四年又省海山入昌黎，七年复置，后废海山入抚宁。大德四年（公元1300年）平滦路更名永平路，县属之，隶于中书省。路城、县治均为今县城地。

卢龙县自隋开皇十八年（公元598年）置县以来至今已有1400多年的历史。2010年卢龙县被列入全国100个千年古县之一，并拍摄了《千年古县——卢龙》的电影。

第三节 盛世永平

明代，洪武二年（公元1369年）更永平路为平滦府，四年（公元1371年）三月改名永平府，卢龙为首县。府城、县治均为今县城。万历十年（1582）永平府直辖于京师。

清朝，于顺治元年（公元1644年）县属直隶省永平府。

明清时期，卢龙一直是永平府治所。永平府依山傍海，军事、地理位置十分重要，素称“京东第一府”，是京东地区政治、经济、文化的中心。

1912年中华民国废卢龙县留永平府。1913年，裁府设县，置永平县，隶于渤海道。1914年，更永平县复卢龙县，隶于直隶省津海道。1928年，直隶省改为河北省，县属之。1933年，设伪卢龙县公署，属伪冀东道。1936年1月，县属伪冀东防共自治政府。1940年

10月至1942年7月，中共迁滦卢工委代行政权，旧治卢龙二区属之。1942年7月至1943年7月，中共路南工委代行政权，县境南部属之。1943年8月至1944年10月，设迁卢抚昌联合县，属冀东区。1944年10月至1945年9月，设卢抚昌联合县，属冀热辽边区冀东行署。1945年9月复卢龙县治，辖属未变。1946年11月至1948年11月，国民党政权曾先后于县城和石梯子、西刘各庄（今属滦州市）设卢龙县政府，仅控制县城或滦河西岸一带地区。至1948年国民党县党政机关溃散，卢龙旧治废。

第二章 自然地理

第一节 位置疆域

卢龙县地处河北省东北部，燕山南麓，北依长城，南抵京沈铁路，东自城山、老绝顶一线，西至滦河、青龙河，境内多低山丘陵，周与5县（市、区）为邻。东连抚宁，县城距县界18.5千米，南接昌黎，县城距县界18千米，西南隔滦河与滦州市相望，县城距县界4千米。西濒青龙河与迁安市为邻，县城距县界1.5千米。北与青龙满族自治县以长城为界，县城距县界29千米。县境东起刘田各庄镇大岭峪，西止石门镇西阚各庄村，东西横距28千米，南自石门镇团山子村，北迄刘家营乡刘家口村，南北纵距47千米。县治卢龙镇位于县境中部偏西，东距秦皇岛市区82千米，西距首都北京225千米，西南距省会石家庄432千米。总面积961平方千米。京沈、京秦、大秦铁路，山广、京沈南线公路横穿南、中、北部，是华北与东北的咽喉要道，地理位置十分优越。

第二节 地质地貌

县境地处亚欧古陆东缘，地质史上大陆变迁和水平飘移的变化，渤海的形成及演变，今卢龙境地层并未受到影响。几次大的地壳变迁，仅仅是结构发生了变化，使地质结构趋于叠置、倾斜和断层。

县境位于新华夏系燕山褶皱带东段，至今仍在活动。燕山隆起区，生成于华北洪冲沉积平原形成之前，洪冲沉积物基底和古潜山地层相伴而生。由于燕山运动的直接影响，中部形成S形皱脊延至境南，中部东偏北形成块状隆起，西部形成裂谷，经第四纪洪冲积逐渐沉淀堆积，地表径流汇集冲刷，形成青龙河和滦河河谷平原；东北部和东南部，形成沉降带，第四洪冲积物堆积，形成西洋河扇形盆地、饮马河山前冲积扇平原和六大盐碱港洼。

第三节　山脉河流

卢龙县属多山的丘陵县，境内山峦丛杂绵亘，起伏不绝。境内有大小山峰8座。

燕山，位于卢龙县城北30千米，横贯燕河营、刘家营两个乡镇，为燕山山脉。尖山槐，位于县城北30千米，刘家营乡北部，主峰海拔626.6米。面积1公顷。山体由中元古界的云岩组成。主峰突起，群山环抱。东、北、西面陡峭，南面递缓，有崎岖小路通顶。明长城横贯其北。老绝顶，位于县城东南25千米处，刘田各庄镇东南。主峰海拔590.7米。山底面积1.2公顷。属卢龙县、昌黎县界山。西北临冠峰顶，南接昌黎大平顶山。山体由细粒花岗岩组成，山势陡峭高耸，沟堑渠涧纵横。松林资源较为丰富。冠座顶，位于县城东南23千米处，刘田各庄镇东南。主峰海拔622米，面积0.4公顷。属卢龙县、抚宁区界山。南和老绝顶绵连，北、南、西山势陡峭，东面平缓，封顶较为平坦，且有古建筑遗址。东城子，位于县城东20千米处，双望镇东南部，东临抚宁，主峰海拔489.4米，面积0.2公顷。山体由斑状角闪花岗岩组成，山势北坡缓，其余三面陡峭。山腰有山洞，植被多灌丛，东坡有松林。阳山，古称首阳山，位于县城东南7.5千米，主峰海拔352米，面积1公顷。为商代孤竹国王子伯夷叔齐采薇殉节之地。山体由斑状混合冈和闪长岩组成。东西走向，峦峰高耸，下多溪谷。东、南面山势陡峭，西连鹰不落山，背面坡度较小。植被为针叶阔叶混交林，以松柏、洋槐为主。六音山，位于县城南 15 千米处，为县境南部滦河流域和饮马河流域分水岭，山体长 3.5 千米。主峰海拔 292.6 米，面积 0.45 公顷。山有三峰，曰牛耳山、书院山、城子山。书院山为当年伯夷叔齐读书处，今尚存“夷齐读书处”5 个摩崖石刻大字。武山，位于县城西南 14.5 千米，石门镇南部。主峰海拔 287 米，面积 0.45 公顷。为卢龙县、昌黎县、滦州界山，山有五峰。山体为石灰岩岩层，属喀斯特地貌区。自然洞穴较多，主要有黎洞、东山脚洞。在武山北面，现存武山喀斯特溶岩化石洞一处，为秦皇岛市文物保护单位。

卢龙县境内有大小河流 24 条，分属滦河、饮马河、西洋河三个水系。主要河流有滦河、青龙河、西洋河、饮马河。

滦河水系，滦河古河道古称濡水，发源于丰宁满族自治县，在卢龙县虎头石处进入卢龙县境，与青龙河汇流，流经卢龙镇、石门镇，从石门镇阚各庄出境。

青龙河水系。青龙河古称玄水、漆水，发源于平泉市。在桃林口穿过长城进入卢龙县境。流经刘家营、潘庄、印庄、卢龙镇，在虎头石村西与滦河汇流而入海。青龙河是河北省境内唯一没有污染的河流。

洋河水系。洋河，古称阳水。卢龙县境内的称西洋河，发源于卢龙县陈官屯乡北冯家沟，在富贵庄西流入抚宁天马湖，境内长度 7.5 千米，有燕河、兴隆河等支流 4 条。

饮马河水系。饮马河古称宾水，发源于卢龙县东南部。源头有阳山北张家沟和秦庄头南山沟，流经刘田各庄、蛤泊镇进入昌黎县境。县内流经 9.6 千米，支流有黑石河、红花峪河、阳山河、万家河、棋盘山河、柳河、龙凤河等。

第四节　土壤气候

据1982年全县土壤普查结果显示，按土壤的土类、亚类、土属、土种4种4级分类制，卢龙县土壤共分棕壤、褐土2个土类，4个亚类，15个土属，57个土种。

棕壤。分布在燕山山脉海拔350米以上的次生林区，只有生草棕壤亚类，2个土属，2个土种。坡度大于25度，土壤侵蚀严重，不适宜种植农作物，适宜种草种树，总面积1030.8公顷，占总土地面积1.1%。石英岩类残坡积土属有1个土种，即石英岩类残坡积生草棕壤，主要分布在桃林口以东、燕河营北部长城沿线的低山地带。面积502.67公顷，占生草棕壤总面积的48.5%。表层有机质含量较高，土壤呈淡棕色或黄色，利于林木生长。石灰岩类残坡积土属有1个土种，即石灰岩类残坡积生草棕壤，主要分布在桃林口以西至刘家口。面积534.8公顷，占生草棕壤总面积的51.5%，养分含量较高，表层有机质含量在2%以上，土壤呈黑棕色或黄棕色，通透性强，是林木生长的良好土壤。

褐土。褐土为人工堆垫底鹅卵石中壤质草甸褐土，多为河滩鹅卵石沙土上人工堆垫而成，占草甸褐土亚类总面积的2.6%。主要分布在库下山间、废河滩或古河道。土质基础差，多为沙漏型，心底土多为鹅卵石，土壤养分状况受人为耕种影响大。

褐土分布在境内海拔350米以下低山、丘陵、河谷、盆地等地区。植被为旱生阔叶林和草本，耕地上是农作物。分布于潘庄镇东部、燕河营大部，陈官屯东部、南部，大刘庄西部、北部。草甸褐土总面积3.46万公顷，占总土地面积36.0%，其中耕地2.32万公顷，占总耕地面积50.9%，垦殖率为47.4%。分布于青龙河、洋河、饮马河两岸的河滩地、河淤地、盆地、库下山间废河滩。褐土性土总面积3.07万公顷，占总土地面积的31.96%，其中耕地面积4389.6公顷，占总耕地面积的9.6%，垦殖率为14.3%。主要分布在潘庄、刘家营、印庄、刘田各庄等低山丘陵区。

人工堆垫土。有6个土种，即人工堆垫沙壤质草褐土，人工堆垫底鹅卵石沙壤质草甸褐土，人工堆垫轻壤质草甸褐土，人工堆垫底沙轻壤质草甸褐土，人工堆垫底沙卵石轻壤质草甸。

卢龙县地处暖温带半湿润大陆季风气候区。一年四季分明，年平均气温10℃，平均无霜期169天，按平均气温分：4月8日至6月12日为春季，气候干燥，多风少雨，气温调升快，为全年蒸发量最大季节，易形成干旱；6月13日至9月10日为夏季，天气炎热，雨量充沛，多阴雨天气，日照少，蒸发最小；9月2日至10月25日为秋季，天高气爽，稀雨多晴，有秋旱形成，季末降霜，昼夜温差分明，中午热早晚夜间凉；10月26日至次年4月7日为冬季，寒冷干燥，多西北风，常受强寒潮的袭击，气温急剧下降，使人畜和冬作物遭受灾害，年降水量约750毫米，冬季最大冻层约1米，地震深度为7度，年平均日照时间为3100小时。

境内年平均气温10.7℃，1月份最低，平均气温-6.5℃，7月份最高，平均气温25.2℃，平均年较差31.7℃。年平均最高气温23.4℃，年极端最高气温39.0℃；年平均最低气温-10.2℃。极端最低气温-22.7℃（1978年12月29日）；极端年较差61.7℃。

第三章 战略地位

第一节 依山傍海

卢龙县北依燕山，南临渤海，万里长城横贯县境北部。辽金元明时期，这里战事频繁，为兵家必争之地。卢龙县北部燕山余脉横贯东西，境内沿山脉走向有明长城 22.3 千米，建有重峪口、桃林口和刘家口 3 个长城关口，敌楼 86 座，墩台若干。

明代，蓟镇总兵府是守卫蓟镇长城的重要军事机构。主要是牵制九边其他边镇及京营，防备叛乱，抵御蒙古入侵。其最大防戍范围，东起山海关，向西经永平（卢龙）、迁安、遵化、蓟州、平谷、顺义、昌平等州县境内的关口，到达居庸关南的镇边城，绵延二千华里。卢龙县桃林口关是蓟镇总兵府的首任驻地，首任蓟镇总兵官为隆平侯张信，第二任总兵官是遂安伯陈志。这段历史被后来的蓟镇总兵官戚继光称作“侯伯开府”。以伯侯级别的官员担任蓟镇总兵官，说明蓟镇长城在军事防御上的重要性。总兵府设在桃林口，说明卢龙桃林口战略地位之重要。隆庆三年春戚继光任蓟镇总兵，镇守蓟州、永平、山海。

第二节 军事重镇

明清时期，卢龙为“京东第一府”永平府所在地，是连接东北、拱卫京师的军事重镇。明时为东北重镇，初期防御北方蒙古游牧民族，后期为明与后金争夺之区。明成祖称帝前为镇守北平之燕王，曾率兵出征境内之都山乃尔不花部。建文元年七月，燕王朱棣起兵北平，以讨齐泰、黄子澄清君侧为名，号称“靖难”，发动政变。江阴侯吴高、都督耿瓛、杨文率辽东兵围永平，焚烧西门。燕王亲自率军救永平，营于永平城东。辽东兵向东退去，燕王追奔百余里，斩首千余骑。明末，清兵因屡攻宁城不克，就是从这一带的隘口突袭得手，从而兵临北京城下。

清代，卢龙被称为“两京咽喉”（北京和盛京，盛京即沈阳，清初皇城）。后金天聪四年正月初二（公元 1630 年 2 月 13 日），后金大军突破长城攻至永平城下。初三（14 日），清太宗召集诸将传授攻城方略，提出乘夜攻城，黎明时克取。果然按计划取城。初六（17 日），清太宗率诸将入城，官民夹道呼万岁。李自成兵败石河，就退居永平府修整，并在永平府范家店杀掉吴三桂的父亲吴襄。顺治元年（公元 1644 年），顺治帝入关，驻跸永平府，巡视民情，亲征安民。满清入关后，永平府为两京孔道，乘舆东巡，往来驰驱，尤为至重也。清代，朝廷一直重兵驻守永平，以拱卫京师和清东陵。清代皇帝顺治、康熙、乾隆多次回盛京祭祖，均驻跸永平府，并吟诗题咏，留下千古佳话。

第四章 资源优势

第一节 文化资源优势

一、源远流长的孤竹文化

卢龙为商时期孤竹国所在地，孤竹因末代王子伯夷、叔齐让国相去、扣马谏伐、首阳采薇的道德精神而闻名遐迩、举世瞩目。孤竹传国千年，衍生了以玄水文化、农耕文化、青铜文化、道德文化为内涵的中国孤竹文化。伯夷、叔齐的思想行为，被称为以孔子为代表的儒家思想的渊源，孤竹文化的核心涵育地卢龙也顺理成章地被称为东方德源。

二、千古传承的永平文化

明清时期，卢龙是历史上的鼎盛时期。永平府在历史上存续了五百多年，辉煌了五百多年，衍生了绚丽多彩的永平府历史文化。可以说，永平府是中华民族历史长河中一朵色彩斑斓的浪花。永平文化是华夏民族传统文化不可或缺的组成部分。

卢龙古城始建于东汉，是魏武帝曹操所筑，辽金时期又依山就势拓建，形成月牙状，俗称月牙城。明洪武四年，由指挥费愚主持重修。廓其东而大之，易土以砖。城高三丈有奇，厚二丈，雉堞九里十三步。自此，卢龙始为永平府治所。永平府古城内，原有平山、主山、永丰山三座小山掩映在城内的亭台楼阁、花草树木之中，山势高不过城墙，在城外看不见山头。故有“三山不显，四门不对”之说。永平府的四门，尚有“东门金鸡叫，北门铁棒槌，西门牛虎斗，南门推车换伞”之美妙传说。独树一帜的古城文化，丰富了永平府古城的文化内涵。

明清时期，永平府地处京东重地，为“京东第一府”治所，战略、军事地位至关重要，是举足轻重的京畿军事重镇。这里，发生了许多战事、兵事，衍生了举足轻重的军事文化。

永平府文化教育事业非常兴旺，教育体制、教学质量一路领先。历经几百年，跨越明清两个朝代，永平府的书院经久不衰，越办越好。明代，永平府的书院是嘉靖年间永平知府张玭创办的，名曰孤竹书院。隆庆六年，知府辛应乾建了北平书院。清乾隆十二年，永平知府卢见曾建立了敬胜书院。光绪二十八年十月，敬胜书院改为永平府立中学堂。永平府除书院外，明洪武二年还创办了永平府儒学、卢龙县学，永乐十五年创办了永平府学，崇祯十五年创办了永平府学宫，康熙五十四年创办了永平府义学，雍正五年创办了卢龙县义学。明清时期，永平作为府级行政区划单位，还是科举考试童试的重要考场所在地。举行县试、府试、院试等多层次的考试。只有通过这些考试，考生才能进入省级的乡试。

永平府，也是明清时期文人墨客题诗留墨的宝地，许多诗人借景生情，写下许多锦绣诗文，创造了多彩多姿的诗词文化。《永平府志》《卢龙县志》多有记载。清末，永平府乐亭县被慈禧太后称为“京东第一才子”的史孟兰，著有《永平诗存》一部，对永平府诗人诗作做了详尽的记载。

明清时期，永平府境内有永平八景，或曰卢龙八景。

卢龙八景分别为阳山列屏、虎头唤渡、雪岛闻钟、钓台月白、孤竹风清、千松叠翠、七万柳含烟、漆流带玉。一年四季，这里游人云集，流连忘返。一些文人墨客吟诗作赋。明清时期，朝鲜学者所著的《燕行记》中，就有不少关于卢龙八景的描述。中外游人来卢龙观光，领略了卢龙的锦绣山河，也繁荣发展了卢龙诗情画意的旅游文化。

明清时期，永平府宗教活动非常活跃，府城内祭坛、道观、寺庙、祠庵等比比皆是，随处可见，府城周边尚有庙宇七十二座。可以想象，当年的永平府，香火旺盛，整个府城紫气祥云，黄钟大吕，该是何等气象。

永平府的宗教文化源远流长。现存于卢龙城南门内的陀罗尼经幢，为国务院对世界公布的国家级重点文物保护单位。经幢是按大唐朝廷的旨意，建于唐代仪凤年间，主要目的就是传播佛教文化。后遭风雷摧毁，经幢倒塌。金大定九年重修，十一年竣工。1976 年唐山地震，经幢出现轻微损坏，塔顶坠落，塔身出现倾斜。震后，塔顶复位。陀罗尼经幢的修复保护，已列入政府的古城保护开发规划。

新中国成立后曾作为卢龙县委、县政府办公、开会场所的天主教堂，是河北省重点文物保护单位。清末，天主教传入中国，在唐山地区发展迅速，在永平府设立了永平教区，主教府就设在永平府。主教堂和部分建筑“文革”期间被拆毁。在主堂原址改建了政府大礼堂，2005 年落实教产归还唐山教区，教区对主堂进行了改造。目前尚有原始四合院一处，房屋建筑基本完好。现为河北省重点文物保护单位。

永平府独具特色的饮食文化，主要表现在两个方面：一是大豆制品的饮食文化，二是甘薯制品的饮食文化。这两个系列的地方饮食产品中，都具有卢龙特色即永平府特色的深刻文化内涵。

大豆，五谷之一，学名称菽，是遍及世界的粮食品种。大豆是商时期孤竹国先民培植出来的。而永平府正是当年孤竹国的核心所在地。当年，孤竹国处于山戎狩猎、游牧文化和农耕文化的结合部，以农耕文化为主。勤劳、睿智的孤竹国先民，在中华民族农耕文化上做出了突出的贡献，培植成功了冬葱和菽。冬葱即大葱，菽即大豆。发明了灌溉用的通河井，培育成功了耕田用的骡子（古称巨虚）。商末，孤竹国北部的山戎国逐渐强大起来，孤竹国大片领土被山戎占据。孤竹国培植的大豆，被山戎以国名命名为戎菽。后来齐桓公兵伐山戎，发现了大豆，带回齐国种植。《管子·戒》记述齐桓公“伐山戎，出冬葱与菽，布之天下”。明清时期，孤竹后裔永平府人在大豆的饮食文化上不断创新，代代传承，成功制作和沿袭了水豆腐、干豆腐、懒豆腐、臭豆腐、豆腐干、水煮豆片等一系列豆制食品。

甘薯制品的饮食文化也具有许多传奇的色彩。清代咸丰年间，甘薯传入永平府卢龙县。卢龙的水土、气候等最适宜种植甘薯，产量也连创新高。很快，甘薯成了卢龙县主打粮食品种。甘薯产业的发展，带动了甘薯饮食文化的不断创新，甘薯制品、食品不断出现，淀粉、粉条的吃法不断翻新。久负盛名的就属烤红薯了。鲜红薯经过烘烤，绵软适度，香甜可口，百吃不厌。再有，烤红薯也有意想不到的药用价值。相传乾隆皇帝晚年时的便秘、消化不良等疾病，就是通过吃烤红薯而治愈的。

永平府的民俗文化历史悠久，传承有序，影响深刻。

地秧歌遍布城乡，经久不衰。新中国成立后以伦宝善为首的伦派地秧歌享誉冀东。

清末，在永平府滦县一带乡村，出现了一种蹦蹦戏、莲花落的剧种，创始人成兆才。后来，成兆才把戏班子迁到永平府。取永平府的平字，把莲花落改名为平腔梆子，多次在永平府城演出，深受官府和民众的喜爱。于是推而广之，剧种名称也由平腔梆子改为评剧。很快，评剧走进北京、东北，不断普及发展，最后成为中国五大剧种之一。

剪纸，也是永平府传统的民俗文化。剪纸艺术传承人周德荣，自1958年开始学习继承剪纸艺术，至今创作剪纸艺术作品无计其数。2000年，荣获“中国剪纸德艺双馨奖”荣誉称号。2010年2月8日，《虎跃龙腾迎世博》剪纸作品参选“中国·迎上海世博会公益书画展”，荣获金奖，并授予中国剪纸艺术家最高荣誉称号。

此外，永平府的民间舞狮、根雕根艺、葫芦烙画等民俗文化也各领风骚，千姿百态，绽放出绚丽多姿的艺术光彩。

三、激人奋进的红色文化

卢龙县是革命老区重点县。革命战争年代，这里发生了许多惊天动地、感人肺腑的历史事件，涌现了党的好女儿李洗凡宁死不屈，爆破英雄邵洪生盘肠大战等许多抛头颅洒热血，奋勇向前，不怕牺牲的革命英烈。卢龙县有中国共产党的创始人李大钊纪念馆，展示着李大钊在永平府中学堂求学的光辉岁月以及追寻马列，献身革命的辉煌历史。卢龙县有冀东抗战纪念馆，展示着抗日战争时期冀东军民特别是卢龙人民在中国共产党领导下，同日本侵略者浴血奋战的丰功伟绩。震撼人心的红色文化，激励和鼓舞着全县人民不忘初心、牢记使命，在新时代文明实践中进一步建功立业。

第二节　水利资源优势

卢龙县境内有地表水、地下水、过境青龙河水等水利资源。地表水资源19548万立方米，其中低山、丘陵区17728立方米，平原地1820万立方米。地下水资源5526万立方米，其中低山丘陵区3101万立方米，平原地2425万立方米。青龙河从本县北部桃林口入境，穿越全县南北，最大洪峰126000立方米/秒。卢龙县充分挖掘、利用上述水利资源，搞好水利基本建设，取得了重要成果。1992年，卢龙县被评为全国水利先进县。

一、百座水库遍布全县

卢龙县自1970年代开始，奋战十年，在全县山区、半山区，特别是革命老区修建了一百多座小水库，充分发挥了灌溉效益，改变了农业生产条件。

（一）小Ⅰ型水库。十年内修建小Ⅰ型水库21座，其中水泥沙浆砌石拱坝1座，土石混合拱坝1座，黏土斜墙坝11座，黏土心斜墙坝6座、均匀土质坝2座。总库容2939.6万立方米，控制流域面积55.1平方千米。配套灌渠42.1千米，其中硬渠13.72千米、土渠28.38千米。浇地18024亩，解决抗旱点种24600亩。

（二）小Ⅱ型水库。1966~1979年修建100座，其中水泥沙浆砌石拱坝2座，黏土斜墙坝85座，黏土心斜墙坝7座，均匀土质坝6座。总库容2854万立方米，控制流城面积83.24平方千米。放水洞供水96座、机抽供水4座。配套灌渠64.4千米，其中硬渠10.8千米、主渠43.8千米，浇地21855亩，解决抗旱点种36670亩。

（三）塘坝。十年内修建129座，其中黏土科墙把46座、黏土心斜墙坝5座，均匀土质坝75座、水泥砂浆砌重力坝3座。总蓄水量583.5万立方米，控制流域面积31.43平方千米。放水洞供水的52座、机抽供水的77座。总配套灌渠18.7千米，其中硬渠3.2千米、土渠15.5千米。灌溉面积7634亩，解决抗旱点种16070亩。

二、三千机井星罗棋布

早在三千多年前的孤竹国时期，勤劳、睿智的孤竹先民就发明了“通河井”和“渗水井”，解决了饮水和灌溉问题。新中国成立后卢龙县的水井主要是砖石井。1970年代到1980年代，卢龙县逐步淘汰砖石井，大力发展机井。1987年，全县机井达到3327眼，遍布全县，星罗棋布，在农田水利灌溉中发挥了重要作用。

三、百里干渠纵贯南北

卢龙县从1976年开始，奋战五年，修建了纵贯南北的“引青工程”。整个工程分渠首枢纽工程和百里干渠工程两大部分。枢纽工程为在桃林口青龙河处，建成一道水泥沙浆重力滚水坝，把青龙河水通过渠首引水隧道引入百里干渠。

百里干渠工程为从桃林口渠首到康各庄，建成一条长达50千米的引青主干渠。沿渠修建刘家营、卸甲庄、大横河、卢龙镇、应各庄、杨山沟、大李佃子、木井以及燕河营、陈官屯、花台、四百户等12条分干渠。整个引青工程，控制灌溉面积38万亩，使全县亩耕地实现自流灌溉。

第三节　产业资源优势

一、甘薯产业资源

甘薯起源于墨西哥以及从哥伦比亚、厄瓜多尔到秘鲁一带的热带美洲。哥伦布初谒西班牙女王时，曾将由新大陆带回的甘薯献给女王。16世纪初，西班牙已普遍种植甘薯。西班牙水手把甘薯携带至菲律宾的马尼拉和摩鹿加岛，再传至亚洲各地。

16 世纪末叶，甘薯从越南、菲律宾引入中国福建、广东，而后向长江、黄河流域传播。清代咸丰年间，甘薯引进卢龙木井、蛤泊，后很快在全县传播。卢龙的土壤、气候等条件十分适宜甘薯生产。清末民国期间，甘薯生产经久不衰。到新中国时期，全县甘薯种植面积达到 10 万亩。人民公社化以后，甘薯逐步成了卢龙县粮食生产的主产业，种植面积和产量不断攀升。全县甘薯种植面积最高达到 30 万亩。

随着甘薯产业的发展，甘薯、粉条加工业也蓬勃兴起。甘薯加工产品有粉条、粉丝、薯脯等十多种。甘薯加工企业数十家。最大的甘薯加工企业河北省中薯食品有限公司，年加工量达十万吨。

二、酒葡萄产业资源

卢龙县境内地形以低山、丘陵为主，属暖温带大陆性季风气候。土质多为褐色砾质或沙质壤土，通透性好，酸碱度中性偏酸，含有丰富的钙、磷、钾、铁、锌等矿物质，形成了非常适宜酒葡萄生长的独特条件。进入 21 世纪初期，卢龙县积极发展酒葡萄产业，全县现有酿酒葡萄种植面积 9398 亩（最高时 5.65 万亩），95%以上为赤霞珠品种。酒葡萄产业分布在 11 个乡镇、275 个行政村，形成了沿 102 国道、205 国道、京沈高速公路和以柳河圈为中心的“三横一环”的布局，成为全国酒葡萄种植面积最大的县之一，2007 年酒葡萄产量达到 3.7 万吨。2005 年，列入昌黎葡萄酒原产地域产品保护，顺利通过了无公害果品基地认证；2000 年 6 月，卢龙县被中国地区开发促进会命名为“中国酿酒葡萄生产基地县”。

三、旅游产业资源

（一）区位优势

卢龙县位于秦皇岛西侧，是秦皇岛连接京津辐射的门户区域，是秦皇岛与京津对接的“西大门”。东距秦皇岛80千米，西距唐山89千米。卢龙县交通便利，大秦、京秦和京山三条铁路横贯东西，公路交通四通八达，102国道、205国道、京哈高速公路横贯县境，县、乡两级柏油路公路交织成网。便捷的海陆空交通网络缩短了卢龙与京、津及周边大城市的空间距离。

（二）旅游资源

1. 历史文化底蕴深厚，具有强大的开发潜力。卢龙历史悠久、文化底蕴深厚，殷商时期为孤竹国所在地，迄今已有3600年历史。县城自北魏以来，均为郡、州、路、府、县治所。明清时期为永平府，被称为“京东第一府”。卢龙是全国100个被联合国地名专家组命名的千年古县之一，在全国在世界都有广泛的影响。卢龙县有夷齐读书处、陀罗尼经幢、元代码头、明代长城、永平府古城墙、清代天主教堂等历史文化遗存。有国家级文物保护单位两处。

2. 生态旅游资源优势明显，前景看好

卢龙北靠燕山，南临渤海，西依玄水，呈山环水抱之势。青龙河古称玄水，是商代玄鸟生商的发祥地。青龙河温婉如玉，清澈见底，手捧能饮，是华北地区唯一未被污染的河流。

卢龙县南部万亩葡萄绿荫遍野，食用葡萄、酒葡萄资源极为丰富。卢龙县城区绿化覆盖面积达38.8%以上，城市空气质量各项指标全部达标，全年达到和好于国家空气质量二级天数323天。目前卢龙县已形成了一条旅游观光大道、十里红色柳河景观带、7个特色基地和旅游小镇、6 个休闲度假庄园以及 11 个乡村旅游度假示范村。

3. 长城文化旅游资源丰富，开发潜力大

卢龙县北部，明长城沿燕山余脉穿境而过，绵延 22. 3 千米。境内有燕河营古城、重峪口关楼、桃林口水关、刘家口过水关楼、红山长城采石场、白衣庵等大量明长城遗存。卢龙县长城文化旅游开发，已列入国家长城文化公园建设项目。桃林口东侧的圣清山，伯夷、叔齐采薇的塑像高耸入云，诗碑林立，已被批准为河北省社会主义核心价值观涵育基地。结合国家长城文化公园建设，卢龙县大力开发长城文化旅游大有潜力可挖。

4. 鲜食葡萄和葡萄酒产业崛起，为旅游业的发展创造了有利条件

卢龙县优越的地理、气候、土质条件，为生产葡萄产业的发展创造了得天独厚的自然条件，也为旅游业的发展提供了先机。以鲍子沟、牛心山为代表的鲜食葡萄产区目前已成为省市最具吸引力的乡村旅游发展示范区。

卢龙县酒葡萄面积以及葡萄酒生产企业稳步增加，全县酒葡萄加工企业达到 22 家。其中香格里拉葡萄酒有限公司被省政府确定为省级农业产业化经营重点龙头企业。全县葡萄酒加工企业罐储能力达到 8. 5 万吨，灌装能力超过 4. 5 万吨。

第二编 02

古城烽火

（1905年1月～1949年10月）

卢龙县战略、军事地位十分重要。县邑明为“京师屏障”，清居“两京咽喉”，素为“畿辅要地”。地扼中原通往辽东之要冲，历代为民族角逐之所，兵家必争之地。汉末伊始，战火不息，生灵涂炭。晋肥如大战，唐平州大战，清永平屠城，战乱频发。直奉之战，这里是奉系军阀第二防区。

抗日战争时期，冀东八路军、卢龙县地方武装以及卢龙县广大人民，在卢龙大地上同日本侵略者进行了艰苦卓绝的斗争。与日军大小 30 余战，战无不胜。高敬之骂城，声名远播；李洗凡就义，感天动地；高恒锄奸，威震敌胆。解放战争中，卢龙县军民团结战斗，破交通、炸火车、割电线、抬担架、送军粮，配合人民解放军东北作战，积极支援辽沈、平津战役。解放战争中，涌现了邵洪生盘肠大战，龙佩云以一当百的数不胜数的战斗英雄、革命英烈。

第一章　早期革命

20 世纪初，清政府内外交困，危机四伏，被迫实行改良，推行新政。“废科举，兴学堂”是新政一项重要举措。新式学堂的兴起，使许多青年接受了近代科学和民主思想的熏陶，对封建专制产生不满。随着民族矛盾的日益加深，反帝反封建的民主革命思潮越来越高涨，各地反清斗争风起云涌，1901 年至 1910 年十年间，全国自发的反清斗争已达 1000 余次；其中 1905 年为 103 次，1910 年已达 266 次，卷入战斗的群众近千万人。

永平府地区乃京畿重地，历来以高压统治为常态，压迫越重，反抗越激烈。尤其戊戌变法失败之后，涌现出一大批爱国主义仁人志士，他们有的高举民主主义旗帜，积极投身到民主革命运动之中，有的以“开民智，聚民心”为己任，走上教育救国、科技兴邦之路。从永平府中学堂走出的李大钊和蒋卫平、地理学家白眉初，还有后来获诺贝尔奖的物理学家李书华、李书田兄弟，都是当时最为优秀的代表。在“东方圣人”蒋卫平的影响下，李大钊走上救国救民的革命道路，经历辛亥革命洗礼之后，成为中国共产党的创始人之一。1919 年 5 月 4 日，县内各学校响应五四运动的号召，开始罢课，示威游行。1929 年 8 月 16 日，燕河营、大横河一带果农 1000 多人，开展反果税斗争，迫使政府减免果税。是年，成立县赈灾会，救助灾民。1931 年 9 月，卢龙县学校师生上街游行，抵制日货，向群众宣讲“九一八”事变经过和抗日救亡的道理。

第一节 李大钊、蒋卫平在永平中学堂

一、永平府中学堂的求学生活

1889 年 10 月 29 日，李大钊出生在永平府乐亭县大黑坨村一个比较富裕的农民家庭。1905 年，16 岁的李大钊进入永平府中学堂学习。永平府中学堂的前身是创建于清乾隆十二年（1747 年）的永平府敬胜书院。光绪二十八年（1902 年），即李大钊第一次参加童试科考那一年，永平府敬胜书院奉诏改设为永平府校士馆。废止科举后，又改建成永平府中学堂，属于官办新学。主要教授两类课程：一类是中学，包括经学、文学、史学和“通考”之类的政治学；一类是西学，包括英文、数学、外国地理和历史、格致学、外国近代政治学和体操等。李大钊“生性简易，聪爽绝伦”，进入中学堂后，读书比以往更勤奋，各科成绩均名列前茅。在诸多新的课程中，李大钊最感兴趣的是介绍西方地理、历史和近代科学文化知识的一些课程。他对学习英语也很感兴趣，觉得这是全面学习和掌握西方科学文化知识的一个新的“开端”。

学堂设有藏书室。李大钊经常在课余时间去藏书室阅览图书、报刊。在“受课之余，最喜康梁文字，手把一编，日无暇息”，1907 年夏，他“感于国势之危迫，急思深研政理，求得挽救民族、振奋国群之良策”，毅然决定中断在永平府中学堂新式但颇有守旧意味的学习生活，赴天津考入新建立不久的北洋法政专门学校，走上了献身中国革命的人生新路。

二、李大钊与蒋卫平深厚的革命情谊

（一）初识

蒋卫平，名文庆，字卫平。1882 年 12 月 12 日生于卢龙县蒋家庄（今属滦州市），少年立志，因仰慕“戊戌变法”中的谭嗣同自号慕谭。1905 年考入永平府师范学堂。不久，因嫌永平府师范学堂风气“迂阔腐败”而转入永平府中学堂学习。这一转学，使当时刚刚考入永平府中学堂的李大钊得以同他结识，两人交往甚密。李大钊每次从水路回家或返校，都与蒋卫平搭伴儿。学习之余，两人或到城西青龙河滩散步，或到虎头石旁小憩，或在操场上打球跑步，或在教室里研习功课。蒋卫平比李大钊年长 6 岁（时年 22 岁），思想已相当成熟。他的言谈中有不少真知灼见，对刚刚远离家门、年仅 16 周岁的李大钊影响很大。李大钊从他身上，学到和获得不少在家乡苦读时无法学到的知识和见解，被他的思想深深感染。

（二）金兰结义

对蒋卫平来说，时代环境和家庭熏陶对他的成长起着关键作用。蒋卫平的祖父蒋天性一生苦读，父亲蒋让颇有武功，祖父和父亲一文一武，对蒋卫平能成为一个文武双全的革命志士影响很大。幼年时的蒋卫平聪敏好学，在祖父教诲下接受了良好的启蒙教育，同时深受爱国主义思想感染。1898 年，15 岁的他学有所成，被聘到邻村沈官营一家私塾任教。这一年正值戊戌变法，身在京畿乡村的蒋卫平，密切注视着京城各项制度的重大改革。然而，夏去秋来，却从北京传来变法失败的消息，康有为、梁启超被通缉，谭嗣同等“六君子”英勇就义。他由衷仰慕谭嗣同等人的大无畏气概，发誓要做一个像谭嗣同那样的铁血男儿。执教一年多后，他回村刻苦自学，一心想从各种新学中寻找救国救民的真理。“庚子事变”后，他思想日益激进，如饥似渴地学习外国近代史，学习自然科学，阅读严复翻译的《天演论》，以及《拿破仑传》《铁血宰相》《天皇明治》等外国名人传记，极想尽快投身救国救民的斗争洪流。蒋卫平把李大钊当作小弟弟看待，不时留李大钊在家小住。共同的志向，远大的抱负，使得二人成为推心置腹的挚友。蒋家人还让俩人义结金兰，成为生死兄弟。

然而，蒋卫平总想到更广阔的世界去学习更多的变革社会的本领。不久，得悉保定军校招生，他毅然决定投笔从戎，被驻扎在永平府地区的第二镇第三协统领王占元推荐，到保定北洋陆军速成学堂学习。在古城卢龙，李大钊同他依依惜别。

蒋卫平考入保定北洋陆军速成学堂后，与商震、陈明侯等结为志同道合的同窗好友。不过，尽管他“成绩斐然，同校五百人无出其右”，却没能在军校学习下去。入学不久，他和商震、陈明侯等组织同学抗议美国续订《中美华工条约》，遭到美国驻华公使“抗议”，并要求清政府指名惩办，幸得学堂督办冯国璋援助，放他们秘密逃离保定，到东北投奔盛京将军赵尔巽。

这年冬，蒋卫平归家，正赶上永平府中学堂放假。年节将至，村里找蒋卫平写对联的人很多。当时，李大钊正住在蒋家，两人各自挥毫泼墨，为乡亲们写了许多对联。至今人们还记得蒋写的一副联为“旧世界几千千小腐魔出，新中华成万万大梦方醒”，横批为“世界大同”；李写的下联为“四万万同胞大梦方醒”，横批为“天下太平”，可惜上联已经无从查考。

（三）书信往来

离别后，李大钊很牵挂蒋卫平，二人时有书信往来。

1906年春，蒋卫平化名“健”，改字“大同”，到辽东等地从事平民教育工作。期间，他和同事创办了官话字母总塾，运用国音字母，推广普通话，提高平民百姓的文化水平，半年之内就在辽东各地建立了60多处分塾。赵尔巽见他颇有才干，拟委任他为劝学所督办，但他坚辞不就。1907年春，宋教仁受中国同盟会委派，到东北组建同盟会辽东支部，蒋卫平与商震、陈明侯一起参加了这一革命组织。在此前后，他和商震等在辽阳创办了奉天陆军小学堂，在沈阳创办了奉天商业专门学堂，并出任奉天商业专门学堂教授。后来蒋卫平的行迹逐渐引起当局猜忌和怀疑，他遂辞去教职，专以贩书卖报为业，到东北边境地区和蒙古等地，推销进步书刊，宣传革命思想。在这一过程中，蒋卫平发现，自日俄战争后，沙俄正加紧侵吞我国东北领土。强烈的爱国心驱使他自觉肩负起考察东北边境情况，防备沙俄蚕食东北边境地区领土的重任。由于受蒋卫平思想和作为的影响，没到两年，李大钊也毅然中止在永平府中学堂的学习生活，到天津投考新的学校，进入北洋法政专门学堂。

为抵御沙俄的侵略，蒋卫平决定全面考察黑龙江的边界地区，绘出边界地区的山川地势走向图。在到黑河考察时，他看到一个金矿的沙俄老板苛刻虐待中国矿工，便挺身而出，同沙俄矿主展开说理斗争。为此，黑河一带的人们都很敬佩他，称他为“关外大侠”。不久，蒋卫平在边境进行考察时，被沙俄警察疑为日本间谍投入西伯利亚监狱。在监狱中，蒋卫平向一起被关押的中国同胞宣讲国事，抨击腐朽的清朝统治，宣传孙中山的革命主张，揭露沙皇的侵略野心。同时，他还用俄语向被关押的俄国政治犯介绍中国的文化和历史，为此深得俄国政治犯的尊敬，称他为“东方圣人”。

1908年秋，蒋卫平获释出狱，决心继续为捍卫中国领土不被沙俄侵吞而斗争。大约在这时，他与李大钊恢复了中断一段时间的通信联系，告知了被沙俄警察投到西伯利亚监狱的情景及东北边境地区频频报危的紧急态势，这才有了当时身在津门读书的李大钊“惊闻北塞驰胡马”，继而有了两首《登楼杂感》的叹咏。时隔一载，李大钊于1909年冬天又吟出两首律诗《岁晚寄友》寄给蒋卫平。其一：“江山依旧是，风景已全非。九世仇堪报，十年愿未违。辽宫昔时燕，今向汉家飞。岁晚军书急，行人归未归?”其二：“几载不相见，沧桑又一时。廿年余壮志，千里寄新诗。慷慨思投笔，艰难未去师。何当驱漠北，遍树汉家旗。”字里行间饱含着异常思念与惦记挚友之情。

蒋卫平从西伯利亚获释出狱不久，到长春拟创办一份宣传捍卫国权思想和宣传抗击俄、日侵吞东北领土主张的报纸。1908年11月，蒋卫平与徐竹平等7人拟定《试办〈长春日报〉宣言及简章》，为使《长春日报》尽快出版，蒋卫平又以《长春日报》发起人的名义，亲自撰写了致陈希贤的《万言书》。经过几个月的不懈努力，《长春日报》终于在1909年4月3日（清宣统元年闰二月十三日）正式创刊。

（四）痛失挚友

《长春日报》创刊，毫不畏惧地揭露和斥责帝国主义的侵华罪行，很快便引发俄国驻长春领事馆的“抗议”。他们蛮横要求长春知府“通知该报勿再登载此等议论”。《长春日报》不仅旗帜鲜明地反对帝国主义特别是沙俄的侵略，还明里暗里同情和支持反清斗争，抨击清政府搞的所谓“立宪”，称中国同盟会为“清国革命党”，称孙中山为“清国革命领袖”，称中国同盟会领导的起义军为“革命军”，显示出比较强劲的革命性。这样的报纸，在当时的境况下，自然是很难长期办下去的；再加上经费短缺等原因，一个月后，《长春日报》被迫停刊。然而在《长春日报》出刊期间，蒋卫平越来越强烈地意识到，要想切实捍卫国权，保卫祖国的领土完整，就必须推翻清王朝的腐朽统治，建立真正实行民主制度的共和政府。就在《长春日报》获批创办之时，也即1908年11月中旬光绪皇帝和慈禧太后相继去世之际，趁机发动安庆新军起义的反清武装斗争英雄熊成基，被同盟会由日本东京派到东北开展革命活动，组织反清武装斗争。他与蒋卫平和商震、徐竹平等人建立了秘密联系，确定了“进行方略”，计划在长春、哈尔滨一带起事反清，策动主要驻扎在长春南岭兵营的新军第三镇中的官兵伺机起义，并商议在中俄边境的蜜蜂山一带建立坚持武装斗争的基地。

1910年1月30日（宣统元年腊月二十日），拟在哈尔滨车站谋刺由国外考察归国路经哈尔滨的清廷海军大臣载洵未果的熊成基，因人告密被捕。旋即，徐竹平也被捕入狱，蒋卫平、商震等人受到通缉，被迫潜逃。李大钊随之与蒋卫平失去了联系。

1910年8月5日，沙俄士兵“护送”蒋卫平过江返国，当蒋卫平上船时，一俄兵突然在其身后开枪将他打倒，几坠入江中。但蒋卫平临危不惧，中弹后仍怒斥俄军：“杀我一人，勿累舟子！”这时，俄兵挥刀又砍，致使蒋卫平连中数刀而亡。随后，俄兵将蒋卫平的遗体拖入浮屠所。蒋卫平牺牲时，年仅27岁。蒋卫平血洒黑龙江的时间是1910年夏天，但山河阻隔，音讯迟缓，待李大钊辗转获悉噩耗时，已是转年的冬天。这时，武昌起义已经爆发，李大钊和蒋卫平的家乡一带也接连爆发了震撼全国的滦州兵谏和滦州起义。期间，李大钊得知久无音讯的蒋卫平早在上一年就已惨死在沙俄的刀枪之下，不禁痛哭失声，悲伤欲绝，一连写出两首《哭蒋卫平》，其一：“国殇满地都堪哭，泪眼乾坤涕未收。半世英灵沉漠北，经年骸骨冷江头。辽东化鹤归来日，燕市屠牛漂泊秋。万里招魂竟何处？断肠风雨上高楼。”其二：“龙沙旧是伤心地，凭吊经秋抵劫灰。我入平山迟一步，君征绝塞未曾回。玉门魂返关山黑，华表人归猿鹤哀。千载胥灵应有恨，不教胡马渡江来。”接着，他望着蒋卫平的遗像，又情不自禁地咏出五律《题蒋卫平遗像》：“斯人气尚雄，江流自千古。碧血几春花，零泪一抔土。不闻叱咤声，但听呜咽水。夜夜空江头，似有蛟龙起。”

第二节　心向共产党人的白眉初

一、支持李大钊的革命活动

白眉初（1876~1940），名月恒，卢龙县城人，满族。

李大钊与白眉初的相识相交，是通过白雅雨建立的。白眉初和白雅雨同在北洋女师教书，是同事兼好友，后白雅雨介绍李大钊与白眉初相识。虽然白眉初和李大钊都是永平府人，但二人并未见过面。李大钊在永平府中学堂时，就知道白眉初德才兼备，到津后通过交往，对白眉初的人品学识更为推崇。白眉初比李大钊大十三岁，却对有着远大救国抱负的大钊极为赏识和敬重，在生活上尽其所能予以帮助。他们的友谊在投桃报李的交往中日益加深。

1913 年冬，李大钊赴日留学前，专程到白眉初家辞行。白夫人依照民俗，特意为其包饺子饯行，白、李二人依依话别。

1916 年夏，李大钊学成归国，在京就任《晨钟报》总编，寄居于宣武门内大街回回营三号。是年秋，白眉初被聘为北京师范大学地理学教授，次年，又提任为史地部主任，但仍兼任天津直隶女师第十年级主任。大钊目睹白眉初奔波于津、京之间，甚为辛苦，心中十分不安。时值其房主欲出售住房，他便动员白眉初购房，自己另觅住处。后来，随着条件的改善，李大钊也将家属接到北京，住在石驸马大街后闸 35 号。白、李两位的夫人也一见如故，以姐妹相称。

同乡成近邻，友谊愈加深厚。白眉初在注重国计民生、潜心地理教学研究的同时，对李大钊也极为关注。他一方面为其所写的文章折服，称“守常文思如泉，气魄如虹，有笔扫千军之力，经天纬地之才”，一方面对其从事的革命活动多次予以帮助，包括 1924 年冬，李大钊遭通缉时，白眉初曾毅然接受了代转送地下党信件的任务。

二、与毛泽东的一面之缘

据白氏后人回忆，1919 年元旦，白眉初刚起身要到李家串门，却遇李大钊和一个身材魁梧的青年迎面走来，李大钊指着白眉初向青年介绍道：“这位就是白眉初教授，白老先生。”那人彬彬有礼地操着三湘口音说：“久仰老先生的大名。”三人寒暄罢，便进入书房叙话。他们纵横捭阖，畅谈今古，书房里时时传出朗朗的笑声。直到若干年后，人们才知道，这个青年就是毛泽东。

三、照顾李家后人

1927 年 4 月 6 日，李大钊在苏联驻华大使馆不幸被捕。白眉初闻讯后，立即以北京师范大学史地部主任名义，找到该校董事长，并联络李书华等同乡及在京教育界名流，积极进行营救活动。此间，白眉初茶饭不思，在房间里走来走去，奋笔在书桌条幅上写下“大道之行，天下为公”。张作霖悍然不顾社会各界的抗议，于 27 日秘密绞杀了李大钊，次日下午，白眉初从报上得知消息，与夫人抱头痛哭，哭声都惊动了街坊邻居。他深知李大钊一生公正清廉，不治生产，且家中无主事人料理，他一边把李夫人和三个孩子接到自家，一边派人找来北师大学生李凌斗，拿出300大洋让他去买寿衣、棺木，并出面交涉领回大钊遗体，进行重殓。

据1927年5月1日《晨报》载："今晨八时，李之远族李采言、李凌斗两人，偕二女兴华、艳华，一同赴长椿寺。棺木运到后，即在停灵屋内重新装殓。李妻因病不能行动，故入殓时仅有二女在侧。亲友到场照料者有白眉社（该报误将白眉初印成白眉社）等数人，情状殊为凄惨冷落。"在白色恐怖统治下，公开出头料理一个共产党员的后事，这需要何种胆识与魄力！这也正反映了白、李至交至死不渝的友情。

1933年4月23日，在公祭李大钊时，白眉初不仅捐款，还送了一幅写有"杀身成仁，舍生取义，大道之行，天下为公"的挽联。为保护正在中法大学读书的李大钊长女李兴华，在追悼会上，白眉初让女儿白汝漪代读祭文，并让夫人陪同李夫人同车去万安公墓。公祭后，李夫人染病在床，白夫人或自己去探望，或让孩子们去给李家送这送那。李夫人去世后，白夫人为寄托哀思，一连三年都为她做"周年"。

由白眉初与李大钊建立起来的两个家庭间的深情厚谊，他们的子孙后代并没有忘记，至今还在延续着。

四、教育兴邦

白眉初从小立志要成为一名学有专长的人，幼时入私塾，15岁考取秀才并进入永平府最高学府敬胜书院读书。1905年，白眉初考入北洋师范学堂专修科。因为学习成绩优异，虽然当时已经废除了科举考试，但在1909年毕业时，清政府仍然赏赐他一个举人的功名。由于父母年迈，一个弟弟患有精神病，两个弟弟还要上学，他不得不放弃出国深造的机会。家庭经济条件艰苦，但白眉初并没放弃人生追求——建立中国的地理学派。为此，他更加勤奋努力，从而走上了治学育人的道路。

1909 年，中国地学会在天津第一蒙养院成立。会上，白眉初被选为指导教师。第二年，地学会创办了全国第一家地理刊物《地学杂志》，由白眉初担任编辑。在朋友张相文、白雅雨等人的启发和带动下，白眉初从书斋走向田野，通过实地调查，收集大量第一手资料，开始注意将理论与实践相结合，写出了多篇精辟的学术论文。针对永平府常遭水灾的环境状况，他徒步考察了滦河源头和上游承德河段，从地理学的角度进行深入的分析，最后终于找出了滦河水患的根源，写出《论滦河》一文，发表在 1910 年《地学杂志》第一卷第一期上。1912 年 2 月，中国地学会改为中国地理学会，会址从天津迁到北京，白眉初担任编辑部长。此间，他不仅圆满完成了刊物的编辑工作，还发表了诸如《直隶絮谈》《厘定行政区域备考》《论蒙古之屯田及林牧业》等高水平的文章。白眉初凭借自己在学术上的真知灼见，展现了作为一名学者，为国计民生秉笔直书的人格和胆识。

1913 年，白眉初被聘为天津直隶女子师范学校教师，讲授国文、地理和习字等课程。这一时期，他还兼任京师女子师范学校的地理课，因此常常往返于北京、天津之间。执掌教鞭，不仅可以教学相长，而且使他对教育的功能和意义有了全新的认识。其中，白眉初对于地理与爱国之间的关系有非常精辟的阐述。他说："爱国，学地理之首；建国，学地理之本。"针对当时学校只注重课本知识不注意人格培养的情况，他有针对性地提出"树人育心"等主张，既要教师关心自己学生的成长，又要求学生们不仅要热爱自己的学业，还要关心社会的发展变化。直观有趣的展示和饱含激情讲解，是白眉初讲授地理课的突出特点。在课上，他常常利用自己亲手绘制的地图，从一省到一地，兴致勃勃地介绍当地的特产与风物，激发了学生们学习地理知识的浓厚兴趣。此外，他还注重将历史事件与地理知识有机结合起来，加深学生对地理的理解和印象，触及历史地理学的某些内容。讲到清王朝因为腐败无能，造成一系列国土沦丧的屈辱时，他经常是充满感情，手指颤抖，捶胸顿足，甚至是泪流满面。当时，周恩来夫人邓颖超曾是白眉初的学生，对此印象非常深刻。

邓颖超原名邓文淑，虽然在班里年龄最小，但聪明过人、举止大方、追求真理，没有骄娇之气。她崇拜白眉初老师的学识，讨厌自己带有封建色彩的名字，请求白老师为她起个有时代意义的新名儿。白眉初取《论语·雍世》之“文质彬彬，然后君子”之句，取名“颖彬”。又因“彬”同于“斌”，故为“颖斌”，希望她脱颖而出，卓尔不群，早日成为治国安邦的巾帼英雄。邓颖超不喜欢“斌”字，认为“斌”仍未摆脱旧俗窠臼，乃将“斌”字换为“超”字。“邓颖超”这个名字无疑凝结着师生二人的智慧与友谊。1917 年 8 月，白眉初被聘为北京师范大学历史地理部主任兼地理学教授，以其渊博的知识、正直的人品、深挚的爱国情怀博得了全校师生的尊敬，大家习惯称他为“白老先生”。

第三节　李氏家族三代人　博士学位 19 个

一、新房子村

新房子是卢龙县木井镇一个小村，至 2015 年底，总面积 0.39 平方千米，总人口 165 人。清乾隆年间，李大尤、李远尤、李维尤三兄弟由大李佃子迁此建村，因房子均为新建，故取名新房子。

清末民初，新房子村出了不少有名的人物，有李占庚（武举人，四品带刀护卫）、李云武（神医）、李书华（物理学家）、李书田（水利专家）等。1960年代，新房子村建成一所农业中学，曾培养出大批各行各业的优秀人才，享誉一时。自从1978年恢复高考后，本村大学生逐年增多，如今已超过总人口30%，其中有航天科研人员、有政府官员、有北京大医院的主治医师，最有名的是李书华和李书田，他们家族博士19人，还有获得诺贝尔奖的科学家，一直是新房子的骄傲。

二、李书华

李书华，字润章，1890年生于卢龙县新房子村，1979年病逝于美国纽约。生前曾任北大物理系教授、主任，国立北平研究院副院长，中法大学校长，国民政府教育部部长，中国物理学会会长，中央研究院总干事，中央研究院首批院士等职。与蔡元培、李大钊、陈独秀、周作人、胡适之、李四光等先后同事。

李书华天资聪慧，读书勤奋，于1908年考入保定直隶高等农业技术学校，1912年以全校第一名的毕业成绩获省官费赴法留学。当时“镭”及放射性元素的研究正值世界科学新潮流，使“理学博士”成为最难攻克的博士之首。尽管法国的教育制度相当严格，但李书华仅利用8年时间就先后获取了农学、植物学、数学、化学、物理5张高等教育证书，取得了攻读理学博士的资格学位——理学任教硕士。期间的教授多为诺贝尔奖得主，其中的放射学教授即为居里夫人。此后他又跟随导师从事了两年半的科研工作，终于在1922年6月11日以最优等级通过论文答辩，成为第一位获巴黎大学理学博士的中国留学生。

李书华获得博士学位的同时，便收到了北大校长蔡元培先生“物理系教授”的聘任书。从1922年暑假毕业至1929年北平研究院成立，李书华在北大任物理系教授、主任7年里，通过自编教材、为各大报刊撰稿、到各大学演讲等，广泛传播世界最新科技知识。到1926年，北大不仅彻底甩掉了物理系的落后帽子，而且预科水平与美国一年级水平相当，本科毕业生水平处在美国的学士和硕士之间。许多北大毕业生借此顺利进入欧美大学留学，并多取得博士学位，归国后到各大学任教或从事专门的研究工作，成为科教界的栋梁。

1931年，李书华被任命为国民政府教育部部长。当时教育界最突出的问题是清华大学校长更迭频繁，直接影响着全校乃至整个教育界的教育质量。他慧眼选中当时在美的梅贻琦。梅从上任至去世31年宝贵光阴全部献给了清华，成就了1930年代初、中期“老清华的黄金时代”，培育出成千上万名中华“精英”，这便是李书华对祖国教育的又一杰出贡献。

1929年8月26日，北平研究院成立，先后设立9个研究所，李石曾为院长，李书华为副院长。当时李石曾常忙于国际往来，研究院的工作实际上一直由李书华主持。整整20个春秋，他走访过欧美发达国家的科研机构、图书馆及牛津、剑桥、哈佛等二十几所名牌大学，拜访过爱因斯坦等二十几位世界级科学家及诺贝尔奖得主，为祖国的科研事业殚精竭虑。尤其抗战期间，研究院几次迁移，各所的研究工作从未间断。从显微镜和地磁测量仪的制造到《中国植物图志》的编制，从北京猿人及秦汉古墓的发现到各地地图的绘制，从唐中书省旧址的发掘到边疆及太平天国史料的整理等等，可谓硕果累累。各所先后发表有重要价值的研究论文近千篇，使中国的科学研究实现了由无到有、由少到多、由粗到精的转变。李书华先生堪称中国科研事业的奠基人。

三、李书田

李书田，字耕砚，1900年2月生于卢龙县新房子村，1988年3月病逝于美国拉皮德城。生前曾任中国第一所大学——北洋大学（现天津大学）校长，治理黄河委员会副委员长，是拥有哲学、土木工程学、地质学3个博士学位于一身的罕世奇才，是我国著名的土木工程学家与水利学家、享誉中外的教育家。晚年在美国创办了“世界开明大学”。一生共撰写13部专著、800余篇论文，在17个国家发表，为中国也为世界知识文库留下了极其宝贵的财富。

李书田自幼聪明过人，受传统文化与兄长李书华的影响，他立志投身科教救国之路。1923年，他以北洋大学土木专业第一名的成绩考取清华大学官费赴美留学生，入康奈尔大学研究生院深造。1926年获博士学位后，又赴英、法、德等9国游学考察，了解掌握当时世界土木工程界的最新知识与研究动态，后应刘仙洲之邀回到母校——北洋大学任教。1930年5月被聘为交通大学唐山土木工程学院（今西南交大）院长，成为国内著名高校中最年轻的领导者。此后又继任北洋工学院与北洋大学工学院院长，创建了西北联大、西北工学院、西康技艺学校（今西昌农专）、贵州农工学院（今贵州大学）等高等学府，任院、校长职务，堪称中国近现代高等教育的拓荒者、奠基者。

李书田归国不久，即以学深识宏被顺直水利委员会（后改组为华北水利委员会）聘为秘书长，主持日常工作。他先后发表了《铁道运行工程》《水利学》《经济论》等重要论著，并在广泛调查研究的基础上撰写了《北方大港之现状及初步计划》，深得国内外同行与专家的赞誉，在他的奔走呼吁、精心筹划之下，先后成立了中国工程师协会、中国水利工程学会，创办了《水利》月刊等刊物。1935年10月他联合国内八大水利机构，在北洋工学院设立中国第一水工试验所，开创了中国水利工程试验之先河。新中国成立前夕，他又联络国内水系流域机构技术负责人，编写了中国水利的权威著作——《中国水利问题》，全面系统地总结研究了中国水利事业的过去、现状与未来，具有珍贵的学术价值及史料价值。尤其对如何治理母亲河黄河问题，他更倾注了诸多心血，所提出的根治黄河水患的种种设想与措施在《大公报》发表后，受到了同行与政界的高度评价。为表彰李书田对中国水利事业发展做出的贡献，国民政府曾授其“胜利勋章”与一等金色水利奖章。

1972年，定居美国的李书田已步入古稀之年，毅然创办了世界开明大学暨李氏科技研究所，在17个国家设立了33个分院，从五大洲聘请130名国际知名教授为导师，以通讯方式教学，该校有权授予博士或硕士学位，为世界培养了一大批科技人才。

李书田先生为人公正坦诚，处事先人后己，一生布衣粗食，烧饼加咸菜是他的家常便饭。晚年家中竟没有汽车、电视和电话，临终却将数百万美元的资产捐赠给了开明大学。他不仅对祖国对世界的科教事业贡献非凡，而且德高望重，大家风范享誉中外。他生前念念不忘祖国。1985年，小女赴美探望，他第一句话即问：“邓小平先生好吗？邓颖超先生好吗？”可见其晚年的心情。邓小平在接见其侄女李幼贞和李继贞时让其传达李书田：“欢迎他回国观光。”其外孙、诺贝尔奖获得者朱棣文，曾任美国能源部长。

四、三代人获得19个博士

古人曾说，成功等于1分天才加99分勤奋，这个方程式正是李氏兄弟的真实写照。书是他们一生的最爱：兄弟俩的书房中，精装的、简装的、中文的、外文的、绝版的、自编的，应有尽有。每晨秉烛读一篇古文，每晚再秉烛读一篇英文，是他们多少年养成的习惯。他们对后人的要求同样严格，每逢家庭聚会，儿孙绕膝，他们问的都是学业怎么样，压岁钱也总是换成各种文化书刊。节假日，别的孩子逛公园、看电影，他们的孩子却是读书、读书、再读书。正是这种言传身教，使得李氏后人人才辈出。

到 2000 年，李氏兄弟的儿女、儿媳、女婿以及孙子女、外孙子女中，已有 15 人获博士（博士后）学位，加上他们弟兄的 4 个博士学位，整个家族就获得了 19 个博士（博士后）学位。其中第五位华人诺贝尔奖得主朱棣文先生，就是李书田长女李静贞之子。一个家族祖孙三代先后获取 19 个博士（博士后）学位，可谓鲜见，更令人景仰。

第二章 抗日战争

七七事变以后，卢龙县人民揭竿而起，拉起抗日队伍，奋起抗战，参加冀东暴动，冒着敌人的炮火前进。配合冀东八路军，武装开辟滦东，建立抗日根据地，拔据点，炸炮楼，打伏击，给日本侵略者以沉重的打击。

第一节 冀东大暴动

冀东人民抗日武装起义，亦称冀东暴动，发生在1937年七七事变爆发后。随着抗日战争的全面展开，中国共产党中央委员会于1937年8月决定在河北省以及热河省边界地区开展游击战争，创建抗日根据地。

10月起，以李运昌、胡锡奎为主要负责人的中共冀热边特别区委会，通过冀东抗日统一战线组织，联系洪麟阁等抗日人士，广泛发动民众，准备举行武装起义。

1938年6月，以宋时轮为司令员、邓华为政治委员的八路军第4纵队由平西（今北京以西地区）挺进冀东，沿途连克昌平、延庆、兴隆等县城，造成起义的有利条件。

1938年7月6日，红军干部李润民率领暴动骨干三百多人在滦县港北宣布起义，打响了冀东人民抗日暴动的第一枪。7月7日，李运昌在丰润岩口暴动，7月8日，杨十三、洪麟阁在遵化地北头起义，7月9日高志远在滦县马城起义，7月13日高敬之在卢龙起义。7月14日蓟县地区暴动，7月18日开滦矿区暴动，7月中下旬昌黎、乐亭、宝坻等地的各界志士等纷纷拉起队伍，枪口直指日伪军。至8月中旬在东起山海关，西到潮白河，北起雾灵山，南至渤海滨，22个县掀起暴动，参与者20余万人，组成7万余人的冀东抗日联军和近3万人的其他抗日武装。

10月下旬，冀东抗日联军5万余人随第4纵队主力向平西转移，途中遭到日伪军的围追堵截，大部失散。剩余数千人，一部抵达平西；一部返回冀东，与第四纵队留下的部队会合，坚持冀东抗日游击战争。

一、卢龙县暴动队伍的成立与发展

冀东大暴动的浪潮波及卢龙，卢龙人民揭竿而起，拉起队伍，踊跃投身到冀东大暴动的滚滚洪流之中。

卢龙县的暴动队伍，是由爱国人士高敬之组织和发动起来的。高敬之是卢龙县沈官营（今属滦州市）人。1925年滦县师范学校毕业，后先后担任教师、卢龙县师范学校校长、卢龙县教育局局长。高敬之为人豁达、仗义，威望很高。高敬之虽然在伪教育局任职，却一心想着抗日。他在任教时，就同驻守学校的日本特务高桥做过面对面的斗争。

1938年，高敬之结识了滦县共产党员阮务德，并成了朋友。在阮务德的引导下，高敬之决心拉起队伍，与日本侵略者和黑暗势力血战到底。沈官营有个叫王殿的雇工，人高马大，曾在外当过两年兵。高敬之首先说服了他一起抗日，让他拿着自己的名片到各村联络队员。王殿带着高敬之的名片，在无税庄一带挨门挨户的游说宣传。十里八村的老百姓听说高敬之带头拉队伍，纷纷响应。几天时间就拉起400多人。那时，村子里一些大户人家、生意人、手艺人等家里都有枪。他们踊跃自愿地把枪拿出来，捐献给抗日暴动队伍。

高敬之把400多人编成2个大队、6个中队。分别由王殿、董进信任大队长。滦县石崖村是个大村，村里有一帮土匪，百十号人，土匪头子姓邵。高敬之决心把这股土匪争取过来。于是带领队伍，包围了石崖村。经过喊话动员，土匪放下武器，举手投降。

很快，高敬之的抗日暴动队伍发展到3000多人。他们把这支队伍起名为华北人民抗日军，高敬之任司令，并刻制了华北人民抗日军司令部关防。他们配合兄弟部队打下乐亭后，分了许多白布。他们把这些白布送到染坊里，一律染成灰色，然后让老乡给做成军装。没几天，干部、战士就都穿上崭新的灰布军装了。暴动队伍攻下卢龙县城以后，华北人民抗日军更名为冀东抗日联军第23总队，下设6个大队。高敬之任总队长，政治部主任为阮务德，参谋长为左义。卢龙县抗日暴动队伍成立后，先后攻打马各庄联庄队、卢龙县城、双望镇、抚宁、乐亭等地，风卷残云，势如破竹，有力地配合了冀东大暴动的全面进行，给日本侵略者以沉重的打击。

二、卢龙县无税庄暴动

无税庄（今属滦州市），是卢龙县一个比较大的村庄。高敬之、王殿一起拉起400多人的暴动队伍后，决定在无税庄举行起义暴动。他们把队伍全部聚集到无税庄。第二天早饭后，把队伍拉到孙家坟集合。队伍当中，有给地主扛活的长工，有从关外跑回来的苦力，有青年学生，有学校教员，也有行走江湖、舞枪弄棒的所谓江湖好汉。穿戴形形色色，手中的武器五花八门。

高敬之站在一个坟头上，拿出事先用油印机印好的任命书，宣布任命王殿为第一大队长，董进信为第二大队长。同时又认命了6个中队长。王殿、董进信站在队伍前面，举起拳头宣誓：打倒日本帝国主义和汉奸走狗、不扰民、不害民、服从命令听指挥。

队伍组织起来了，高敬之下达作战命令：队伍全部出发，攻打马各庄联庄会。高敬之的华北人民抗日军把马各庄团团围住。没想到，联庄会的人听到动静就跑了，一个人影儿也没抓到，只得了几条枪。进村后，队伍把司令部设在一个姓任的大地主家。部队安顿下来后，就吩咐姓任的这家地主给做饭。让老百姓都来分粮食。开始谁也不敢来，很快人就来了，热热闹闹地把老任家三间库房里的粮食分光了。华北人民抗日军开张发市第一仗，虽然没有直接消灭敌人，但却大大震慑了敌人，争取了民心，奠定了抗日队伍发展壮大的群众基础。

三、高敬之骂城

华北人民抗日军的第二个作战计划，就是攻打卢龙县城。当时，卢龙县城已被日军占领统治，城内有 100 多名伪警驻守，另有一个保安团，负责城里城外的治安。一名日本顾问在城里坐镇指挥。伪县长牛惠卿，绰号“牛犊子”，是个死心塌地为日本人效劳的汉奸、卖国贼。高敬之无税庄起义暴动，给卢龙县伪政府敲响了丧钟。他们把全县的军警、保安团全调进城里严阵以待。

1938 年 8 月 8 日，攻打卢龙城的战斗开始了。高敬之选出 70 人的敢死队，随高敬之攻城，其余大队人马在滦河西的石梯子待命，随时准备策应。敢死队到达卢龙城外时，军警和保卫团早已荷枪实弹站在了城墙上。高敬之首先命人把县城周围的电话线全部割断，然后冲着墙上的军警高喊：“弟兄们，咱们都是中国人，都不想当亡国奴，我们起义是为了抗日！我们只想进城捉拿日本顾问和狗汉奸‘牛犊子’！”当时正值秋收前夕，城外是一眼望不到边的青纱帐，城里根本摸不透高敬之的底细。伪县长战战兢兢爬到城墙上，先是点头哈腰地向高敬之说软话，后又用绳子从城墙系下 6 个与高敬之熟识的人进行谈判。高敬之的态度非常坚决："我们啥也不缺，啥也不要，就是要进城，这城不能让日本鬼子、汉奸占着！"慢慢地，城上黑压压站满了人。高敬之一面向他们宣讲抗日救国的道理，一面命令部下在太阳落山前从东南角集中火力攻城。然后，他带着一个护兵从东南角开始围着城墙边走边骂："牛犊子"是吃里爬外的狗汉奸，不是黄帝的子孙，不是中国种，是我们共同的敌人。有种的起来抗日，打死日本鬼子，活捉"牛犊子"。就这样，高敬之从东门一直骂到北门。城上的人见他口干舌燥，有的扔仁丹，有的扔西瓜。太阳落山时，东边的枪声响了，高敬之来个"兵不厌诈"，冲着城西的青纱帐喊："传我的命令，不准开炮，不准打机关枪，城里都是自家兄弟，别伤了老百姓！"然后又冲城上喊："东门已经打开了，立了头功。你们还不尽快立第二功，打开城门，让我们进城。立功者赏！"很快，哗啦啦从墙上扔下许多枪支和帽子，不少军警保安缴械投降，并搬开堵城门的沙袋子，打开了大门。高敬之便把队伍大摇大摆地开进卢龙城。

事后得知，太阳压山之刻，牛犊子偷偷跑到西门，从城墙上跳墙逃走。牛犊子县长摔折了大腿，叫人抬着逃奔了双望镇。

高敬之赶走伪政府，起义暴动队伍东进后，8 月，"卢龙县抗日政府"宣告成立。县长张春圃，军事科长张兴桥，财政科长王兆臣，卫生队长兰西敏，妇女代表张蕴芝、高素明等。但由于缺乏广泛的群众基础，加之日本飞机不断轰炸，三天后政府人员撤离县城。8 月 9 日，日军习田带领百余人侵占了卢龙县城，复置伪县公署，朱波为知事，日人日置乙次郎为顾问。卢龙县境内，大批日军盘踞，卢龙人民陷入水深火热之中。

四、阮务德血洒东安河

阮务德，化名张德民，河北山海关人。1933年就读于天津法商学院。积极投入抗日救亡活动，为法商学院学生自治会负责人之一。1935年“一二·九”运动爆发后，参加天津学生大示威，为天津学联负责人之一，不久加入中国共产党。阮务德是高敬之揭竿而起、参加冀东暴动的领路人。

高敬之骂城一举成名，高敬之的部队被编入“冀东抗日联军”第23总队，高敬之任总队长。“冀东抗日联军”第五总队政治部主任阮务德，调任23总队政治部主任。高敬之与阮务德，由老朋友变成了新搭档，二人欣喜异常，决心一起携手抗日，大干一场。

部队整编后第一仗是攻打双望镇。阮务德虽然是文人出身，打起仗来却虎虎生威，一直冲在前面。这一仗，百八十人的伪保安团，一半做了俘虏，一半被击毙或溃逃。23总队缴获枪支弹药若干。一名战士在作战中光荣牺牲。当晚，23总队又连夜打下了抚宁县卢峰口。

第二天，部队接到命令，回师配合五总队攻打台头营。那时，23总队有3000多人。当他们离开卢峰口时，发现从秦皇岛方面开来八九百的鬼子。他们分成两股，一股扑向台头营，一股截击23总队。日本军队有飞机大炮，攻势猛烈。23总队损失惨重。撤出战斗后，部队还剩一千多人。五总队也遭受了重大损失，总队长王子良光荣牺牲。不久，他们又配合兄弟部队打下乐亭县城。从乐亭县城出来，又同糯米庄的日本鬼子打了整整一夜。

秋后，上级决定冀东抗日联军西进。副总司令李运昌命令23总队走南路。当他们走到密云潮白河时，遭到大批日寇的截击。23总队长途行军，十分疲惫，又无准备，仓促应战，受到很大损失。

西进受挫后，23总队回撤冀东，进驻卢龙县的东安河村（今属滦州市）。滦县的鬼子中队一大早就坐着汽车前来偷袭，同23总队在东安河村外相遇。总队长高敬之，参谋长和政治部主任阮务德带领队伍冲了上去。忽然，敌人支起机枪。高敬之大喊："机枪！卧倒！"同时卧倒在地，奋力一滚，脱离了险区。参谋长也趴下了。阮务德和杨参谋躲闪不及，被敌人的机枪扫中倒下。战士们也被打散了。事后，听掩埋阮务德的老乡们说，阮务德身体下有一堆撕得碎碎的纸，那一定是他在临死前，忍着剧痛把身上的文件、名册等毁掉了，以防落入敌人之手。

第二节　开辟滦东

滦东，即滦河以东迁安、昌黎、抚宁、秦皇岛、山海关以及青龙等地区。其中，卢龙县紧靠滦河、青龙河，是滦东地区的前沿阵地。滦东地区地理、军事位置十分重要，北宁铁路穿境而过，是华北与东北之间的咽喉要道。这里与伪满洲国相邻接，是日本侵略者从东北向冀东、华北蚕食，进而发动全面侵华战争的桥梁地带。因此，把滦东这块敌占区开辟为抗日游击根据地，对冀东基本区的坚持和巩固，对向东北开发，对将来的战略反攻都具有十分重要的意义。这里很久以来就为日军所控制，抗日力量十分薄弱。但是敌人在这里的据点少，兵力也小，当地人民渴望得到解放。境内又有高山密林，地势复杂，便于展开各种活动。因此，开辟滦东不仅十分必要而且具备了可能的条件。

一、选派优秀干部进入滦东地区，秘密开展工作

1941年11月，中共冀热察区委员会冀东区分委（以下简称冀东

区党分委）和冀东军分区对滦东隐蔽形式的开辟做了部署，派冀东大暴动时滦东首领高敬之到迁滦卢联合县任工委书记，主要负责向滦东发展；原在那里的办事处主任张振宇负责向铁路南发展。并派冀东军分区参谋宋国祥进入抚宁县北部山区蚂蚁沟一带，从事长城内外的秘密开辟工作。中共迁滦卢联合县工委也派出党员干部燕云程去昌黎南部，以在木匠铺当账房先生作掩护进行隐蔽发展。1942年12月，区党分委又派来陈光、彭来到滦东，彭来任组织部部长，陈光任宣传部部长。与此同时，区党分委还派来江田，王晓峰（华玉民）、袁平、张思齐和李焕章、李国安同志等一批区级干部到滦东开展工作。区委书记高敬之，又通过冀东十二团二营长杨思逯的同意，把张福德、田丰等人调派到迁滦卢联合县工委开展工作。

要想进入滦河东，必须越过雷庄至滦县一线以北、滦河以西和滦河与青龙河汇合处以南这块敌占区。这块地区以沈官营为中心，曾是三八年冀东抗日大暴动的暴发点之一。暴动队伍西撤受挫后，抗日形势转入低潮。敌人屯重兵，建据点。这里变成了统治严密的敌占区。敌人在滦县常驻南北两个大营，老车站有伪治安军一个团，军、警、宪、特应有尽有，仅从滦县到雷庄三十华里以北滦河西这块地区就建立了雷庄、九百户、沙河驿、杨店子、爪村、野鸡坨、商家林、樊各庄、石梯子、柏店子、油榨镇、安各庄镇等十三处据点。敌人在这块地区普遍推行“保甲制度”，造户口册、清查户口，发“良民证”，证上贴有自身相片，村村设检查哨和瞭望台，检查过往行人。派往滦东地区开辟滦东的干部，克服了重重困难，冲过道道封锁，辗转来到目的地。

1942年7月，冀东地委（冀东区党分委改称）于7月派李焕章、李国安、林子江、张沛然、王平东、陈义、徐忠华、孟宪等地方干部到滦东工作。

1943年3月，冀东地委又派于明涛、刘亦如、刘光路、张文浩、张士义、石堂、陈伯生、郝炳南、阎欣、何济民等县以上干部到滦东工作。

是年，整个滦东局势发展很快，抗日烽火已遍及北宁铁路南北和长城内外。南起渤海之滨，北到凌源，西靠滦河，东至绥中的前所，大块的抗日游击根据地已与冀东基本区联在一起。武装力量除主力部队第十二团以外，还拥有3个县的基干队和各区游击队共300多人，民兵已发展到万余。

二、广泛发动群众，团结一切可以团结的人共同抗日

开辟滦东的地方干部进入各地以后，采取各种秘密措施，最大限度地宣传群众，发动群众，用毛主席人民战争的思想武装群众，团结一切可以团结的人共同抗日。工委书记高敬之在抗战开始前曾先后当过旧卢龙县的教育局局长和卢龙县师范学校校长，是滦东这块土上的“知名人士”，在群众中有较高的威望。他凭这个身份和影响，组织干部向与他有各种关系的人，宣传共产党抗日救国的主张和政策，宣传抗战形势，取得他们对抗日工作人员的支持和掩护，从而逐步打开工作局面。

高敬之在迁安县张督庄小学教书时认识一个人叫王玉文。他兄弟九人，他行九，人称九老爷。他家是大地主。王玉文县师范毕业，教过书。那时，他经常到学校去，说起话来，对世道、对家庭有所不满，以后分居。高敬之觉得，这个人可以团结争取，为我所用。1941年冬，高敬之让人把王玉文找来商谈。经过高敬之的启发，王玉文答应配合工作。从而，王玉文成了共产党的人。他到滦河以北，遇到机会，就说八路军的区域非常安定，夜不闭户，八路军公买公卖，只打鬼子和汉奸，保护老百姓。只有一致抗日，才是出路。后

来他干脆带着传单和标语，发给关系人。这样，王玉文发展了不少关系户。王玉文还把家里雇佣的三个长工动员出去参加了八路军，把刚中学毕业的大儿子也带出去参加抗日工作。

他们在隐蔽发展时期创造了很多灵活多变的方式团结发动群众。有时以“不速之客”的方式进入老乡家里，口称过路赶不上店，站脚、吃饭给钱。一回生两回熟，根据房东态变好坏有选择地建立关系户。在接近小商贩时，结识了卖烟叶的王治国，他带我们串联了几户贫农建立了点线关系。他后来参加了革命当了游击小队长。从1941年初冬到1942年夏天，滦河以北、以东、青龙河以西，滦河青龙河两河汇合处以北广大迁卢地区300多个村子，都成了公开或半公开的堡垒村。在青龙河以东的卢龙县，田丰、张福德也开辟了几百个村庄，建立了广泛的点线关系。这些地区基本达到“三有”，即有情报、有征收、有住处。部队活动过来有吃穿，有堡垒户、堡垒村。敌人恨这里的区干部，说：打死个区干部比消灭八路军一个连还重要。

三、敌进我进，武装开辟滦东

1942年7月，冀东地委和军分区决定，冀东主力部队第十二团第一营并龚发田游击队为突击组，东渡滦河配合地方干部武装开辟滦东。第一营过河后，插到青龙河西。8月8日清晨，得悉从承德来的日本关东军原田东雨中队（号称“常胜军”）进了冷口，沿迁（安）建（昌营）公路南下。营长欧阳波平指挥部队设伏于彭家洼附近，经过一场激烈的白刃格斗，原田“常胜军”的76人，除1人漏网外，均被歼灭，缴获了全部武器弹药。冀东八路军渡过滦河初战即获全胜，消息传开，威震滦东。

彭家洼战斗后，第一营副营长马骥率部继续东进，深入抚宁日伪占领区，尔后向北经峪门口、梁家湾子，出长城到达青龙东部、绥中西部、建昌西南和凌源南部地区。在长城内外先后进行 4 次较大战斗，击溃了 800 余日伪军的阻击，振奋了人民群众的抗日情绪。

10 月，团长曾克林率领冀东八路军第十二团开赴滦东。十二团到滦东不久，就全歼了由建昌营据点来进攻的日军 50 余人。之后第二营两个连又在卢龙县后官地设伏，歼灭日军一百余人。

武装开辟滦东，不仅仅是八路军的事，也是进入滦东地区的地方干部的统一行动。田丰陈官屯警察所夺枪，一度传为佳话。田丰参加过 1938 年冀东暴动，后在冀东八路军十二团二营当排长。在一次战斗中负伤后，转入地方养伤。1942 年秋，田丰伤刚好，就被派到青龙河东的卢龙县开辟地区。后来李运昌司令员派刘海州带五六个人到滦东来组建游击队，但没有枪。为得到武器，田丰带铁玉阁夜渡青龙河进行了侦察，从群众中得知，陈官屯镇伪警察分驻所，有二十多个伪警察，他们有枪。田丰与张福德、刘海州商量，乘在青龙河东的目标尚未暴露，敌人麻痹大意的时机，缴伪警察所的枪。行动前，张福德把撸子借给田丰、张福德等十多个人拿着几支大枪配合。旧历五月初三那天，正是陈官屯大集。他们拂晓前埋伏在村外庄稼地里，趁赶集人多热闹的时候，混进市场。按计划，田丰闯进警察所警官的屋跟前，砰、砰两枪，立即闯入屋内缴获警官一支德国手枪，游击队员们迅速占据了枪架子，没有容警察伸手就收缴了十九支步枪。这次行动，震慑了敌人，鼓舞了士气，坚定了人民群众抗日的信心。

武装开辟滦东的一项重要措施就是发展武装力量，成立敢打必胜的战斗队伍。田丰等成功缴获陈官屯警察所枪支以后，成立了三支小型游击队。这是滦东第一批地方武装的诞生。很快，滦东抗日游击队伍不断揭竿而起。1942 年入冬，迁卢抚昌办事处创建了一、二总区，同时正式组建了区小队。一总区由王治国任队长。12 月，随着迁卢抚昌工委的建立，建立了区游击大队，刘海州任大队长。各游击队分兵把手，互相配合，团结作战，共同对敌。高恒队主要活动在滦河东岸北宁铁路沿线广大地区，刘海州队沿山向昌黎方向游击拓展，田丰率队活动在柳河圈、抚宁一带，宋春山游击队活动在燕河营长城沿线。地方武装力量的发展壮大，有效地打击了敌人的嚣张气焰，推动了滦东地区的武装开辟。

四、建立抗日民主政权

建立抗日民主政权，即是开辟滦东的目的之一，也是开辟滦东的重要手段。因此，开辟滦东的各级干部，把抗日民主政权建设作为一件大事来抓。从村级开始，自下而上抓好抗日民主政权建设。

滦东地区是沦陷区，日本侵略者在滦东地区自上而下建立了日伪政权。县里有伪政府伪县长，乡镇有伪乡长、伪镇长，村里有伪保长。开辟滦东，建立抗日游击根据地，就必须摧毁这些日伪政权，建立起人民群众当家做主的抗日民主政权。有了抗日的政权，人民的政府，广大人民群众就有了主心骨，就能在政府的号召和领导下，团结起来，一致抗日。抗日游击根据地才能不断发展、巩固，抗日的军队也就有了坚强的后盾。

滦东地区抗日局面一经打开，首先抓紧村政权的建设。选派坚持抗日的，群众信得过的人担任政权领导人和办事员、武装班长、财粮委员。有的伪保长被争取过来后，一人两任，他们忠于祖国，又假意应付敌人。滦东地区的伪保长，除少数当了汉奸外，绝大多数都忠实地为抗战服务，成为抗战队伍的一员。

在村政权建设的基础上，1942 年秋开始建立区政权。先在敌人控制比较薄弱的青龙河西岸建立了一总区和二总区。1943 年 8 月至

1944年5月又在迁卢抚昌建立了第二、第三、第四、第五、第六、第七总区。总区设区委会、区公所、基干队等组织机构。村、区政权建立以后，开始摧毁敌人的伪大乡。对敌人的伪大乡，区别情况，有的直接消灭，有的各村不给他们粮食，使其自行饿散。有的“两面政权”予以保留。

县级抗日民主政权是1942年开始建立的。1942年8月，滦东地区建立了迁卢抚昌办事处，办事处主任为高敬之。下设秘书室、民政科、财政科、教育科等。根据冀东地委的决定，办事处既是一个政权机构，又肩负综合领导机关的职能。由于正处于地区开辟的初级阶段，作为县级政权的雏形，机构、分工等各个方面，尚不健全，不细密。1943年8月，迁卢抚昌联合县抗日政府正式成立。县长为张士毅。下设秘书室、民教科、财政科、公安科。

在建立抗日民主政权的同时，还建立了青年报国会，妇女救国会、儿童会、教师救国会等群众组织。这些群众组织，培养了大批抗日积极分子，参加了很多抗日活动，在抗日救国的人民战争中发挥了重要作用。

五、锄奸反特，确保地区开辟工作顺利进行

地区开辟工作的最大困扰就是敌伪汉奸特务的干扰破坏。敌伪政权机构的一些伪保长、伪乡长和一些地痞流氓，死心塌地地为日本侵略者效劳，与人民为敌。他们到处探听八路军、共产党、游击队以及开辟地区人员的活动信息，随时向日本人报告，致使我方遭受重大损失。日本军方也派出大量特务，伪装潜入各个地区，甚至潜入地委领导机关。这些日本特务，刺探情报、煽动破坏，甚至疯狂开展投毒、暗杀和其他杀戮活动。开辟滦东，同样遇到了这个问题。中共冀特边特委要求各级党政军民发起总动员，锄奸反特，坚

决镇压，严厉打击危害人民、危害抗日的一切汉奸特务。

（一）真假“李国安”

1943年6月，在卢龙县横河一带开辟地区的八路军李国安和分区长王平东正在上庄开展抗日工作，马哨的村干部马东周来报，说马哨村来了两个陌生人，一个自称李国安，一个自称王平东，贼头贼脑的，形迹可疑，还向群众索要钱物。李国安和王平东当机立断：这两个人一定是日本特务，决定把这两个人抓起来。他二人把手枪掖在腰里，各扛了一把大锄，装成下地干活的样子，向马哨奔去。走了不远，见对面来了两个人，就在路边榜起地来。那两个人走近李国安、王平东，问道：“上庄有没有八路军？”答：“啥是八路军，没见过。”“你们连八路军都没见过？让你们见识见识，我就是八路军，我叫李国安。”另一个人说：“我叫王平东，是区干部。”李国安、王平东同时掏出手枪，对准二人前胸，厉声喝道：“不许动，谁动就打死谁。”这俩家伙乖乖举起了双手。从这俩家伙身上搜出两支手枪，两副手铐。正好一人一副，经审问，两个人是横河据点的日本特务，以为八路军催粮纳款为名刺探情报。当晚，把两个日本特务处决了。

（二）镇压伪乡长

1942年以来，上级先后派张福德、徐志、徐梦纯、马如飞等地方干部开辟柳河圈抗日根据地。这一带是日军标榜的“良民区”，日伪、汉奸出没频繁。开辟根据地的人员进驻后，一些死心塌地为日本人当走狗的伪乡长，千方百计破坏根据地开辟工作。一经发现抗日人员的行踪，立即向昌黎据点的敌人电话报告。卢抚昌办事处副大队长徐梦纯来到柳河圈以后，决心除掉几个伪乡长，轰开工作局面。通过商量，决定先除掉柳河圈的伪乡长李××和翟坨的伪乡长王老六。柳河圈的伪乡长李××是个死心塌地投靠鬼子的铁杆汉奸。他仗着手下有三十多人，十几条枪，经常鱼肉乡里，欺压百姓。他还派人四处活动，专门刺探我方情报，一有什么情报，就给昌黎的鬼子打电话。

不久，十二团团长曾克林带着队伍来到这一带。这正是打击敌人，除掉李大乡长的好机会。于是，一石二鸟的妙计开始实施了。一天黄昏，徐梦纯带着一个小队在离伪大乡二里远的村子住下。徐梦纯找到伪乡长说："我们要在这儿待两天，你不动我，我就不动你，你要敢动我，我就把你们消灭。"伪乡长明着没敢动，但暗里却给昌黎的据点打了电话。日军接到电话，立即出动。敌人气势汹汹地进了柳河圈，本以为八路军就二十几个人。但当他们进了山口，突然机枪，步枪从东、西、南三面一齐大作，手榴弹像冰雹一样向他们砸来。敌人被打得晕头转向，哭爹喊娘。没多大功夫，就被消灭近大半，还丢下不少枪支、火炮等武器。原来，全面出击打击敌人的正是十二团主力。敌人中了八路军"引蛇出洞""瓮中捉鳖"的妙计，而促成妙计实施的正是李大乡长。日本鬼子气急败坏，认为李乡长谎报军情，靠不住，便把他杀了。

翟坨乡的伪乡长王老六，在那一带是很有势力的。以前，昌黎县的新县长上任都要到他那儿去拜访。这小子也是个铁杆汉奸，经常用电话同昌黎的鬼子通情报。一天，徐梦纯带人摸进他家，他正和昌黎据点通电话，被当场抓获。开始，开导他改邪归正，痛改前非，重新做人。但是，王老六非常顽固，死不悔改。经请示卢抚昌办事处同意，在翟坨村，把全体群众包括王老六的家人召集在一起，公布王老六的罪行，宣布处决。

大杨庄伪大乡的乡长王银、副乡长武璧臣，是两个罪大恶极的民族败类。由于这两个汉奸告密，1943 年 3 月 15 日，鬼子和讨伐队包围了小杨庄、张各庄和秀各庄，造成八路军伤亡 20 多人，3 名村干部，10 多名无辜群众牺牲。5 月的一个晚上，把武璧臣抓来就地正法了，王银当时逃跑了，新中国成立后被镇压。

（三）认干亲，锄汉奸

小李庄有个大户叫朱义，他有两个儿子。老大朱选山，老二朱玉山。哥俩在卢龙城日本据点当汉奸。连日来他们为日本鬼子做了不少坏事，给抗日工作带来了很大危害，附近百姓恨之入骨。但两人行动特别诡秘，尤其是老二朱玉山凶残成性，奸诈狡猾，平时枪不离身，无人敢近。抗日民主政府几次想除掉他俩都无从下手。县办事处决定把锄奸重任交给二总区。

二总区区长林子江经过周密调查，对朱家哥俩和家庭情况有了充分了解。一天，以商人的身份来到朱家，一番交谈，便认了朱义老汉为“干爹”，并送上点心和两瓶好酒。朱义把在卢龙城里的两个儿子叫回来，认识了“干哥哥”。并叫两个儿子去潘庄一趟，帮助干儿子摆平一件生意上的事情。当晚，三个人就戴着月色出发了。走到小万山村东时，天已大亮。林子江借故来到他们身后掏出手枪顶住朱玉山，还没等朱玉山转过身来，枪响了，朱玉山负伤倒地。朱选山吓了一跳，趴在路边的小沟里不敢动弹。林子江缴了他们的枪。一会儿，村里办事处两名工作人员听到枪声赶来。把朱玉山、朱选山两个铁杆汉奸带到附近早已挖好的大坑里活埋了。

（四）剪除日本特务队长徐云起

锄奸反特，干得最漂亮的是高恒剪除徐云起。高恒是参加过冀东暴动的抗日英雄，滦山抗日游击队队长，后在八区队二连担任连长。徐云起是大顾佃子村一个地痞流氓，后被安山据点的日寇搜罗，当了特务。这个民族败类既要假日寇淫威，横行霸道，敲诈勒索；

又十分惧怕高恒的游击队。因而，通过高恒的关系人秦永智和高恒建立了“联系”，和高恒称兄道弟，以骗取游击队对他的“免死证”。他在表示悔改的同时，偶尔还给游击队提供一些敌人内部情况，从敌占区购买一些军用物资等。1943 年底，徐云起被提升为特务队队长，据点的日寇授权他放手发展特务，给他枪支弹药、活动经费。腊月二十四深夜，徐云起指派一名隐蔽特务陈继贤和叛徒刘凤池带着一帮特务，闯入高恒的关系人、共产党员秦永智家里，残忍地杀害了曾经为八路军采买过枪支弹药、奇缺药品，做过大量抗日工作的秦永智夫妇。

1944 年正月，高恒给徐云起写了一封热情洋溢的邀请信，邀请徐云起晚上到吕施庄子村赴宴。傍晚，徐云起带着两个随从吹着口琴如约赶来。高恒设好埋伏，设计下了三个人的枪，一举把三个人抓获，在事先挖好的大坑里活埋了。当天晚上，高恒又派人去陈贯各庄逮捕了杀害秦永智夫妇的昌黎宪兵特务王继先，也使他得到了应有的下场。

（五）锄奸模范赵士奎

赵士奎，卢龙县秀各庄民兵队长。在抗日战争时期，带领民兵锄奸反特奸，曾亲手埋葬 29 名汉奸特务，荣获“锄奸模范”光荣称号。1960 年，他光荣地出席了全国民兵代表会议，受到伟大领袖毛主席的接见。

1943 年春夏之交，赵士奎和区武装助理高亚轩，踏深山，跨长城，奔波十几天，往返近千里，把铁杆汉奸、伪大乡的副乡长武弼臣和乡丁王悦抓获。

1943 年 5 月，赵士奎隐蔽在青苗里，用一支翻秧杆把桃林口据点派来刺探情报带着手枪的特务捅死。

喧闹的燕河营大集上，赵士奎带领民兵小朱想除掉一个姓邢的特务，半天没有寻觅特务的踪影。恰在这时，从城门里出来三个人，两个日本人，另一个正是姓邢的便衣特务。三个家伙站在护城河桥外十米处不动了。赵士奎二人毅然奔向前去，在一家酒案前装作买酒观察动静。突然，两个鬼子被叫进城门。邢特务也把身躯转向城门。赵士奎一使眼色，小朱一枪打中他的后背。特务大叫一声，扑倒在地，连滚带爬地钻到酒案下面。赵士奎顺手牵羊，一把揪起他，对准脑袋连补两枪。特务腿一伸，一命呜呼了。

第三节 战斗在卢龙县境的冀东八路军

一、冀东十二团

1939 年 9 月，陈群奉命率领游击支队随冀东整训人员赴平西整训，同年 11 月，在平西整训的第一游击支队和冀东抗联队伍编为八路军冀热察挺进军第十二团，团长为陈群，政委为刘诚光。1942 年 4 月~1944 年 11 月，团长为曾克林，政委为刘志，副政委为曾辉。1944 年 11 月~1945 年 11 月，团长为曾克林，副团长为马骥，政委为程陆天，副政委为刘光涛。

十二团是冀东军分区能征善战的主力部队。在冀东地区滦河两岸打了许多大胜仗，令日本侵略者闻风丧胆，深受冀东地区广大人民群众的拥护和爱戴。

（一）初创时期的冀东十二团

冀东十二团组建以后，在团长陈群，政委刘诚光的带领下，主要转战于冀东西部地区。1940 年 6 月在蓟县（今属天津）参加反

“扫荡”斗争，在冀东西部山区进行大小战斗 456 次。7 月 28 日，第十二团与第十三团各部，将进入盘山村讨伐的日本关东军武岛骑兵中队 70 余人全部歼灭在盘山西麓的白草洼。之后，十二团又连续攻克蓟县的上仓、下仓、三岔口、宝坻县的新安镇、八门城、林亭口、张头窝等日伪军据点。8 月 22 日，十二团包围开滦煤矿的赵各庄矿、唐家庄矿和北宁路上的古冶车站，各据点日军被击毙，伪军和警察全部被缴械，缴获大批枪支弹药。9 月初，十二团又先后在丰唐公路的任各庄、金拉庄、常庄等地击毙击伤日伪军 300 余人。1941 年 5 月 1 日，十二团一个营与兄弟部队一起，在玉田县渠梁河一带，击毙日伪军 150 余名，击伤 200 余名，缴获大批武器弹药。

百团大战期间，陈群指挥十二团配合地方武装积极出击，先后攻克唐山市郊之曹家口、张官屯，玉田鸦鸿桥、窝洛沽等据点。一度袭入唐山市内，给敌人以很大威胁。

二营是十二团的主力，在地方武装的配合下，先后在高拔岭、马兰庄、赵各庄、银子山、三女河、鸦鸿桥、皇家屯、尤各庄一带打了许多漂亮仗，很快打开了冀东东部地区的抗日局面。

1941 年 6 月 2 日，陈群发现一股日军在孟四庄村头活动，便带领警卫员站在隐蔽处用望远镜观察着敌人动向，突然，敌人用掷弹筒射来两发炮弹，正落在陈群和警卫员身旁，陈群和两名警卫员当场牺牲。

（二）曾克林一战成名

1942 年 4 月，冀东军分区参谋长曾克林任冀东十二团团长。曾克林 1929 年参加中国工农红军。土地革命战争时期，任红三军团第七师二十一团连副政治指导员，第四师二十团连政治指导员，红二十八军第三团参谋长。参加了中央苏区第一至第五次反“围剿”战役，是个身经百战的老红军、老八路。

1942 年 7 月 12 日，曾参加潘家峪大屠杀的 180 多名日军进驻沙河驿，扬言要扫平滦河以西地区。曾克林获悉后，决心集中全力消灭这股日军，为惨案死难者报仇。

7 月 18 日拂晓，十二团借助青纱帐掩蔽遮护，埋伏在甘河槽附近公路两侧的高粱地里。上午 9 时，伪治安军一个营顺路而来，随后跟进的便是 180 多个日军押着的 140 多辆粮车，日军后面又是两营伪军殿后。曾克林沉着冷静地等到日军全部进入伏击圈，才鸣枪发令。顿时机枪和步枪一齐开火，敌军人仰马翻，自相践踏，一片混乱。我军勇士跃出青纱帐，一个猛冲，击溃了伪治安军的先头营。

在第十二团的猛烈攻击下，日军伤亡惨重，企图抢占路边的一座小山，夺路逃窜。但十二团第 5 连第 7 班抢先一步登上山顶，冲着蜂拥而来的敌人甩出了一批手榴弹，炸得敌人血肉横飞。剩下的敌人退到路边的一片坟地里，架起重机枪向十二团疯狂扫射。十二团组织了几次冲锋都未奏效。曾克林立即做了新的部署。他命令第 2 营正面攻击，钳制敌人；又命令第 1 营第 3 连和团部警卫连、特务连迂回到敌人背后，夹击敌人。警卫连第 1 排排长李学良绕到敌人机枪后面，投出一颗手榴弹，随即趁着爆炸烟雾冲上去，干掉了日军机枪射手，并缴获了重机枪。十二团官兵立即跃身而起，端着刺刀冲进敌群，展开白刃格斗。那些潘家峪惨案中幸存下来参加十二团的战士们，专门找日军拼杀格斗，勇猛异常。战斗很快就结束了，180 多个鬼子全被被消灭。其中包括潘家峪惨案的组织、制造者佐佐木。经过这场战斗，十二团在冀东声名大振，曾克林也从此一战成名了。

（三）十二团开辟滦东

1942 年 7 月，十二团一营开赴滦东地区。进入青龙时，在青龙县隔河头与青龙县伪警察大队遭遇。十二团击毙伪警察大队长武修忠，全歼该大队 200 余人。而后，该部又在青龙鲇鱼沟击清青龙县张金祥伪讨伐大队 300 余人。12 月 8 日午夜，该部袭击青龙三岔口警察所。俘虏伪警案 18 名，缴获步枪 12 枝，电话机 2 部。

入夏，曾克林率领十二团进入滦东，初到彭家洼即消灭由热河进入口里的日寇宪兵一个中队，相继在彭家洼又两次歼灭敌伪军。1942 年底的一天拂晓，曾克林率十二团一部一举消灭了建昌营的鬼子五十多人。

1943 年 3 月 2 日，十二团一营两个连，在卢龙县冯家沟、常各庄驻地遭到日伪合击。该部在营长杨树元指挥下，迅速占领附近的仙景山制高点阻击日军，击毙日军指挥官河野、松尾等 50 多人。

5 月 29 日，十二团一营在青龙县核桃沟二道地子设伏，截击日军运送武器汽车队，击毁汽车两辆，击毙日军 20 名，缴获轻机枪 2 挺，步枪 20 余支，部分子弹及两汽车炮弹。

12 月 3 日，十二团一部在卢龙县滤马庄击毙伪上校团长王树绩等 30 多人。7 日，十二团一营三连和二营五连在抚宁县曹西庄宿营，恰遇日军前来抢粮。三连、五连立即投入战斗。三连击毁日军卡车两辆，击毙击伤日军 30 多名。五连指战员用掷弹筒和手榴弹，连续炸毁日军两辆坦克。此为冀热边区抗日武装第一次炸毁日军坦克。

1944 年 1 月 12 日，十二团团长曾克林指挥特务连和两个机炮连与第八地区队一连、三连，在卢龙县白家窝村南白家山和东北约 1 千米处桃林营村伏击从侯各庄据点去燕河营据点运送给养的伪治安军运输队。激战两个多小时，消灭伪治安军第二团一个营大部，击毙伪营长和日本顾问在内的伪军官兵 80 多人，击伤 100 多人，俘虏 200 多人，缴获武器多部。6 月 9 日，十二团二营在卢龙县后官地设伏，阻击由昌黎向燕河营集结之日伪军，击毙日伪军 108 人，俘虏 3

人。是年秋，十二团在团长曾克林、参谋长王珩带领下，于抚宁县钱庄南山和金各庄东山伏击界岭口、台头营两据点出扰的日伪军，击毙日伪军 70 多人。

1944 年春末，日伪几千人包围了柳河圈抗日根据地，曾克林率十二团一部，掩护十六地委、专署安全突围。

1945 年春，十二团警卫连在抚宁县东新寨民兵配合下，在抚宁县金山岭设伏，击毙经此路过的 4 名日军。后证实，被击毙的日军一人为日本天皇驸马，另三人是其随从卫兵。

1945 年 8 月 30 日，十二团与十八团协同作战，一举解放军事重镇山海关，为大军挺近东北打通了战略通道。

（四）十二团与滦东人民的军民鱼水情

十二团打击了敌人，保护了人民。滦东开辟初期，很快打开了局面，使开辟人员得以顺利开展工作。振奋了人民的精神，鼓舞了士气，增强了斗志，为对敌斗争创造了有利的条件。在坚持、巩固根据地过程中，十二团是地方政权和人民群众的依托和精神支柱，是政权巩固的坚强后盾。没有十二团，滦东游击根据地的开辟与巩固都是不可能的。

十二团与滦东地方政权、与滦东人民结下了战斗友谊，军政关系、军民关系非常雍恰。十二团与地方政权唇齿相依，与滦东人民鱼水情深。人民群众积极为十二团筹备军粮、赶制军服、补充枪支弹药。每逢打胜仗，群众就杀猪宰羊，慰劳部队。滦东地方政府，逢年过节慰问十二团，把全部吃喝都送去。1942 年 12 月 18 日大贤庄战斗后不久就过春节了，几个遇难商人为了感谢十二团保护了他们，给十二团拉来了一车年货，里边有松花蛋、海参、干贝等，并给了 500 元现金。十二团与地方政权，与滦东人民结下了“鱼水之情”“血乳交融”的密切关系。滦东人民离不开十二团，十二团也离不开滦东人民。

1943年初秋，十二团一部与从昌黎据点出来讨伐的鬼子遭遇，在大王翟坨东山上展开战斗，敌众我寡，一名张班长身负重伤。部队委托秘密联络员潘营村的潘玉升把张班长转移到下荆子附近的老乡家养伤。潘玉升索性把张班长背到自己家里。潘玉升老两口细心照料，上山采药。老伴还从宋翟坨娘家要来一只老母鸡，给张班长熬鸡汤。两个月后，张班长伤势好转，已经能慢慢走路了。一天，有民兵来报，有一对日本兵从刘田各庄据点出来，直奔潘营来了。他们的目的很明显，就是来抓捕八路军伤员。潘大嫂让潘玉升留下掩护，自己扶着张班长来到北沟白石头坎子的一个地洞里。鬼子和伪军来到潘玉升家，严刑拷打，逼他说出伤员的下落。还用棍子撬开潘玉升的嘴，往嘴里灌大粪，把潘玉升活活折磨死了。张班长伤愈归队后，用奋勇杀敌的实际行动，来报答潘玉升老两口舍命相救的大恩大德。

1942年10月13日深夜，卢龙县段家沟段大妈家中突然有人闯了进来。段大妈一看，是十二团的卫生所长于振中，带着担架队把10名伤员抬了进来。段大妈先让9名轻伤员进了地洞，把一名重伤员抬到炕上。这名重伤员叫岳福海，是个排长。他嘴唇干裂，气息奄奄，昏迷不醒。段大妈用筷子撬开岳排长的嘴，一口一口地灌米汤，终于把岳排长救醒。段大妈为岳排长喂水喂饭，接屎接尿，精心照料。一个亲戚要去唐山，她卖了一只老母鸡凑了点钱托亲戚从唐山买了一瓶菠萝罐头，把罐头切成小块，喂给岳排长。9名轻伤员伤愈归队了，岳排长还没有痊愈。这时，敌人“扫荡”开始了，上级指示段大妈把岳排长转移到安全地带。段大妈把岳排长藏在青龙河滩的一个高粱秸秆垛里。每天夜里，都步行十七八里给岳排长送饭。在敌人扫荡的半个月时间里，岳排长天天有饭吃。扫荡结束后，又把岳排长接回了家。过了三个月零四天，岳排长痊愈了，要重返前线。段大妈特意给他煮了 10 个鸡蛋带上。岳排长感动万分，亲切地叫了一声：“娘”，泪水夺眶而出。

由于十二团在滦东人民心目中有崇高的威望，农村青年踊跃报名参军，参加十二团，为十二团补充了兵源。所以十二团的兵源始终保持超编状态。十二团刚到滦东时是 1300 人，一年后消耗了 900 人，最后实有人数是 1800 人。

二、冀东十八团

冀东十八团是在第八地区队的基础上扩编而成的。团长为周家美，曾用名田川。政委为吴宗鹏。周家美，湖北省潜江人。1935 年参加中国工农红军，同年加入中国共产党。是参加过万里长征的老红军。抗日战争时期，冀东军区第十二军分区司令部作战科科长，教导大队大队长，第十二团参谋长，冀热辽军区第十六军分区第八地区队区队长，第十八团团长。

1944 年 5 月 29 日，十八团刚成立，就在南丘庄设伏，击毙日伪军 140 名。冀东十八团三连与日伪军 1∶60 的遭遇战，堪称抗战史的奇迹。

1944 年 6 月 7 日早晨，冀东军分区第十八团第三连 100 人在石脑村与日伪军遭遇。连长率队伍迅速抢占了相公庄。日伪军铁血部队部队长粟野重义亲自指挥步兵二十六团、三十七团和骑兵队 6000 人，将相公庄四面包围。粟野重义下令各团迫击炮和掷弹筒集中射击 2 分钟，利用炮火轰炸的烟幕，一举攻下。当时两个步兵团共有迫击炮 16 门，掷弹筒 200 余门，在集中射击 2 分钟后，相公庄百余户房屋，已是一片火海。第一线部队在猛烈炮火轰击下，继续依着残垣废墟坚持应战。使攻击部队又遭顿挫，不能前进。午后 5 小时左右，敌部队暂停攻击，继续严密包围，待明早拂晓一举攻入庄内。当第二天拂晓攻入该庄时，八路军已于夜间安全转移。这次战斗在兵力对比上，八路军仅百余名，而日伪军不仅装备优势，人数在 6000 人以上，60 倍于八路军，结果是八路军击毙日伪军 500 多人，安全转移。这场战斗受到冀热辽军区的嘉奖。不久，当三连重返相公庄时，老乡们排着长长的队伍，夹道欢迎。群众还杀猪宰羊，表示慰劳。

日本宣布无条件投降后，十八团与十二团协同作战，一举攻克山海关，在曾克林的率领下挺进东北，为接管东北，也为后来的辽沈战役、解放东北、解放全中国立下了汗马功劳。

第四节　卢龙县地方抗日武装

一、迁卢抚昌联合县游击大队

迁卢抚昌联合县游击大队，队长为刘海舟，指导员为高恒，副大队长为徐梦纯。大队下设三个小队。迁卢抚昌联合县游击大队是由迁滦卢联合县东进队演变而来的。迁卢抚昌工委成立之前，就有抗日游击队存在，这支队伍叫迁滦卢基干队，下设 4 个中队，队员 200 人。1942 年 6 月，中共冀东地委第一次扩大会议决定，为配合滦东、路南、热南等新区开发，将迁滦卢基干队改编为南进队和东进队。南进队挺进路南，东进队挺进滦东，东进队队长为刘海州，指导员为杜文平。8 月，迁卢抚昌联合县办事处建立后，东进队改名迁卢抚昌联合县游击大队，队长为刘海州，指导员为高恒。1943 年春，刘海州、高恒等人开辟阳山以南地区。后又发展到北宁铁路以南，当年冬季，副大队长徐梦纯带一小队开辟柳河圈。1943 年 8 月，又组建了迁卢抚昌联合县基干大队，大队长高恒。

二、总区基干队

1942 年冬至 1943 年 7 月，迁卢抚昌联合县在辖区内设了 5 个总区。一总区在迁安区县城以南，滦河、青龙河三角洲一带。二总区在迁安县城、郎各庄以北，长城以南，迁安至建昌营公路以东，青龙河以西地区。三总区在台头营至燕河营公路以北，长城以南，西起青龙河南岸的滤马庄，东至台头营以东的宣各寨一带。四总区在抚宁至下寨公路以北，台头营至燕河营公路以南，西起青龙河东岸的毛各庄、大横河，东至抚宁城西的洋河。五总区在滦河以东，北宁铁路以北，阳山两侧至翟坨、柳河圈一带。1943 年 8 月，又增至 7 个总区。每个总区都有总区基干队，基干队配备队长、副队长和指导员。

最早建立总区基干队的是 4 总区。1942 年 6 月 16 日，田丰带领地区开辟人员借陈官屯大集，潜入陈官屯据点，砸毁了警察所，夺得 20 支枪，组建一个基干队，队长由四总区区长田丰兼任。四总区基干队，是滦东地区第一个区级地方武装。

三、第八地区队

1943 年 7 月，按中共中央晋察冀分局的指示，中共冀东地委改建为中共冀热边特委，晋察冀第十三专署改建为冀热边行署，同时对全区范围的原有地区队进行调整，在迁卢抚昌新组建第八地区队，队长周家美（田川）。八区队下设 5 个连，一、二连由十二团抽来的连、排骨干组建，将刘贺的冀东第一抗日义勇队、高恒的迁卢抚昌基干队、刘海舟迁卢抚昌游击大队分别改编为三、四、五连。刘鹤、高恒、刘海州分别任三、四、五连连长。八区队受晋察冀第十三军分区、联合县委双重领导。主要活动于迁卢抚昌地区。1945 年 1 月，根据晋察冀军区的命令原十三军分区撤销，组建冀热边军区。军区下设 5 个军分区，冀东属第十六军分区。与此同时，各地区队升编为主力团，第八地区队被编为十八团。

第八地区队成立后，夜袭卢龙城，伏击龙凤河，智取大横河炮楼，攻克燕河营，奇袭夹河滩，血战白家窝，沉重打击了日本侵略者的嚣张气焰。

四、滦山铁道游击队

1944 年夏，高恒调离第八地区队，负责组建滦山（滦县—山海关）铁道游击队，高恒任队长。滦山铁道游击队又称高恒游击队、滦山队、高恒队。

滦山铁道游击队是由一支 13 人的手枪队为基础组建的。人员不足，武器弹药短缺。高恒决定袭击滦县车站的铁路警察所，获取枪支弹药。高恒带人趁着夜色，翻墙摸进去，打开大门，当场击毙了三个日军，缴获了二十四支长短枪，还有一挺轻机枪和一个掷弹筒，弹药好几箱子。这一仗打出了威风，不少青壮年纷纷自愿加入高恒游击队。队伍很快发展到几十人。为了搞到武器，高恒按照抗日堡垒户、共产党员秦永智的情报，带人乔装来到铁路旁的安山大集，顺利地缴获大枪 15 支，子弹 300 余发。

高恒的滦山铁道游击队在北宁铁路滦山一线活动了 3 年时间。他们神出鬼没地活动于日伪统治严密的铁道线上，截火车，炸铁道，打鬼子，抓汉奸，搞枪支。后来，高恒的滦山游击队不仅自身兵强马壮，还源源不断地向主力部队输送兵员和武器弹药。

五、抗战时期卢龙县的民兵队伍

抗日战争时期，特别是从开辟滦东以后，卢龙县的民兵队伍迅速崛起，日益壮大，蓬勃发展，有力地配合了主力部队的抗日战争。

卢龙县的民兵组织，始建于1943年初，冀东区党分委为开辟滦东地区，派员来县发动群众，开展对敌武装斗争。在开辟区建立地方政权的同时，建立了民兵队伍。民兵的组织形式是：开辟区的每个村设武装班长或武装小队长，在家庭出身贫寒，坚决要求抗日的青年中秘密发展，各村人数不等。是年8月，在建党建政的同时，自下而上建起了民兵武装体系。村建中队部，设正副中队长、指导员等职，下设游击、战勤、爆破3个小队。游击小队，由18至35岁身体健壮的青年民兵组成，主要任务是维护社会治安，配合主力部队作战。战勤队，由35岁以上壮年民兵组成，主要任务是站岗放哨，送信带道、担架、送军粮等。爆破队，由35岁以下精干民兵组成，主要任务是埋地雷、炸碉堡、割电线、断交通，采取各种形式打击、削弱敌人。抗日战争时期，县内民兵依靠熟悉的地形和有利的条件，采取地雷战、地道战、麻雀战、破袭战、围困战等多种巧妙战法，袭扰、围困、消耗和打击了敌人，出色地完成战斗任务，实践了民兵是胜利之本的伟大真理。

（一）杨家台民兵

杨家台处于柳河圈内，是柳河圈抗日根据地的堡垒村。村民兵队配合主力部队，出奇制胜，打击敌人，取得辉煌的战绩。杨家台民兵为八路军转运伤员400多人，做军装3400套、军鞋军袜10000双，运送军粮6万千克，为保卫后方根据地做出了重大贡献。在战争年代，全村有55名民兵参军入伍，有10人立功受奖，7人壮烈牺牲。

1944年3月，日军集结了滦东6个据点3000多名日伪军，分路趁夜包围了柳河圈地区，妄图把驻守在柳河圈的地委、行署机关和冀东十二团主力一举歼灭。团长曾克林命令，趁敌尚未形成合围之际，十二团主力保护地委、行署领导和广大群众立即转移，留下特务连掩护。特务连一、三排迅速占领山善庄东西两侧有利地形，牵制敌人，掩护主力部队和领导群众转移。二排抢占了曹柳河东山。一、三排凭借英勇顽强和猛烈的火力击溃了数倍于我的敌人，迅速撤出了战斗，并占领了山善庄北山，支援二排，防止敌人合围。二排与敌人苦战了一天，已三面受敌，不得突围，退到杨家台村两个院子里据守。这时，天已经黑了。日军抓住没来得及转移的民兵王景玉给八路军送信劝降。王景玉巧妙脱身，来到八路军的大院。凭借机智勇敢和地形熟悉，连夜领着二排，端掉西山的哨卡，在一、三连的火力配合下成功突围。

（二）钓鱼台民兵

钓鱼台，位于卢龙县城西南9.7千米，滦河东岸。村依山而建，地势险要，是开展游击战的理想之地。抗日战争时期，这里的人民在共产党的领导下组建民兵，配合地方武装及主力部队，神出鬼没地打击敌人，为党和人民立下了战功。

钓鱼台的民兵组织是靠3名共产党员、两枚手榴弹起家的。1942年深秋，党派开辟滦东的郑兴、马文中来到钓鱼台，通过扎根串连，于1943年春秘密发展魏民加入中国共产党，后又发展王厚、史君贵加入党组织。随着党组织的建立，不公开的战斗堡垒建立了，又相继成立了民兵武装小组，3名党员为成员，两枚手榴弹为武器。不久，上级又发给长枪3支。

1943 年 5 月，伪满洲军 800 人来到钓鱼台骚扰 3 日，索要粮食无果。敌走后，伪乡、保长扬言日伪军是他们用钱财买走的，要逐户摊派粮款。对此，党支部、民兵队针锋相对，发动群众，拒粮拒款，最后由几户财主人家均掉了事。第一个回合的胜利激发了群众的斗争热情，民兵队伍也得到了相应的发展。

1944 年 5 月，日伪军突袭，民兵队为了保护群众免遭损失，挨门逐户动员群众转移。当魏民搀扶一位老人最后出院时，敌人已包围了全村。此刻，已转移到村外的共产党员民兵史君贵见魏民没有出来，心急如焚，便冲回去，占据有利地形，向敌人打响了第一枪，敌慌作一团，魏民乘机背起老人冲出重围。敌人不甘失败，150 名日伪军乘军用汽车来村报复，当他们再次吃了空城计垂头返回时，于村东大沟遭民兵伏击，死伤 5 人。

经过几次战斗，村党支部深切感到，在战斗中，要想保存自己，扩大战果，必须不断发展自己。彼时群众的战斗激情日益高涨，积极要求加入民兵组织。党支部因势利导，决定成立民兵中队，下设 3 个班，党员史君责、王厚分别担任中队长和指导员，上级又增配步枪 8 支。随着民兵队伍的壮大，他们变固守村落为主动出击敌人。入夏的一天，他们配合滦山游击队消灭了驻守安山的一中队伪军。秋，主力部队攻打昌黎，钓鱼台民兵担任断交任务，阻敌增援，他们把 7 枚手榴弹绑在一起，炸毁了北宁铁路石门至安山路段，出色完成了断交、阻击任务。

日本侵略者投降后，钓鱼台民兵继续加强自身建设。于解放战争中，积极参加清算复仇、土地改革，保卫胜利果实，又打了许多漂亮仗。在历次战斗中，民兵王荣、王作计、史良功、宣粮喜光荣牺牲，为革命献出了自己宝贵的生命。

（三）虎头石民兵

虎头石，位于卢龙城西南 4.7 千米，紧靠青龙河，是个依山傍水风景秀丽的小山庄。汉飞将军李广“精诚所至，金石为开”之虎头石就曾屹立东山，虎头石村也因此而得名。自从日军侵入卢龙县城，滦河西石梯子设敌人据点后，这里幽静的气氛被打破，人民生活在水深火热之中。继而，一个抗日救国的地方武装——虎头石民兵应运而生了。

1942 年冬，八路军张小川部东渡滦河，武装开辟滦东地区，首住离虎头石不远的塔子峪村。时隔不久，开辟地区的靳志国奉命开辟卢龙城南虎头石一带，常住邻村蔡家坟。经过他们的培养，1943 年春，虎头石村朱守珍及邻村的陈万才、朱田兰加入了中国共产党，编为一个小组，接着虎头石邓瑞丰亦加入了组织。

根据抗日斗争形势的需要，1943 年春，经上级批准，虎头石建立民兵武装。首批民兵 6 人，只有 1 支步枪。入夏的一天上午，民兵朱智华、邓瑞丰得知有个伪警察出城西去，他们就潜伏在路旁的高粱地里等候。晌午时分，一个倒背步枪嘴叼香烟的家伙，哼着小调一步三晃地从西门走来。朱、邓二人一跃而起，把他拖进高粱地，下了他的枪。

几天后，十二团侦查员郝友来村，闲谈中流露手中的枪不理想，朱智华大腿一拍；好办，咱们这就去取。他约民兵王木堂与他俩同行，又来到城西公路上。朱智华藏好大枪与王木堂各拿一把大锄佯装锄地，郝友埋伏在庄稼地里。说也巧，时间不长，就有 3 名日本兵从城内方向走来。远远望去，其中两个只背背包，不带武器，一个胸挂望远镜，肩挎者“王八盒子”。他们边走边说什么，还用望远镜前后左右观察。近前时，拿枪的日本兵挥手对朱智华、王木堂说：

“你们的，过来！”他俩顺从地走至前面，日兵检查完他们带着老茧的双手后说：“那边的，苦力地干活。”又向西走去。说时迟．那时快，朱智华快步朝藏枪地方走去，提起来就是一枪，日本兵应声倒下，几乎与朱智华开枪的同时，郝友也干掉一个。另一个潜入青纱帐逃走。他们缴获的手枪、望远镜及两包文件表格，由郝友带回部队，部队奖励虎头石民兵步枪两支。

是年秋天，田庄子村来了 7 个陌生人。有的头戴草帽，有的头裹毛巾，衣服各异，十分不整。进得村来他们自报是八路军区干部，有的号称靳志国，有的说是张建舟，可村里人均不认识他们。对此紧急情况，村干部派人向虎头石民兵报急，正在打场的朱智华接到情报后，感到蹊跷，断定这里一定有鬼。正在踌躇不定时，只见从田庄子方向过来几个人，有两个从北岭入村，余者奔了下沟。朱智华打发走送信人，急忙回家去取枪。此刻先入村的人已赶到他的身边，说：“你刚才走得那样快干啥？”朱说：“我看要起风，想招呼家人扬豆子。”来人又凑近他神秘地说：“你莫害怕，我是靳志国，共产党的区委书记，来找你们村的朱智华，他在家吗？”智华一听，什么都明白了，随机应变地答道：“刚才见他去朱庄子了。”来人马上向朱庄子走去。朱智华急忙进家取出步枪，和迎出来的邓瑞丰尾追到村口，占据有利的地形，一人对准一个，两个家伙应声倒下。从下沟来的那几个敌人听到枪声后仓皇逃走。原来这 7 个人是卢龙城的便衣特务“车子警”，他们本想抓几名村干部回去领赏，没想到偷鸡不成反蚀把米。

是年冬，虎头石民兵已发展到十几名，有五六条枪。他们和邻村民兵配合，每天昼伏夜出，袭扰敌人，或向县城打冷枪，或破坏交通要道，或张贴标语，搞抗日宣传，弄得敌人日夜不宁，惶惶不可终日。一天晚上，他们决定烧掉县城西门外大桥，为了解决燃料问题，及时撤退，他们兵分三组，各有分工。一会儿，大桥起火了，敌人机枪、步枪、手榴弹一起开火，折腾半宿，就是不敢出城。

1944年夏末秋初的一天上午，接到钓鱼台民兵来报，两艘运输船从滦县开来，靠滦河西岸航行。朱智华当机立断，集合民兵，埋伏在蔡家坟村北滦河东岸。这里地势险要，居高临下，能攻易守。敌船逆水而行，缓缓向北，50米、30米，船体与民兵的枪口已形成一条直线，当距离在20米时，朱智华瞄准敌军官就是一枪，顿时枪声、手榴弹声响成一片，几名日本兵应声倒下，船夫跳水逃遁，余下几名日本兵有的溺死，有的逃往滦河西岸，运输船于蔡家坟村西搁浅。仅十几分钟的战斗，获敌船两艘，机枪1挺，步枪5支，大米、面粉数吨，军用帐篷多套。

（四）民兵解放卢龙城

1945年8月9日，毛泽东发表《对日寇最后一战》声明，指出，八路军、新四军及其他人民军队，应在一切可能条件下对于一切不愿投降的侵略者及其走狗实行广泛进攻。10日，朱德发布延安总部第二号命令，令冀东部队迅速向辽吉进发。12日，冀热辽区党委根据中央指示精神，组成“东进委员会”。19日，冀热辽部队分三路向热辽地区出击。县境为开辟滦东的桥头堡，挺进东北的基地和交通要道，为子弟兵出关作战全力配合。主力部队东进后，民兵配合留守的地方部队围歼日伪据点，解放县城，做出重大贡献。

1945年8月15日，日本宣布无条件投降。卢抚昌联合县委于温翟坨召开会议，成立收复委员会，张文浩任主任，于步之、赵衡、徐梦纯为副主任。会议决定卢抚昌支队及五、七区民兵负责攻打蛤泊和铁路沿线据点，一、二、三、四、六区民兵攻打双望、台头营、卢龙城。16日晚，卢抚昌支队围攻蛤泊，经两日激战，结束战斗。

20 日，二、四、六区民兵攻打双望、台头营据点，他们采用传统战法，地雷爆破，并将鞭炮放于水桶里点燃似机枪，迷惑敌人。点燃遍地火把，大有千军万马之势。21 日，双望、台头营据点均被收复。22 日，各路民兵冒雨向卢龙城周边集结。在收复委员会的指挥下，展开了强大的政治攻势和麻雀战术，瓦解敌人，袭扰敌人，敌惶惶不可终日，丧失了战斗力。县城于 26 日晨彻底解放。

第五节 卢龙县党员发展和党组织的建立

一、卢龙县早期党的活动

卢龙县党的活动发生在冀东暴动前后。卢龙县教育局局长高敬之，为了抗日救国秘密寻找共产党。后来，经人介绍，在滦县城里结识了共产党员阮务德，接受了许多抗日救国的革命道理。可以说，阮务德是高敬之走上革命道路的领路人。高敬之率军无税庄起义，攻下卢龙县城以后，冀东抗日联军第五总队共产党人李润民、政治部主任阮务德与高敬之在卢龙城会师。按照上级的指示，把高敬之的华北抗日军改编为冀东抗日联军第 23 总队，高敬之任总队长，阮务德任政治部主任。不久，高敬之经李运昌司令员介绍，也加入了中国共产党。23 总队，完全置于党的领导之下了。

二、卢龙县境内首批共产党员

1936 年秋，滦河西岸旧治二区铁局寨（今属滦州市）的夏永林、夏丛林，赵各庄（今属滦州市）的赵玉欧、杨鹤轩，经高各庄中心支部书记李光宇介绍入党。到 1942 年底，青龙河以西一、二两个总区发展首批党员 50 名。

青龙河东今境建党始于1943年春，经各总区党务干部郑兴、靳治国、王静夫、刘兴华（杜海山）、李新华、刘保胜等人，从毛各庄、富申庄、赵各庄、上新庄、下新庄、花亭子、邵黑石、时各庄、黄家村、马家洼、翟坨一带秘密发展。首批党员有毛国良、陈晶忠、宜山、张锦波、郎海山、思波、石光、袁子山、张乃庭、张荣久、吕育民、马志高、张国英、张洪敏、吴正等人。上述首批党员入党后，迅速向邻村“滚雪球”。当时发展党员采取县区直接发展和党员介绍县区党委审查批准两种方法。很快青龙河东有不少村有了共产党员。燕河营东吴庄村刘月英，1943年8月加入中国共产党，并担任了村妇救会主任。她家是远近闻名的抗日“铁堡垒”。在她的影响下，抗日战争期间，全家有8个人加入了共产党，两个儿子参加了八路军。

各村党员发展起来以后，视党员数量逐步建立党小组、党支部。到年底，迁卢抚昌联合县1200个村庄已有四分之一建立了党支部，共有党员800余人。卢龙县境内，1943年建立党支部的村就有138个。毛各庄党支部建于1943年夏，为卢龙县建立最早的基层党支部。

三、滦东县级党组织

1942年8月15日，中共冀东区党分委，决定建立迁卢抚昌办事处，派十二团一营二连开赴青龙河东，武装配合开辟卢龙境内，增派彭来、陈光等地方领导共同开辟。10月，滦东第一个县级党组织中共迁卢抚昌工作委员会成立。工委书记为高敬之。冬，高敬之于万军召开会议，全面部署青龙河东开辟工作。至1943年春开辟了滦河以北、以东，长城以南，洋河凤凰山一线以西，北宁铁路以北之广大地区。陆续建立第一、第二、第三、第四、第五总区，建立区级党政军机构。经过一段工作，该地区又建成了抗日游击根据地。

1943 年 7 月，中共冀东地委撤销，中共冀热边特委成立，中共第三地委组建。8 月中共迁卢抚昌工委改建为中共迁卢抚昌联合县委，县委书记为石堂。共设 6 个总区以及路南区，共建 7 个区委。

1944 年 4 月，中共迁卢青联合委员会成立，书记为陈光。下设组织部、宣传部、社会部、城工部。

1944 年 10 月，青龙河以东地区组建卢抚昌联合县。中共卢抚昌联合县委员会成立。县委书记为石堂。

1945 年 9 月，日军无条件投降，卢抚昌联合县撤销，恢复单县制。中共卢抚昌联合县委员会改中共卢龙县委员会，县委书记为张文浩，下设 9 个区委。

第六节　卢龙县柳河圈抗日根据地

一、柳河圈抗日根据地的建立与巩固

为了加强柳河圈地区的开辟工作，1942 年冬，上级派张福德带几个人开辟柳河圈，做了许多前期发展的基础性工作。1943 年又派马如飞带齐义祥、陈雨川来这一地区加强工作。最初他们在柳河北山、萝卜园、山善庄一带山村秘密开展工作，并通过关系扩大范围。站稳脚跟后他们分层次开展工作。

经过前期的充分准备工作，柳河圈的地区开辟条件日渐成熟。以地方游击队和八路军十二团主力开进柳河圈和冀热边特别区第三行政督察专员公署和卢抚昌联合县机关的常住为重要标志，柳河圈抗日根据地进入了蓬勃发展时期。人民群众的抗日热情十分高涨。1943 年 3 月，冀热边特别区第三行政督察专员公署专员高敬之常率

地委、专署机关设址办公，指挥前线军民奋勇杀敌。1943 年 5 月，迁卢抚昌联合县县长张士毅，常率县直机关驻柳河北山村。1943 年到 1945 年间，冀东第三地委、第三公署机关在这里设址办公。冀东军区司令员李运昌曾长期在此指挥，冀东军区十二团团长曾克林、八路军第三纵队回民支队司令员马本斋等抗日名将也都在这片土地上生活、工作和战斗过。

自 1943 年开始，柳河圈地区建立起党的组织，秋后各村开始建立抗日民主政权建设，随之建立了民兵、妇救会、儿童团等组织。随后在这里建立了兵工厂、手榴弹厂、被服厂、鞋厂、扣厂、印染厂等十几个小型工厂，主要生产军需物资。柳河圈根据地已经成为滦东抗日的政治、军事指挥中枢，成为整个冀东地区抗日的大本营和后勤基地。

二、柳河北山五壮士

1943 年，冀东十二地委、行署驻扎在柳河圈抗日根据地柳河北山。1944 年 4 月 29 日，十二地委在柳河北山召开会议。开会期间，日本讨伐队突然进了村。紧急关头，为保护地委安全转移，十二团命令一个班把敌人引出地委、行署所在地，并在村南老虎山阻击敌人，拖住敌人，为地委、行署领导安全转移赢得时间。几倍于我的敌人向老虎山发起了一次又一次的进攻。战士们凭借有利地形奋勇还击。战斗从拂晓一直持续到傍晚。最后只剩下 5 个人了，子弹也打光了。五名战士宁死不当俘虏，纵身跳下悬崖，壮烈牺牲。这 5 名战士，一个也没有留下姓名，但却留下了惊天地、泣鬼神的英雄壮举。人民永远不会忘记他们，历史永远不会忘记他们。

三、柳河圈抗日根据地的军工生产

随着柳河圈抗日根据地的建立和巩固，军工生产得到全面发展。他们建立了兵工厂生产武器弹药，被服厂生产军装棉被等军需物资。还建立了卫生所、粮库等后勤保障基地，大大地促进了根据地的巩固与完善。

（一）兵工厂

1943 年 4 月，在柳河北山村杨连瑞家兴办兵工厂。负责人先为陈玉川，后为马石中，有军工 30 多人。有烘炉、车床、制造机械，可制造“狗牌”撸子、修缮枪支。此外，十二团在柳河北山杨河家，七区队在郭生武家分别建立了手榴弹厂。1944 年至 1945 年 9 月，柳河北山设有榴弹厂，负责人徐峻杰，有军工 6 人。1944 年至 1945 年 9 月，在柳河北山董万富、董林两家设枪弹厂，负责人吴相阁，有军工 5 人，改制步枪和手枪枪弹。在柳河圈根据地所辖自然村中，除柳河北山外，萝卜园、水长峪、山善庄等村也都设有类似的兵工厂，生产武器弹药。此外，在四总区鹿尾山、蛮子营也设有弹药厂。

兵工厂厂长马石中，不仅负责兵工厂的生产，关键时刻还冒着生命危险上阵杀敌。1944 年 12 月，新年将至，十二团从鬼子手里缴获了一挺比较先进的重机枪，连夜送往柳河北山兵工厂修理。马石中见了非常高兴，他连年饭都没顾上吃，马上投入修理工作。从拆卸到修理，从性能到杀伤力等细心琢磨研究，苦战了两天两夜，终于抢修完毕，试验取得了成功。当时，十二团一个连，正在抚宁深河攻打敌人据点。因炮楼全部用钢筋、混凝土浇筑，大枪、手榴弹对它毫无办法。围攻一天一夜，攻而不克。连长命令把修好的重机枪运抵深河投入战斗，并连夜请马石中前往阵地。马石中不顾敌人的机枪封锁，冲入阵地，立刻投入战斗。马石中将目标定准敌人喷火的枪眼，猛烈射击！不愧为兵工厂厂长，射击技术一流，颗颗弹头射进敌人的炮楼。一片火光过后，连续不断的爆炸把敌人的碉堡端下半截，杀死敌人二十余人，伤者甚多，前后只用二十分钟就结束了战斗，收缴了敌人大批武器，拿下了深河据点。

1943 年，除柳河北山外，还在宋家坟、白家坊、土山、苏家沟、东水家沟等革命老区建起了手榴弹厂、修械厂。

（二）被服厂

随着柳河圈抗日根据地的建立，在柳河北山冯志清、张德、董凤林等户设被服厂。此外，1943 年秋，还在范家峪陈瑞家设被服厂，负责人杨昆，军工 12 人，主要制作草绿色军装。在范家峪陈文中家设印染厂。用槐树花、姜黄、秸秆灰、乌叶子等染绿、灰、黑等各种颜色的军装。刘家沟、炮石岭沟、下新庄、亮甲峪、秀各庄、宣家沟等村也都设过被服厂、毛巾厂。这些被服厂统一听命于柳河北山抗日根据地。

（三）粮库

1943 年至 1945 年 9 月，在柳河北山、萝卜园、水长峪、杨台家等村，开凿山洞 30 余个储藏粮食，常储军粮 35 万余千克。严山头、董家峪也设有粮库。

（四）卫生所

1943 年，柳河北山设有卫生所，所长为高俊丰，最多时接纳伤员达百余人。上兴隆庄也设有卫生所。庙岭沟曾设有野战医院。

四、柳河圈抗日根据地的战略地位及作用

柳河圈抗日根据地的建立和发展从不同角度、不同侧面诠释、

反映了迁卢抚昌根据地的全貌，是整个冀东抗战的一个缩影。毛泽东主席1946年在中央政治局会议文件上批示：“全国解放没有冀东不行，冀东没有李运昌不行。”这既是领袖对冀东抗日武装及广大人民群众的肯定，也是对时任冀东军区司令员的李运昌个人的肯定。柳河圈抗日根据地是由李运昌领导下的我党我军创建，在整个冀东抗战中乃至解放战争中都发挥了极其重要的作用。

柳河圈抗日根据地的地理环境优越、战略地位重要。冀东地区的卢抚昌联合县“碣石之依、长城之枕、护燕蓟为京师屏翰，拥雄关为辽左咽喉”，是华北连接东北的必经之路，历来为兵家必争之地。柳河圈南距昌黎县城仅十余千米，东北距抚宁、西北距卢龙均不过二十千米，地处三县交界地带，便于形成对周边地区的辐射作用。而且这里三面环山，一面接岭，形成了一个相对稳定的闭环系统，易守难攻，容易建立起有效的防御体系。柳河圈内数十平方千米地域山高林密，沟壑纵横易于隐蔽和转移，敌来我走，敌走我来，游刃有余，进退自如。更重要的是这里的人民勤劳勇敢，民风质朴，对敌人充满仇恨，抗日热情高亢，不少参加过1938年冀东大暴动，留下了革命火种。这些都是柳河圈根据地开辟与形成的内在因素和必要条件。随着冀东第三地委、三公署和卢抚昌联合县委、县政府以及八路军十二团的进驻，这里逐步成为冀东抗战的政治、经济、军事中心。在这里经常召开各种会议，进行干部培训，部署区域内的抗战工作。电台的设立保持了联络畅通，红色电波把上级精神和本级决策传播到四面八方。十二团领导机关经常在这里指挥冀东地区的对敌战斗，不仅消灭大量的敌人有生力量，还有效地牵制了敌人兵力，缓解了敌人对我平西、平北抗日根据地的压力。

柳河圈抗日根据地基础设施的不断完善，使之逐渐成为我党我军的生活物资和战略物资基地，不仅解决地方部队的需要，还支援了其他部队，这对滦东地区乃至整个冀东抗日队伍的军需供给起到了很大作用。我冀东主力十二团不断发展壮大，抽调部分力量新建八区队，后又发展为十八团。人民群众踊跃参军参战，部队兵员成倍增长。

柳河圈根据地成为我军抗战胜利后向东北进军的前哨和跳板，也是战略物资的重要集散地。1945 年 8 月，十六军分区司令员曾克林、副政委唐凯率 4000 余人从柳河北山出发，向锦州、沈阳进军。于 8 月 30 日在苏军炮火支援下攻克战略重镇山海关。又乘胜由锦州乘火车向沈阳急进，9 月 5 日抵沈。李运昌也于 9 月 14 日率司令部到达沈阳。这是抗日战争胜利后，中国共产党领导的八路军第一批出关进入东北的军政人员。“辽沈战役”打响后，这里成为支前物质的转运地，大批军用物资源源不断地运往东北前线。柳河圈人民抬担架、送军粮、救护从战场上下来的伤员，做出了重要贡献。

第七节　卢龙县境的冀东抗战文化

冀东抗战期间，抗战文化是振奋人心，鼓舞士气，打击敌人，消灭敌人的“轻骑兵”，具有巨大的战斗力和杀伤力。一首起源于冀东长城抗战的《大刀向鬼子头上砍去》，激励了多少热血男儿前仆后继，奋勇杀敌，战无不胜，攻无不克。抗战期间，冀东党政军各级组织，十分重视抗战文化建设。在炮火纷飞的冀东大地，先后成立了以文艺演出为主要形式的“尖兵剧社”“长城影社”，奔赴抗战第一线和广大乡村巡回演出。冀东八路军十二团，也成立了文工团，为指战员业余演出。在卢龙大地熠熠生辉的《滦东日报》和滦东抗日民族革命学校就是冀东抗战文化的一个缩影。

一、浴火重生的《滦东日报》

《滦东日报》的前身是《救国报》，是中共冀热察区党委冀东区党分委在冀东创办的第一份党报，也是抗日战争时期中共在敌后创办较早的地方党委机关报，它筹备于1939年末，创刊于1940年元旦，创办人马宗周，化名崔林，原在冀东抗日联军新第五支队负责政治工作。报社地址在遵化、丰润和滦县三县交界处的一个小山村芦各寨，隶属遵化县。一年以后，《救国报》的出版发行引起敌人的注意。1941年初夏的一天，日伪军突然对芦各寨村和小学校进行了一次严厉搜查，报社感到危险，便转移到鲁家峪。

1942年4月，日军中将铃木启久率所属日军第一联队和伪治安军4000余人，围攻洗劫抗日根据地鲁家峪半月之久。《救国报》被迫停刊，全体人员躲入山里的火石洞。在这次“扫荡”中，报社有三位同志牺牲。

1943年夏天，冀东地委改建为冀热边特委，下设5个地区委。特委决定由5个地区委分别出版《救国报》的滦西、滦中、滦东、路南、燕南地方版。《救国报》的滦东版，就是后来的《滦东日报》。

1943年秋，在卢龙县柳河圈抗日根据地，印出了《滦东日报》。编辑组被安排在柳河圈东北部的冯家山，收报组在昌黎县西山场村东深山里的焦家山，印刷所在卢龙县阳山末梢的范家峪。三个活动点隔山相望，成为掎角之势。滦东日报社还同时印刷发行16开本文献汇编性质的期刊《救国时报》，另外，报社还负责编辑、出版一份《新长城》文艺综合性刊物。一张张8开4版的《滦东日报》，给柳河圈抗日根据地增添了活力，给冀东地区特别是滦东地区广大军民增添了团结抗日的信心，带来了胜利和希望的曙光。

1943年秋末冬初，报社与特委机关一起驻扎在迁西东水峪与黄槐峪一带山区时，遭到3000多名日伪军远距离的奔袭、包围。报社编辑和工作人员，与特委机关一起，经过三昼夜的迂回周旋，终于跳出敌人30华里的包围圈，安全转移到滦东地区卢龙县的柳河圈。在柳河北山红光、潘晓海、杨连友、郭生武等户编辑出刊。报社负责人郝仁、耀华。三个月后迁往冯家山。报社负责人张达、方毅，主编敬服，带领30多人住在冯家山。办公地址在一个姓冯的老乡家的北院，5间房。这期间，主要出刊《救国时报》和《新长城》。两个月后，特委机关电报通知报社转移到滦河岸边的鸡公村同高恒队会合，然后西进丰、滦、迁，找到冀东特委接收任务。担任护送任务的是八区队苗排长带领的41名战士。1943年11月13日，报社全体人员在冯家山集结准备转移的时候，被几百名日伪军包围。战斗十分激烈，战士们奋勇拼杀，掩护报社人员突围，子弹打光了，就和敌人肉搏，拼刺刀，最后报社全体人员安全转移了，苗排长受了重伤，21名战士献出了宝贵的生命。

1944年冬，《滦东日报》在阳山末哨的范家峪曹永和家编辑出刊。在范家峪期间，李幼生等6名同志在范家峪村一个山洞里吃住。村粮秣股长尹凤来家是抗日堡垒户。尹凤来晚上与报社人员住在一起。腊月初五的晚上，气温骤降，天气太冷。李幼生6人和尹凤来就回到尹凤来家居住。初六拂晓，日伪军把尹家包围了。尹凤来巧妙地把敌人引开，掩护报社6人和妻子张曾说、8岁的儿子尹智安全转移了。尹凤来却牺牲了。

1945年11月3日，报纸更名为《冀热辽日报》，为区党委机关报，仍然沿用过去的期刊号。《救国报》从1940年元旦创刊到1945年11月，在艰难困苦的岁月中坚持出版6年，共出版报纸240期。6年中，有15名报社成员壮烈牺牲。

二、流动性的滦东抗日民族革命学校

1944年夏天，迁卢抚昌联合县委、县政府按照冀东第三地区委专属的指示，在卢龙县境创办了一所滦东抗日民族革命学校。学员多是冀东地区临榆、抚宁、昌黎、乐亭、滦县、迁安、卢龙等地的小学和初高中毕业生，还有少数大专程度在乡知识分子，共150人。学员入学，在年龄、性别、文化程度等方面均无限制。有的是经过简单考试测验入学的，有的是经过区村、政府介绍入学的。在年龄上，有三四十岁的，也有十三四岁的。学习期限是从1944年夏季开始，到秋季结束。经过两个多月的紧张学习，学员全部结业。学校没有固定校址、固定教室，没有桌椅，是一所流动性的游击学校。但这所学校非同小可，仅一期，就培养了不少军地人才，为抗击日本侵略者的反法西斯斗争填了砖，加了瓦。

这所学校是由第三地区委、第三专署主办的。地委书记徐志兼任校长，其妻李远任教导主任，赵衡任副教导主任。地委组织部部长刘亦如、专员高敬之、专署秘书主任于明涛、地委宣传部部长陈东、十二团团长曾克林、十二团参谋长王衍等党政军首长是学校的兼职教师。因为当时处于游击环境，学校在哪个村驻扎，哪个村就是临时校址，也没有教室，在哪村驻扎时，找片树林，搬块门板靠在树旁当黑板就上课。更没有桌凳，学员们把背包放在地上，用凉帽或脱下鞋来垫在地上就当凳子。每人的膝盖就是桌子。更没有课本，由老师编讲义，或油印一些小册子，如《新民主主义论》《合理负担》《统一累进税》《减租减息》《锄奸条例》等就是课本。

教学采取上大课的形式，教师统一讲授，而后小组讨论。学员的生活待遇是全供给制，每人发一身用槐树籽染的绿军装，还有衬衣、衬裤、鞋帽、毛巾、背包、纸张等。每人每天供应26两小米

(老秤)，相当于后来人民币五分钱的菜金。

学校根据当时敌情，决定驻扎或者迁移。一般都是选择比较安全的村子，一住就是三五天。当时地委、专署等机关首长都和学员们住在一起。由十二团的一个特务连负责保卫工作。每个班发给1支长枪，学员轮流背扛。晚上在驻地村头站岗放哨用。在一个村住几天以后，根据侦察班得到的情报，需要转移时，就及时行军转移。一般都是学员们吃完晚饭，在驻村广场集体学唱或比唱一会儿革命歌曲，或做会游戏再出发，这时特务连的尖兵排与后勤人员就先出发了，随后学员和首长们排成一路纵队进行夜行军。行军时每人背包上系一块白毛巾，作为夜间行军前后呼应的信号，以免掉队。到达宿营地，大家按后勤人员安排好的房子住下。班长从连部领来口令，向学员们传达并布置好轮班站岗任务后，听熄灯信号，就休息。那时，起床、学习、吃饭、集合、熄灯等各种信号，都以几长几短的口哨声为准。

每天天亮起床，大家先给房东担水、扫院子，然后集体跑步、学唱革命歌曲，开早饭。上午上课，下午小组讨论，互相争辩，解决学习疑难。遇到共性的疑难问题学员自己解决不了的，请老师做解答。定期开生活会，同志之间开展批评和自我批评。师生之间、学员之间开门见山，知无不言，言无不尽。个个心情舒畅，亲密无间，具有延安抗大“团结、紧张、严肃、活泼”的校风。

一天，在留守营一带降落了一架美国飞机，飞机着陆后当地区、村政府和民兵把机组人员护送到专署，需要从学校找两名会讲英语的学员当翻译，准备把他们转移到大后方——延安去，交中央处置，学校推荐了两名英语讲得很流利的学员，在这次护送任务中当翻译。

1944年9月17日，“八一”队的学员，十二团、七区队、八区队、滦山队指战员，地区、专署、迁卢抚昌联合县县政府等机关的首长和工作人员，齐集黄家村一带，参加在黄家村举行的“九一八”十三周年纪念大会。大会会场设在该村一片树林里，前面搭起一高高的主席台。9月18日上午9时，战士、学员、民兵、农民在台下整齐地排列着。10时整，大会开始，党政军首长和各方面代表走上主席台就座，司仪宣布大会程序。首先由专员高敬之讲话，他追溯了“九一八”事变的经过，痛斥了国民党“攘外必先安内”采取不抵抗的反动政策，分析了目前国际国内的形势，最后向全体军民提出了今后的任务和要求。接着，各位代表也都作了简短的发言。最后由十二团文工团和学生们演出了文艺节目。

经过两个多月艰苦、紧张、愉快的学习，到秋天砍高粱的时候，学员们结业了。他们有的参军参战，转战南北；有的在党政机关做行政工作；有的在文教战线，培育祖国花朵。

第八节　卢龙县抗战期间的统一战线工作

1937年卢沟桥事变发生以后，中国共产党提出了抗日民族统一战线的政治主张。毛泽东把统一战线视为与党和军队平列的、取得革命胜利的三大法宝。中国共产党关于抗日民族统一战线的策略总方针是发展进步势力，争取中间势力，孤立顽固势力。国共合作，标志抗日民族统一战线正式形成。

卢龙县抗战期间统一战线工作，是在党的领导下，紧紧围绕团结一切可以团结的力量共同抗日的总体原则深入展开，层层递进，壮大了革命阵营，促进了抗击日本侵略者的斗争胜利开展。

一、团结发动广大群众，同心同德共同抗日

抗战初期，一些工人、农民、知识分子对抗日存有恐惧心理，

缺乏必胜信心。卢龙县各级党组织和开辟地区的各级地方干部，采取走村串户动员群众，召开会议发动群众，打击敌人保护群众等措施，广泛深入地开展群众工作，坚定了广大群众一致抗日的信心，踊跃投入抗击日本侵略者的人民战争。他们有的积极入党、参军，有的争当民兵，争先恐后地为抗日做贡献。全县出现了一大批杨家台、柳河北山、范家峪、段家沟、虎头石、冯贯各庄那样的抗日“堡垒村”、和秦永智、尹凤来、王景玉那样的抗日“堡垒户”。

二、争取上层人物，发展革命阵营

卢龙县各级党组织，地区开辟人员和各级地方干部一致认为，在卢龙县，上层人物和中间势力是指开明绅士和地方实力派，比如有钱有势的财主、知名人士等。这些人在社会上有广泛影响，他们的思想行为能影响和带动一批人。这些上层人物，以他们的特殊社会地位，复杂的社会关系，丰富的社会经验，能够卓有成效地宣传党的抗日主张，传播八路军的光荣传统和广大军民抗日斗争事迹。在敌人严加控制和封锁的情况下，能够从敌人统治区里购买大批军需物品。把这些人团结争取过来，不使他们倒向敌人，是个非常重要的环节。因而，卢龙县各级党组织和开辟地区的各级地方干部，注意对这些人深入调查摸底，逐个分析排队，能争取的积极争取。对不能争取的，死心塌地为日本人效劳、与人民为敌、罪行累累的铁杆汉奸坚决惩处，杀一儆百，以儆效尤。县长张士毅在卢龙县常各庄召开全县范围的统战动员大会，邀集全县有影响的上层人物和知识界的代表人物参加，约有 200 人。张士毅以抗日救国为主题，阐明党的抗日方针、统战政策，申明民族大义。两个小时的讲话，使与会人员受到很大震动。

经过深入、细致的思想动员，这些上层人物、中间势力，大多有所转变，心甘情愿地为抗日政权办事，有的直接参加抗日队伍。张庵子学校老校长揣世容，在教育界很有影响。在县领导的开导下，很快加入了革命阵营，成了团结广大知识界抗日救国的重要人物。他成立了一个教育界抗日救国会，团结、聚集了一大批青年教师。岳家沟有个绅士叫岳山，在抗日上是个有名的“座山派”。听了张士毅的讲话，偏向了抗日。经过一段具体工作，岳山把军用被服厂设在他家里。日伪军来了，他千方百计给以掩护。清朝秀才李树森，家是封建地主，在知识界很有威望。抗日政权实行增资、减租减息，他首先响应，率先给雇工增加工资。按政府规定收地租，群众称他为“开明地主”“开明绅士”。曹柳河有位前清秀才叫曹志赢，是柳河圈内第一号知名人士。他曾任柳河圈伪乡长，后来见日本人横行霸道，欺压百姓，就毅然辞去职务，表现出高尚的民族气节。开辟地区人员找到曹志赢时，他欣然同意参加抗日工作，从而带动了一批开明士绅，对柳河圈内上层人士参加抗日工作起到了很大作用。有一个曾在天津洋行里当过推销员的刘汝林，是个失业的知识分子，曾一度看不起抗日的工农出身的军政干部，高敬之给他讲了毛主席的《新民主主义论》《论持久战》，他毅然决定参加抗日队伍，并利用他在平、津的社会关系，为八路军采购大批军需物资。不幸在一次去京采购中，被特务抓到唐山，牺牲在敌人屠刀下。卢龙城里一流绅士张子健，曾任县保卫团总，日寇侵占卢龙县后，日本顾问几次请他出任卢龙县伪军政要职，他假报瘫痪，不去当汉奸。

三、瓦解日伪政权，削弱敌对势力

日军占领卢龙县以后，设立伪政府，产生了伪县长。将原来的128个乡镇合并为28个乡镇，推行大乡制，设立伪乡长。村里实行保甲制，设立伪保长，实行五家连保，十家连坐的“保甲连坐法”。

县里成立伪警察所，设立户籍警，颁发“良民证”。在卢龙县，从上到下，层层建立了统治全县的伪政权。在境北长城沿线，搞“集家并村”，建“人圈”，搞“无人区”。

1942年初，田丰、海瑞祥、高文、梁天柱等人来到青龙河以西，杨店子以东地区秘密活动。工作的重点是从瓦解敌伪政权入手，削弱敌对势力的力量。特别是伪大乡长、伪保长以及伪政权的办事人员，千方百计瓦解、争取。这些人的大多数，并非压根就想死心塌地地为日本人做事，而是有种种原因，有的干脆就是共产党、八路军打入敌伪政权的“卧底”。他们首先与商家林伪大乡长商兆民、无税庄伪保长李香阁和樊各庄伪大乡文书常允等取得关系，让这几个人以自己的身份做幌子，秘密支持、掩护抗日人员，提供情报和供应物资。这样，工作局面逐渐打开，活动区域日渐扩大。但群众见不到八路军部队，总是心不落体，日夜盼望主力部队东来，打击敌人。这时，李运昌司令员、曾克林参谋长率十二团一部，于1942年1月20日强攻杨店子镇据点。消灭伪治安军一个营。这一仗虽未全歼守敌，但大大地振奋了迁滦卢地区人民的抗日情绪，也震慑了敌人的嚣张气焰，对开辟滦西路北这块地区工作起了极大的支持和推动作用，并乘胜把工作推进到滦河边东岸。

卢龙县榆林甸伪大乡长刘老恩，是被瓦解成功的一个。地方干部多次和他隐蔽接触，交代党的政策，晓之以理，终于说服了他。他自动将大乡20人减少到只用两个人，基本上解散了伪大乡。他是卢龙县第一个明为敌人服务、暗为人民效劳的两面伪乡长。他所辖十八个伪保长，在我方争取、教育、培养下，十四个伪保长成了共产党地方政权的办事员、村长、中心村长，参加了抗日队伍。

在敌人实行“第五次强化治安”时，要在青龙河东侧，从卢龙县城北到长城30多千米挖一条宽5米、深3米的封锁沟，强征民夫干活。敌人怕八路军破坏他们施工，于是要将青龙河两侧未成熟的大面积高秆作物割掉。那些伪乡长、保长都是本地人，割掉庄稼，与他们的利益息息相关。因此，对日本人的割青，内心极力反对。共产党、八路军抓住这些人的心理，联络他们共同开展“反割青”斗争，达成了共识，取得了“反割青”斗争的胜利，老百姓按正常季节收获了粮食。

四、争取伪军反正，壮大抗日队伍

开辟滦东人员在瓦解伪地方政权的同时，对伪军、伪警察也做了大量的争取工作，而且卓有成效。卢龙县城里的康子成，早年曾跟高敬之念过书，颇有民族正义感。在抗日战争时期，曾一直寄身于敌伪营垒。在卢龙县城、燕河营、油榨等地当过县卫队队长、警察分所长、督察长，还在冀中交河县当过督察长、分所长，后来又潜入山海关铁矛特务队当副队长。高敬之一直和他保持联系，经常秘密地给他写信。几年里，他曾多次掩护我党政干部脱险。有一次，高敬之在石崖村召开区以上干部会，日本鬼子中西带着他的部队前来讨伐。鬼子占领了石崖村南约一里地的老虎山，并架起了重机枪，要对石崖村进行血洗。正在这危急关头，康子成凭智谋骗取了鬼子头目中西的信任，将鬼子骗下山到油榨去讨伐，掩护了我方大批党政干部的安全，保证了会议顺利进行。

花台村驻有一个伪警备中队，乘长城以外修人圈，搞“集家并村”，制造无人区之机，经常利用夜间在路上下卡子，截击从口外用驴驮子驮山货换粮食的贫苦农民，勒索钱财。当时田丰正在那一带开辟地区，知道后，很是气愤。有天夜里，田丰和铁玉阁决定到燕窝庄去摸摸情况，正遇见一个家是燕窝庄的伪军，被田丰、铁玉阁缴了枪。经审问这个伪军叫杨进宝。原来他们小队长带来八九个人，准备截驴驮子，他是奉小队的命回家安排饭的，刚回来，就在路上碰上了田丰、铁玉阁。田丰把杨进宝放了，并说枪也不要，但要他们的小队长亲自来取。小队长胆战心惊地来了，田丰把枪还给了他，还对他以礼相待，他看田丰言而有信，挺受感动，跪在地上，非要和田丰拜把子，并发誓不与人民为敌。这事让中队长王凤池知道了，他不但没有怪罪小队长，反倒让燕窝庄的副乡长杨振生找田丰要求见面，交朋友。这样按杨振生的安排在他家和王凤池见了面。中午一起吃饭时，有人报告说，从北边来了一队鬼子。田丰以为上了当，立即抽出手枪。王凤池安慰说："田区长不要着急，我出去照应一下，不碍事。"田丰说："可以，你去我也去！"这样他们到外面一看，原来是一小队鬼子从燕河营到陈官屯换防的。田丰这才放了心，觉得王凤池还是一片真心。就向王凤池宣传抗日道理，讲了统战政策，要他为抗日工作。王凤池表示接受。后来王凤池调到抚宁县当警备大队长，给田丰他们办了不少事情。经常从秦皇岛给他们弄来电池、蜡纸、子弹和药品。鬼子出来讨伐，王凤池提供鬼子讨伐的时间、路线及目的，情况紧急时还掩护过共产党干部。

卢龙城里有个伪警长叫毛有贺，是毛各庄人，和高敬之是老相识。田丰过河前，高敬之就向田丰介绍，毛有贺可以联系、争取。田丰过河以后，通过毛有贺的弟弟毛有山，和毛有贺建立了联系。以后，毛有贺不仅经常提供情报，还暗地做伪军工作。通过他，在卢龙城里的伪军中又建立了不少关系。田丰二进陈官屯，智取警察所，就是毛有贺里应外合，而一举成功的。那一年，田丰砸了陈官屯警察所一两个月以后，卢龙县伪警察局要在陈官屯恢复警察所，派毛有贺当所长。毛有贺当了陈官屯警察所长以后，一天深夜，田丰带领一个班，按照计划，潜入陈官屯警察所，趁伪警察们正在推牌九，下了他们的枪。后把俘虏押到大王屯，经过一番教育，发了路费，遣散回家了。

1942 年秋季，日本军队展开了第五次“治安强化运动”，强制推行“沟堡政策”。由山东和当地强征十万民夫，大掘壕沟，构筑碉堡，企图利用“分割蚕食”“分区清剿”的办法，彻底摧毁共产党、八路军的基本区和根据地。在青龙河西，新修了十余座据点。在青龙河东，由卢龙城北至长城脚下，挖了一道长达 30 千米的壕沟。敌人称之为“惠民壕”，老百姓叫它“毁民壕”。中间又修筑了 18 座炮楼，每个炮楼驻有一个小队伪军。在交通要道设有岗卡，白天对过往行人严加盘查，夜间拽起吊桥不准通行。敌人妄图利用这种办法设置一道封锁线，分割东西两岸，蚕食滦东新区。

摧毁敌人的炮楼，粉碎敌人的“沟堡政策”，成了滦东共产党、八路军的当务之急。这期间，榆林佃的刘鹤立了大功。

刘鹤 1938 年曾参加过邓华支队，后在排长带领全排投敌叛变的情况下，他毅然逃出。回乡后经榆林佃两面乡长刘老恩安排，作为卧底到县警备大队当了伪警察，后当了伪军小队长。敌人推行“沟堡政策”以后，刘鹤以小队长的身份进驻了富申庄炮楼。他利用各种关系和渠道对青龙河沿岸敌伪军炮楼开展争取和瓦解工作。经他串通联系，富申庄、卸甲庄、毛各庄、小万山、揣庄、段家沟六个炮楼的伪军，都愿弃暗投明，参加抗日队伍。1943 年 2 月 10 日晚上，刘鹤带领六个炮楼的伪军举行了起义，烧毁了炮楼。刘鹤带领的起义队伍被改编为冀东抗日第一义勇队，刘鹤被任命为队长。第八地区队成立时，义勇队被编入八区队三连，刘鹤任连长。青龙河东岸的其他炮楼，有的被八路军攻克，有的投诚，有的自行溃散。两岸的壕沟也被填平了。敌人的“沟堡政策”被彻底摧毁了。

第九节　日本侵略者的残酷暴行

1933 年 4 月 15 日，日军侵入卢龙县城，县长董天华逃走，大汉奸张仲儒组织了“维持会”。5 月 7 日，日军向建昌营、桃林营、卢龙县城一带进攻，降日之“救国军”李际春部侵入县城。国民党守军不战自退。1938 年 8 月，高敬之起义之抗日人民军攻下卢龙城，建立卢龙县抗日政府，三天后被迫解散。9 月，日军刁田带百余人占领县城，复置伪县公署。1940 年，佐佐木小队 80 人换防。1942 年三马小队移驻。三马小队撤走后，日本宪兵队和伪军 1482 部队一个连驻守县城。1943 年，县建警备大队，下设三个中队，大队部和一中队驻县城。1944 年以后，伪华北政务委员会治安总署兼绥靖军总司令齐燮元“治安军”以及伪满洲国军屯驻。从 1938 年到 1945 年日本投降，卢龙县人民始终处于日本侵略者的铁蹄之下。日伪军在卢龙县奸淫烧杀抢，无恶不作，犯下了滔天罪行。

1938 年 10 月 16 日，日军包围了重峪口，抓走民众 29 人，杀害 10 人。1938 年冬，日军以抓捕义勇军为名，在县城北门外菊花台枪杀群众 12 人。1941 年 8 月，日远腾宪兵队在县城南门外杀害群众 27 名。在菊花台杀害群众 6 名。1944 年 5 月，日军从花台等地抓捕大批群众，施以酷刑，有的被灌辣椒水，有的被狼狗撕咬，有的被推入火中，当场惨死 6 人。1944 年 8 月 12 日，日军于大刘庄村西头张凯家东园地，残杀抓来的群众 13 人。

日伪军开展“扫荡”“讨伐”活动，所到之处，实行三光政策，烧光，杀光，抢光。1939 年，日军将青龙河西南丘庄一把大火烧光。1945 年日本投降前夕，日军于天主教堂院内燃火 10 堆，烧了 7 昼夜，将掠夺物品全部烧光。日军在“扫荡”“清乡”中，除杀烧抢掠外，还强行奸淫残害妇女。1940 年，一名妇女遭几名日军轮奸，数日不能下炕。1944 年，一新婚妇女，遭 3 名日军轮奸而昏死过去。是年，一日军闯入一农家翻箱倒柜，抢夺衣物，并妄图奸污妇女，当男方奋起反抗时，遭日军数刀身亡。

1942 年秋，日伪军在长城沿线制造“人圈”，搞“集家并村”，烧毁下庄、刘家口、佛耳峪（今名东风村）等村民房 100 多间。

1944 年 1 月 17 日，日伪军到虎头石讨伐，烧毁民房 100 多间，并将粮食、衣物抢劫一空。

据民主政府不完全统计，在日军侵华期间，全县被抓 285 人，其中妇女 62 人；被杀 355 人，其中妇女 54 人，被杀干部 29 人，被征人力 981820 天人，畜力 91813 天头，大车 195383 天辆。烧毁房屋 2855 间，拆毁房屋 666 间。实物损失，粮食 1919125 千克，器具 345967 件，衣服 16254 件，损失牲畜马 23 匹，驴 44 头，猪 507 头，牛 148 头，羊 3643 只。破坏土地 45121 亩，其中山地 7565 亩，平地 18038 亩，损毁麦苗 19518 亩，树木 8205 株。

1945 年 8 月 1 日，日本侵略者在卢龙县大刘庄村制造了一起烧杀抢掠一应俱全的大刘庄惨案。

7 月 31 日下午，日伪军 500 余人将大刘庄及附近几个村庄包围。当时，由于日伪“扫荡”频繁，大刘庄附近几个村庄的人民都有准备。人民将物资坚壁起来，人住在山上，只有一些妇孺老幼因行动不便住在家里。7 月 31 日晚，日伪军缩小包围圈，见人就抓，见东西就抢。大刘庄村民傻三头儿，在本村扛活，他本躲在山上，因要回村给东家喂猪，不听别人劝阻仍然回去了。他刚进村，就被敌捉住，可怜这个智力不全的青年就这样无辜地惨死在敌人的屠刀之下。

敌人将围住的群众用绳子绑上，向大刘庄集中。夜深人静时，敌人的包围圈越来越小，逐渐向大刘庄合围。当时，十二团有两名侦察员也被围在大刘庄，他们躲进王殿友家的柴草棚里，当敌人挨门挨户搜查时，他们打倒了两个敌人，利用夜幕机智地脱险了。这更加激怒了敌人。他们连夜将附近几个村庄再次包围，企图抓住八路军侦察员。

8月1日清早，八家寨村白祥的儿子在下梨峪扛活，他拿起大锄正准备下地干活遇上特务。特务厉声喝令他“站住”，他不但没站住，反而小跑起来，特务气急败坏，猛追上去，当特务快要接近他时，他用大锄猛砍特务，不幸的是锄头掉了，两人滚打在一起，后来大部敌人赶到，将他绑上，狠狠抽打了一顿，押到大刘庄。

上午8点多钟，日伪军将圈住的群众押到大刘庄张兴家院内，惨无人道的审问、屠杀开始了。

日伪军用刺刀逼迫被抓的十二名群众在院内挖了一个宽二米、长三米的大坑。接着敌人开始了惨无人道的逼问。“八路军在哪里”“武器弹药藏在哪里”“谁是村干部”等等，不管敌人怎样嚎叫，回答他们的只是蔑视的沉默和愤怒的骂声。日伪军恼羞成怒，用各种酷刑折磨他们，先用皮鞭抽打每一个人，进行逼问，无果。敌人气得兽性大发，从被抓的十二人当中拽出两名青年妇女进行逼问，两个妇女大义凛然，齐声回答：“不知道!”敌人像饿狼一样，扑向这两位妇女，撕掉了她们上身的衣服，歇斯底里地举起战刀，将这两位妇女杀害了。接着敌人又拽出土山村干部胡永祥的弟弟15岁的胡永全，敌人拷问他，他学着大人们的样子，昂首挺胸回答：“不知道!”敌人在他身上用刀子扎了多道口子，往口子处倒开水。但他却生就了一副钢筋铁骨，一声不吭，怒视敌人。敌人见此个个生畏，惨无人道地把他肢离了。后来，敌人变着花样行刑逼供余下的九人，灌辣椒水、石灰水、火烧，用遍了各种酷刑，但得到的回答仍是“不知道!”气得日本军官像斗败了的公鸡一样，挥起战刀大声嚎叫，把这九名群众劈死刺死在坑边。最后，敌人将杀死的十三名群众扔到杀人坑里示众。接着，敌人抢掠开始了。群众的猪、鸡、被子、衣服等等被这些衣冠禽兽抢掠一空。最后，日伪军又一把大火烧毁了6间民房。敌人烧杀抢掠整整一个上午，下午扬长而去。

第十节　大刀向鬼子的头上砍去

抗日战争时期，在卢龙大地上到处燃烧着抗日的烽火。英勇善战的冀东八路军、地方游击队、民兵以及广大人民群众，万众一心，同仇敌忾，与日本侵略者及其走狗进行了不屈不挠的斗争，打了不少胜仗，谱写了一曲曲惊天动地的凯歌。

一、商家林设伏击毙伪治安军团长

1941年底，按照冀东区党分委和冀东军分区的安排部署，要全力开辟滦东，建立滦东地区游记抗日根据地。在开辟滦东前，首先稳定滦河、青龙河以西地区，为顺利开辟滦东打下基础。高敬之带领开辟地区的几名人员，率先来到滦河以西的卢龙县商家林、无税庄、樊各庄一带秘密活动。不久，执行武装开辟滦东的冀东十二团也向滦河两岸推进。十二团二营在营长杨思逯带率领下来到商家林。经过高敬之与杨思逯秘密策划，一个奇袭商家林据点伪治安军的战斗方案形成了。

1942年5月的一天晚上，杨思逯带领二营全营指战员在离商家林据点二三里一个叫狼窝的低洼地带埋伏下来。全体战士每人发了事先准备好的3瓶汽水，在埋伏地点趴着不能动，不能站立，不能吃饭，大小便只能在自己的身下解决。渴了饿了就喝一口汽水。他们埋伏了大半夜，据点里的敌人毫无察觉。第二天天刚亮，伪治安军开出5辆给养车，由伪团长付铁石带队，毫无戒备地进入二营的枪口之下。战斗打响了。二营轻而易举地截获了3辆汽车，将3辆车的60多名伪治安军全部歼灭，伪团长付铁石当场毙命，二营无一伤亡。清点战利品，其中两辆车装的是大米白面，一辆车满满的是一麻袋一麻袋的钞票。他们截获的是伪治安军一个团的军饷。

二、杨黄岭歼敌

在安山路南万益栈大院驻扎着日本鬼子一个小队和伪军一个中队。这伙敌人经常利用集日集体出来抢劫，群众对此恨之入骨。1942年12月的一天，十二团得到侦察员报告，日伪军一个中队又要全部出动，去杨黄岭大集抢劫。于是，团长曾克林与游击大队长田川商议，决定联手消灭这股敌人。十二团二营在杨黄岭两侧山坡设伏，田川带领游击队员在集市上化装埋伏。商量完毕，大家分头行动。

次日九点多钟，鬼子在前，伪军在后，全体出动到集市上来抢集。他们大摇大摆地乱拿老百姓的东西，大部分老百姓敢怒不敢言，只有少数老百姓上前阻拦，却遭到敌人的疯狂毒打。

田川一看时机成熟，一声令下，顿时伏兵四起。带队的鬼子军官还未明白过味儿来，便被田川当场击毙。面对突如其来的状况，鬼子伪军顿时乱作一团，寻找掩体还击。集市上的百姓见来了游击队，也顾不得危险，菜刀、斧子、棍子一齐上，迎头痛击鬼子伪军。游击队员们人人奋勇，个个争先，枪打、刺刀挑，眨眼之间，前面的几个鬼子都丧了命。剩下的几个鬼子和伪军不知道来了多少游击队，见势不好，向西南方向大道逃窜。

团长曾克林一见机会来了，立刻命令埋伏的战士们做好战斗准备。待鬼子与伪军们进入埋伏圈，曾团长对准敌人连发三枪，战士们立刻用步枪、机关枪、手榴弹杀向敌人。前面的几个伪军当场毙命。其他人纷纷举手投降。只有几个胆大的伪军有幸逃回石门据点。

这次战役，只用了二十多分钟就结束了战斗。将近一个小队的鬼子被消灭，140 余名伪军举手投降，只有几个跑得快的伪军有幸逃向石门据点。

三、仙景山战斗

1943 年 4 月 2 日下午，冀东十二团一营两个连进驻卢龙县常各庄、张家沟、大刘庄、小刘庄一带，被日军发现行踪。3 日下午，驻大横河据点的日伪军和燕河营据点的日伪军二百多人，兵分两路，偷袭八路军。十二团一营在营长杨树元的指挥下，迅速占领附近的仙景山和距仙景山 1 千米的刘坡（地名），阻击日伪军。激战至黄昏 6 时许，击毙日伪军 60 余人，其中驻大横河据点的日军指挥官松尾、驻燕河营据点的日军指挥官河野均被击毙。其余日伪军无心恋战，纷纷溃散逃命，日伪军的两路合击被粉碎。

燕河营据点的日本鬼子指挥官是日军支那驻屯军第一联队第七中队长河野寿夫大尉。河野和松尾约定好四月三日下午来仙景山参战。他整队出发直奔仙景山而来。人数和松尾的大致相等，也是百余人。一营驻东侧大小刘各庄的部队，早已隐蔽在刘坡西面的王八盖附近。这里和仙景山本是一条山脉，但山不太高，距离仙景山仅有二里多地。敌人走的是山路，当他们到达刘坡时，发现王八盖一带有八路军潜伏，就立即开枪打炮，响个不停，企图用火力把八路军引出来。但是，打了两个来小时，八路军还是不开枪还击。此时西侧和大横河日伪军的战斗已经结束，八路军指挥员把部队调往刘坡方面，准备两面夹击，包围敌人。敌人边打边摸索前进。忽然一营一个连长，察觉到鬼子兵中有一个人好像是指挥官，他就端起大枪，对准这个人“啪”的一声枪响，那个指挥官模样的鬼子应声栽倒在地上。原来被击中的不是别人，正是燕河营鬼子头目，日军支那驻屯军第一联队第七中队长河野寿夫大尉。这个河野，早就应该死了。半年前的1942年7月18日，第十二团在甘河槽打了一个漂亮歼灭战，交战双方是曾克林的十二团与河野的第七中队。经过激战，河野的第七中队全军覆没。河野当时被临时借调到别的部队，由小川平中尉临时代理了第七中队长，结果被我军击毙！其余鬼子兵见河野死了，失去了指挥，纷纷溃散逃命。八路军边追边打，机枪、步枪、手榴弹一齐发挥威力，枪声喊声威震山谷。此战打死打伤敌伪军16人，而八路军只有6人伤亡。剩下的不足30个鬼子逃到八家寨西山坡小庙里，次日凌晨才逃回燕河营。伪保安队残部连夜跑回驻地。

四、后官地伏击战

1943年初，冀东十二团二营五连和七连在卢龙县后官地设下埋伏，将从昌黎向燕河营集结的108名鬼子击毙，缴获重机枪1挺，轻机枪3挺，掷弹筒两门和几十支“三八大盖”，创造了冀东地区歼灭大股日军的模范战例。

5月6日，冀东十二团二营营长杨思逯、教导员刘光涛召集五连、七连的连长、指导员下达作战命令，据团部敌情通报，昌黎县城有一股日军要沿公路经陈官屯向燕河营集结，明日可能经过后官地，团部命令二营在后官地打伏击，歼灭这股敌人。接着杨营长布置了战斗方案，五连埋伏在村西端公路两侧居民院落里，待敌人全部进入包围圈后，从两翼夹击并切断敌人的退路。七连从正面阻击敌人，营指挥所建在七连阵地。战斗打响以三声驳壳枪为号。

二营两个连队伏击的地点后官地正置于日军据点林立的中央地

带。埋伏地离陈官屯据点仅三华里，离双望据点只有九千米，离燕河营据点不足八千米，最远的离卢龙县城也只不过十九千米。这块埋伏地四面临敌，又是交通要道，公路四通八达，战斗一打响，敌人马上就会火速增援。这就必须速战速决，在短时间内歼灭敌人。

第二天拂晓，部队悄悄运动到后官地。进村后，按预先的部署，五连二、三排隐蔽在公路左侧，一排隐蔽在共路右侧，战士们抓紧时间构筑工事，掏挖射击孔，迎接战斗的到来。十点钟左右，鬼子终于从陈官屯方向露头了。前面是尖兵组，其中三个鬼子扛着“三八大盖”。四个鬼子扛着一挺“歪把子”和一门掷弹筒。后面100米远是鬼子的大队，一百多号人，成四路纵队耀武扬威地走了过来。他们的步枪都倒背着，轻机枪的枪衣也未取下，重机枪在马背上驮着。这时鬼子尖兵队已穿过伏击圈，鬼子大队还未全部钻进来，战士们紧贴着枪体，枪都打开了保险，手榴弹去了盖，怒视着敌人。不一会儿敌人的大队全部进入了伏击圈，突然“砰砰砰”，七连方向传来三声清脆的驳壳枪声。霎时间，子弹、手榴弹像暴风雨般飞向公路，响声大作，如天崩地裂。

日军做梦也没有想到，在他们的眼皮子底下，竟然有八路军设伏。他们被这突如其来的袭击打乱了阵脚，鬼哭狼嚎，一批批倒在路上。战士们端着明晃晃的刺刀如猛虎下山冲向敌人。战士们怒吼的杀声，枪刺的撞击声，鬼子的惨叫声，随着弥漫的烟尘回荡在空中。经过几十分钟激烈的白刃战，鬼子已经渐渐招架不住，龟缩到公路一侧的洼地里，架起一挺机枪拼命射击。战士们被迫卧倒还击。紧接着，双方对甩着手榴弹。由于距离太近，以致一方打来的手榴弹，另一方拾起来扔回去才能爆炸。在紧张的战斗中，五连指导员魏轩突然发现有两个鬼子爬过洼地向公路匍匐前进。魏轩立即判断出鬼子是想接近公路的死马，要解下马背上的重机枪。如果敌人把重机枪抢去，后果不堪设想。于是大声喊道：“别叫鬼子把机枪抢去!”语声未落，二排长李治国第一个投出了手榴弹，接着又有几颗手榴弹飞去，硝烟过后，那两个鬼子一动不动了。

激烈的战斗仍在继续，剩下的敌人打得非常顽强，部队伤亡不断增加。

魏轩带着通讯员张华穿过马路向对面一排的阵地跃进。突然，一颗子弹打中了张华，他不幸牺牲了，魏轩忍住内心极大的悲痛，翻身跳进最西头的院子里。一进院子，看到有三名战士倒在射击孔旁边。魏轩心如刀绞，向牺牲的同志走去。一个战士大声喊道：“指导员，不要靠近，注意敌人的‘特等射手’!”魏轩随即向那个战士要了根通条，摘下自己的军帽，挑着伸向射击孔，只听“啪”的一声，帽子被穿了个洞。魏轩又连续试了几次，敌人又打来几枪。魏轩迅速贴近射击孔观察，发现了这个鬼子的隐蔽点。他提起牺牲战士的步枪，穿过几道院墙，来到最东边院内，重掏了枪眼，举枪瞄准，一扣扳机，复仇的子弹夺膛而出，那鬼子一蹬腿完蛋了。魏轩对一排长说：你把全排战士都集中到这里来，组织火力压制敌人。一排长答应一声转身集合队伍去了。这时，从陈官屯方向传来密集的枪炮声，敌人的增援部队出动了，形势十分严峻。魏轩向公路对面的二排长李治国发出了准备冲锋的信号又转向战士们，有力地挥动着拳头。须臾，一排的所有步枪和机枪一齐开火，密集的弹雨打得敌人抬不起头，几乎同时，李排长带领战士们就冲到洼地边，边冲边向敌人射击。机枪喷吐着最后的火舌，手榴弹一个接一个飞向敌群。鬼子意识到死到临头了，他们发疯似的一跃而起进行反冲锋。这时七连已从东面发起冲锋了。战士们奋勇地扑向敌群，三股力量如同利剑将鬼子劈成三段。战士们用刺刀挑、枪托砸、用拳头打、用牙咬，洼地前一片混杀，经过十来分钟的殊死搏斗，残存的几十个鬼子全部被消灭，在几十平方米的洼地周围横七竖八地躺满了鬼子的死尸，经过两个小时激战，除了尖兵队 7 个鬼子外，大队人马无一漏网。

五、龙凤河畔伏击战

1943 年 9 月 21 日晚，八区队一连驻李贯各庄，四连驻朱贯各庄。拂晓，队伍开进距蛤泊四华里的东、西洼里，停止待命。

蛤泊镇驻有鬼子一个分队，伪军一个大队。这伙敌人形参野蛮，作恶多端，经常残害干部群众和无辜百姓。土匪出身的伪军大队长张国福，为虎作伥，指使手下的便衣特务在这一带横行霸道，敲诈勒索。看谁不顺眼，就说谁是八路军的探子，予以绑架动刑。张国福的亲信王德礼、王德华兄弟俩，整天牵着日军狼犬，在蛤泊街上横冲直撞，耀武扬威，替日军胁迫百姓。

对这伙凶残毒辣的敌人，战士们早就恨之入骨。此刻，当然是准备狠狠地收拾他们。大伙正等着下令，进入战斗，可是突然命令转移，调头向西前进。四连又随着一连，经潘贯各庄、李贯各庄进入龙凤河畔的朱贯各庄、吕施庄、剪庄子一带。遵照命令，队伍很快沿河散开。四连散在剪庄子至吕施庄一线，一连散在朱贯各庄至田贯各庄一线。八区队指挥部设在朱贯各庄村西去木井的路口上的砖窑附近。刚才大伙还在闷闷不乐，这会儿，又都咧开了嘴。他们摆的是伏击的阵势，说不定要在这儿打个漂亮仗呢！

原来，八区队队长田川要组织一连、四连要去攻打蛤泊据点。在东西洼里待命时，四连连长高恒接到了袁士新保长从蛤泊转来的情报：伪军副大队长王延明已带一个中队去木井“赶集”，一是去收税，二是操纵木井街选举伪保长。高队长立即把情报交给了八区队队长田川。根据这一情报，八区队决定在龙凤河设伏，断敌退路，首先吃掉这股出动的敌人。

下午两点半左右，化装成拾柴的侦察班长陈焕章，从木井方向跑回队部报告，说王延明带伪军中队抢劫了木井集后，排着一路纵队，已从木井向东而来。

从木井返回蛤泊，有四条路，八区队卡住了敌人可能经过的三条，敌人出木井一里地后，其行动路线就已完全暴露。

他们正好是奔八区队指挥所和一连机枪阵地而来。这时，埋伏在龙凤河畔的部队，立即从南北两端进行收缩，占据有利地形。四连担负左翼攻击和卡断敌人退路的任务。高恒连长当机立断，命一排迅速抢占龙凤河支流——老河湾西北方向的周家坟。一排长马保山带领全排战士，跑步前进，很快进入了阵地。

工夫不大，由三名敌人组成的尖兵，耀武扬威地步入了伏击圈。“别动，举起手来!”三个伪军还没清醒过来，就被缴了械，乖乖地当了俘虏。几乎在同一时间，八区队队长田川“啪啪啪”打响了指挥枪，随着，一连六挺机枪就哒哒哒地吼了起来，边打边从正面向敌冲锋；四连长高恒带着机枪班，飞也似的从左翼冲了过去；埋伏在周家坟的一排战士，一跃而起，堵住了敌人退路。

开始，敌人见一连阵地窜出以前从鬼子手中俘虏的一只军犬，以为他们是皇军，就地卧倒，晃起破旗联络。后来一看冲过去的都是八路军，才恍然大悟。伪军副大队长王延明，刚要下令抵抗，就被从正面冲过去的一连战士击中了右臂。

一个伪军上士正要开枪，也被一枪打死。伪军本来没什么战斗力，一见指挥官受伤，上士被击毙，加之八路军人多火力猛，顿时，都像没头的苍蝇，东窜西闯，乱作一团。几乎没做抵抗，就在十几分钟内缴了械，做了俘虏。

战斗打响后，驻在大岭店的专署公安队，听说部队在龙凤河畔打伏击，也从西面兜了上来，正好遇上从伏击圈内跑出的十几名伪军，公安队的同志们，三下五除二就把他们擒住了。

整个伏击战，没费多少枪弹，就解决了一个伪军中队，缴获数支短枪、一挺轻机枪、90 多支步枪。

六、夜袭卢龙城

1943 年 7 月，迁卢抚昌联合县组建了第八地区队，队长为周家美（田川），教导员为刘光涛。田川与教导员刘光涛商定，夜袭卢龙城，打好八区队开张发市第一仗。为知己知彼，打有把握之仗，田川命三连连长刘鹤派人进城侦察敌情。刘鹤当过伪警长，对卢龙城里的情况非常熟悉。刘鹤将侦察任务交给了和自己一起起义投诚的冯庆玉。冯庆玉很快摸清了城内敌人的兵力布防。城里仅有 40 几个鬼子，住在钟楼上，两辆坦克，1 个伪自卫连队，下有 4 个中队，每个中队百人左右，分别驻于南街、西街、北街等几个地方。

盛夏的一个傍晚，侦察排长胡贺山和侦察员吴正功、彭贵福、于凤鸣、周士昌等 6 人，从城东的茆家沟出发，沿着被青纱帐掩映的崎岖山路，直奔县城而来。他们大多是跟刘鹤起义的，以前在城内待过，对城内的地理都比较熟悉。夜幕降临了。胡贺山和吴正功向墩台附近的爬城地点摸去。这里早年倒塌过，经修复的墙段，衔接的地方砖块犬牙交错，便于攀登。很快，二人爬上城，顺城墙大摇大摆向南走去。走不多远，只见前面敌人岗哨拉开枪栓，喊道：“口令！”胡排长沉着镇静，大大咧咧地骂道：“他妈的，你穷诈唬啥？”果然这个方法儿很灵。听口气，岗哨以为是长官查哨，便放松了戒备。可是，眨眼工夫，吴正功用枪对准了他的胸膛。吴正功脱下伪军的服装给自己穿上，又将伪军把嘴堵上五花大绑交给了后面跟上来的彭贵福等人。

胡贺山、吴正功顺利地解决了城墙上的3道岗哨，来到城门楼前，后面的彭贵福、于凤鸣等4人也相继跟了上来。

把守东门的是一个班伪军，除去几个站岗的和班长夏志田未在外，炮楼里剩下的五六个人，早已挂枪脱衣睡觉了。胡贺山、吴正功他们持枪推门直入，敌人措手不及，一个个在被窝里当了俘虏。收拾了炮楼里的伪军，接着彭贵福又带着两人去解决瓮圈里的东门派出所。彭贵福以报户口为名，把门叫开，所员们做梦也想不到，此时会有八路军越过城墙端他们的老窝。他们猝不及防，只得束手就擒。

彭贵福等解决了派出所，急速去开东城门。但是城门钥匙在日本守备队。彭贵福从附近老乡家借来斧子，砸开锁头，打开城门。正好二排长宋宝权带着队伍已向这里摸来。三连战士犹如猛虎下山，冲进城里。按照事先部署，宋宝权留一个班扼守东门，胡贺山带一个班配备两挺机枪，监视、封锁日本守备队。副连长张志魁带领两个排担任主攻，直扑自卫队联队部。连长刘鹤带人已埋伏在城西青龙河沿，以防不测。

各路指战员迅速逼近各自的战斗目标。这时，两个查哨的日军伸着城头来到东门。宋宝权见势不妙，等他们走近了举起枪把儿，搂头盖脑一下子把一个鬼子打下城去。另一个鬼子慌了手脚，仓促开枪。没等他放第二枪，三连一个战士已把子弹射入他的胸膛。伪军联队部的敌人听到枪声，有的光着屁股到处摸枪，有的提着裤子在院子里乱喊乱窜。趁敌慌乱中，张副连长带着战士以迅雷不及掩耳之势，把几十颗手榴弹一齐向敌人砸去，随即冲进院里。院子里被炸死的敌人横七竖八地倒着，受伤的敌人嗷嗷嚎叫，向屋里乱爬。一部分敌人见刺刀已逼近前，举手投降。一排长高贺有乘势冲进屋去，像老鹰抓小鸡一样，把联队长刘大胡子拎了出来。另一部分本想顽抗的敌人，见此情景也只得举手缴械了。

日军守备队里的敌人，见伪联队部遭到袭击，发动两辆坦克来支援。谁想，坦克刚开到门口，先是遭到机枪、排子枪的封锁，接着便是雨点般的手榴弹迎面砸来。由于火力太猛，敌人又不知底细，再也没敢前进一步，只好龟缩在院子里。

各个中队的伪军，听到枪声，惊恐万状。他们明知联队部遭了袭击，却无一处出兵增援。第四中队长这天夜里外出打牌，听到枪声，提前赶来，被身穿警服的侦察员吴正功打死在队部门口。就这样，八区队三连夜袭了卢龙城。把整个城池搅得翻江倒海，吓得敌人胆战心寒。清点战果，打死鬼子 2 名，伪军 20 余名，俘虏伪军 100 余名，缴获步枪 200 余支，轻机枪 1 挺，短枪 10 余支。

七、滤马庄战斗

1943 年 12 月 3 日，驻卢龙县侯各庄的伪治安军约 1 个营的兵力，在伪团长王树绩的带领下，突袭驻滤马庄的八路军第 12 团一部。第 12 团一部凭借房屋据守，打退伪军多次冲锋。激战两个小时，击毙伪上校团长王树绩等 30 余人。伪军失去指挥，12 团趁伪军混乱之际，发起反击，冲出包围，脱离险境。

八、白家窝伏击战

1943 年底，抗日战争进入全面大反攻的前夜，日军为挽救危局，多次发动大规模的“扫荡”，并调集大批伪治安军、伪满洲国军进驻滦东。其中在侯各庄不仅建立据点，还将伪治安军第 2 团从口外调至口里，大部驻扎在侯各庄，一个营驻扎在燕河营据点。为寻找战机，歼灭日伪军的有生力量，第 12 团活动在青龙河南岸的滤马庄、张各庄、桃林营一带，第 8 地区队两个连活动在大刘庄一带。

1944 年 1 月 11 日夜，冀热边行署第 3 地区行署专员高敬之和第 12 团团长曾克林获悉情报：翌日，驻侯各庄伪军一个营，将前往燕河营，为驻扎在那里的日伪军运送给养。

高敬之与曾克林在研究分析了情报和敌我双方兵力后决定：在侯各庄前往燕河营的必经之路白家窝至桃林营一线伏击运送给养的伪军。其作战方案是：第 12 团在公路以南白家窝、上新庄、下新庄一线和东部老爷庙沟设伏。第 8 地区队在公路以北大杨庄、桃林营设伏。具体部署是：第 12 团特务连埋伏在上新庄和下新庄以东公路两侧高地，待伪军全部进入伏击圈后，听见枪炮声立即开火，以猛烈火力攻击其先头部队，封锁公路，切断敌东进之路。同时，向东警戒，随时准备阻击燕河营据点西援之敌。第 12 团 4 连埋伏在白家窝村南的白家山制高点，待伪军全部进入伏击圈后，按照团指挥部的战斗信号发起攻击。第 12 团 6 连以 2 个排埋伏在白家窝村东南至下新庄之间的高地上，战斗打响后，以猛烈火力实施攻击。同时以一个排在白家山以西埋伏，战斗开始后，协同第 8 地区队 3 连，从西部切断敌之退路，然后向东压缩；同时向西警戒，准备阻击侯各庄据点的东援之敌。第 8 地区队 1 连埋伏在桃林营，战斗打响后，由北、东北方向南和西南方发起攻击。第 8 地区队 3 连埋伏在大杨各庄，战斗打响后，由北向南发起攻击，并派出一个排迂回至伏击圈西部，与 12 团 6 连协同，切断敌后路，并向西警戒。

为确保战斗胜利，伏击部队由 12 团团长曾克林统一指挥，指挥所设在白家山东侧。12 日凌晨 4 时前，伏击部队全部秘密进入阵地，并严密封锁了消息和各村的出村道路。为不引起伪军的怀疑，战斗打响前，在街道和路上活动的人员，全部是指挥部选派的抗日工作人员和可靠的基本群众。

12 日上午 8 时许，伪治安军第 2 团 1 营从侯各庄出发。9 时许，抵达青龙河东岸。稍事休息，即以1个排尖兵开路，大队在后跟进。10时许，伪军尖兵进至白家窝村东，侦察时未发现异常，便继续东进。待尖兵行至桃林营村东南时，其大队已全部进入预设伏击圈。第12团团长曾克林立即鸣枪3响，发出全线攻击信号。4连当即开火，随即枪炮声四起，伏击部队从四面八方向伪军射击。第12团特务连占据桃林营以东和下新庄以东两侧山地居高临下，两面夹击，以猛烈的火力将东进唯一山口封死。伪军猝不及防，乱作一团。战斗中，伪营长被击毙，失去指挥的伪军像没头苍蝇乱冲瞎撞。伪军先头部队遭到打击突破无果后，只得西退向大队靠拢。因南面、东面多为高地，易守难攻，北面、西面均为平地，伪军遂向桃林营和大杨庄及青龙河方向冲锋，企图向北或向西突围。埋伏在桃林营的第8地区队1连和埋伏在大杨庄的第8地区队3连分别立即开火，封锁了伪军逃向青龙河方向的通道，打退了伪军向北面的进攻。同时，第8地区队3连1个排，立即从大杨各庄西南向白家窝村西北方向出击，与12团6连协同，彻底切断了敌后退西逃之路。大队伪军在日军顾问的指挥下，虽然发起了猛烈的反扑、突围，但在八路军的密集火力打击下，突围始终无果。

为尽快结束战斗，避免燕河营、侯各庄的日伪军东西夹击，指挥部命令部队发起冲锋，从四面压缩包围圈，将残余伪军压缩在白家窝村区域内，各连队将伪军包围得水泄不通，并冲进村里与伪军展开白刃格斗。在伏击部队的有力打击下，伪军军心涣散，纷纷缴械投降。

战斗结束，白家窝民兵打扫战场时，又抓获藏匿在老百姓家中的伪军17人，缴获十多支长短枪、1挺机枪。经近两个小时激战，伪治安军第2团1营400余人全部被歼。共击毙击伤伪军营长、日军顾问以下官兵180余人，俘虏伪军连长以下官兵200余人，缴获轻机枪9挺、步枪150余支、手枪10支、各种子弹2万余发、粮食6000余斤，还缴获电台、望远镜等诸多军事装备。这次战斗，战果之丰，意义之重，在滦东的抗日战争史上占有一席之地。1994年，该战作为单独词条，收入中国人民革命军事博物馆编著的《中国战典》一书。

九、柳河圈突围战

1944年3月，抗日战争进入决胜阶段。冀东地区的日本侵略者不甘心失败，集中兵力，对滦东基本区进行“扫荡”。当时，冀东十二团，冀东第十二地委、专属领导高敬之、于明涛以及县直属机关的工作人员等都驻扎在柳河圈抗日根据地。

一天凌晨，突然接到情报，日军纠集了昌黎、抚宁、卢龙、滦县、唐山、山海关、秦皇岛等地的日伪军3000余人，从东、南两面包围了柳河圈。

十二团团长曾克林判断敌人企图后，趁敌尚未形成合围之际，立即决定掩护专署机关及广大群众转移，撤出主力部队，留下团特务连担负掩护任务。特务连连长戴世奇接受任务后，立即召开了排以上干部会议进行战斗部署。二排迅速占领东山，阻击东面之敌。一、三排在连长戴世奇的带领下迅速占领山善庄东西两侧的有利地形，牵制敌人，掩护专署领导、团主力部队以及广大群众安全转移。二排在排长张太和的率领下，立即从曹柳河村跑步到东山的小山上，抢占有利地形。这时只见上千名敌人也正向这个山头爬来，一场紧张的战斗就要打响了。当时二排只60多名战上，配有两挺机枪、一门六〇炮、一具掷弹筒。而敌人不仅武器优良，且兵力几十倍于我，要完成东山阻击任务，是相当困难的。但战士们进入阵地后，个个士气旺盛，斗志昂扬，表现了英勇无畏，不怕牺牲的英雄气概。敌人上来了，随着排长一声命令，顿时枪声、手榴弹的爆炸声响成一片。敌人的第一次冲锋被打垮了。接着敌人又组织了第二次第三次冲锋。战斗愈打愈激烈，在二排阵地前，山腰上，山沟里倒下敌人一片片尸体。

接着山善庄方向也响起了激烈的枪声。原来东部之敌在东山突进受阻以后，企图由北部山地迂回包围，并疯狂地扑过来，遭到坚守山善庄及两侧高地的特务连一、三排的猛烈还击，死伤严重，败退下去。接着敌人又组织第二次冲锋。这次敌人纠集了500余名日伪军，扇子面式地往上冲，妄图攻占一、三排阵地，切断我军退路。面对五倍于我的敌人，戴连长沉着冷静，指挥果断。命令一排用一个班坚守阵地，抽两个班迂回到敌人右侧高地上，占领有利地形，以猛烈的火力从侧翼杀伤敌人。鼓励三排一定要坚守阵地，狠狠打击敌人，为主力撤出创造条件。等敌人快要接近了，一排派出的迂回部队，已占领了有利地形，敌人隐蔽地爬上山，像黄蜂一样，密密麻麻地缓缓前进。只见一个敌指挥官把战刀一挥，一声吼叫。与此同时，戴连长一声令下，手榴弹、枪弹、炮弹像冰雹一样抛入敌群，顿时硝烟弥漫，鬼叫狼嗥。右侧高地部队也以猛烈的火力射向敌军，配合了主阵地，只见敌人又乱哄哄地滚下山去。敌人第二次冲击，又被打退了。这时，专署机关、团主力部队都已撤出。团部通知特务连撤出战斗，迅速向北转移。特务连一、三排在敌未组织起第三次冲击时，迅速撤出了战斗。并占领了山善庄北山，用火力牵制敌人，阻止敌人合围，给二排突围创造条件。

当通信员来到东山时，已是上午10点多钟。这时，南边的敌人占领了南山，北面的撤路已被敌人用火力封锁。同时，敌人已缩小了包围圈。战斗打得十分激烈、艰苦，三面受敌的二排往北突围不行了，张太合就带领全排，边打边突围，利用沟、坎突围到西山。

到西山又遭到敌人三面火力阻击。这时西山、北山、南山都被敌人占领了。东山之敌已向山下压来。这样二排被迫撤进杨家台村，占领了东头一个大院和西头一个小院，构筑工事，阻击敌人。

战斗打了将近一个整天。傍晚，敌人包围了整个村子，并占领了村西头，不断组织向东头院内冲击，都被二排打退了。敌人死伤严重，气红了眼，嗷嗷乱叫，无论怎样组织冲击，也都无济于事，日军的尸体在大院附近越集越多。天黑了，敌指挥官像斗败的公鸡，不再发起冲击。二排决定晚上组织突围。

这时，日军把村里未转移的老百姓抓来，劝八路军投降，连续派两名都在半路逃跑了。敌人气急了眼，抓住杨家台民兵王景玉。有两个日军端着明晃晃的刺刀逼着他去送劝降书，王景玉假装害怕，内心却很镇静，边走边想，这正是与八路军取得联系的大好时机。他想好对策，快到大院时，手里举着信，边走边说："我是送信的，我是送信的!"渐渐地走到了大院房顶，步子迈得越来越慢，给敌人以假象。一瞬间，他看到了院里的八路军，纵身跳入院内。几乎同时，翻译官和日军发觉上了当，一起向院子里打枪，子弹擦着王景玉的耳边飞过。这时，有两名战士急忙将王景玉扶到屋里。王景玉到屋后，就向张排长说，要想突围，只有村东口有通往西山的一条大沟，敌人未封锁。西山上敌人哨卡林立，山下包围密密层层，山半腰却是空虚，可以通过。我愿做向导，为你们带路。

夜间10点钟左右，王景玉带路走在最前面。大家将子弹推上膛，把手榴弹的拉环套在手指上，随时准备做最后的拼搏。日军为防止八路军夜间突围，在街口都铺上了秫秸，这样，一旦有人踏上，就会发出声响，惊动哨兵。危急关头，王景玉冷静脱掉鞋袜，光着脚，用手轻轻地扒开地上的秫秸，露出立足之地，一步步地扒到了村口，然后，带领同志们沿沟一直摸到了村西头。

王景玉带领战士们按计划往西山方向突围，摸到敌人哨卡跟前，敌哨兵听到了响动，大喊大叫。二排战士迅速卧倒，接着以迅雷不及掩耳之势用手榴弹打掉了设在西山的敌人哨卡，消灭了十几个日伪军。这时，坚守山善庄北山的戴连长，听到手弹的爆炸声、枪声，知道二排突围了。组织一、三排用火力射击，配合二排突围。这时敌人仓促向东西两面开火，一时枪声大作。乘此机会，王景玉带领二排向西山的半山腰断崖处的西北方向突进。几经周折，终于冲破了敌人的包围，第二天天亮赶到了上荆子与连部会合。柳河北山的敌人，不知道八路军已全部撤出柳河圈，夜间 12 点，日本鬼子和皇军，打了半宿误会仗。

柳河圈突围战，不仅掩护了十二团主力和行署领导机关安全转移，还消灭了 150 多名日伪军。

十、营山突围战

营山突围发生在 1944 年 4 月 29 日。当时田川率领八区队的三连、四连和教导队 300 余人正在杨黄岭一带活动。突然，侦察员跑来报告，阚各庄、木井一带发现大量敌人正向我军驻地运动。紧接着，又有侦察员报告，谭家坡、黑石一带也发现了大量敌人。区队长田川闻听大吃一惊：倘若被敌人包了饺子，八区队和教导队将会全军覆没。这时，县长张士毅带着县区干部和区小队也从北面撤了过来，与之随行的还有上千名群众。原来，冀东十二团在柳河圈也遭到了敌人包围。卢龙城、石梯子的敌人也出动了，准备向南讨伐。多方情况表明，敌人要从南、东、北三面合围“扫荡”我九沟十八峪这块抗日根据地，把八区队和地方抗日武装一举歼灭。周围是“围剿”的敌人，山沟里还有上千名群众，敌众我寡。情况十分危急。

这次敌人出动日本鬼子、伪军与特务6000余人，而八区队连教导队与地方武装合在一起才300余人，兵力、武器弹药相差悬殊。面对严峻形势，只能抢占有利地形，与敌人决一死战。于是，田川立刻命令部队迅速抢占制高点。连长刘鹤首先率三连二排、三排占领营山，三连副连长刘信率三连一排占领老虎洞，高恒率四连占领孤树岭。这样，三山相连，遥相呼应。再由教导队控制营山和老虎洞中间结合部，区小队在营山和孤树岭之间山口保护群众，防止西面滦河敌人来援，县长张士毅在山沟里负责保护与安顿群众。一切部署完毕后，各部队各司其职，严阵以待。而敌日伪军直到天亮后，才爬上了东面的杨山、炮石岭，并占领了东边蚂蚁山和陡峪山及南面的几个山包。

早晨7点左右，敌人终于完成了对我军阵地的包围。8点开始炮击。这是敌人惯用的伎俩。炮击停止，紧接着数百敌人向我阵地进攻。由于弹药不足，为了有效杀伤敌人，田川队长下令，没有命令不许开枪。等到敌人距离30米左右时，田川一声令下，刹那间，几十颗手榴弹在敌群中爆炸，机枪、步枪子弹也射向敌人。敌人鬼哭狼嚎，一片片倒地。我军居高临下，营山又是光秃秃的石山，敌人无处隐蔽，只等挨打。不到半个小时，敌人便扔下几十具尸体，连滚带爬、哭爹喊娘地逃下山去。战士们迅速捡回敌人的枪支弹药，然后抢修工事，准备再战。

过了两个小时，敌人又组织了千余人蚂蚁般向我军阵地拥来。情况危急，田川队长急从四连调一个排来增援，并命令三连组织一个战斗小组，从侧面袭击敌人。在光秃秃的山坡上，敌人被我两面夹击，又丢下几十具尸体，狼狈撤回。

第三次进攻开始了，敌人又出动了1500人直扑阵地。迫不得已，我军再从四连抽调一个排，从两翼向进犯之敌展开反冲锋，敌人终于又被打了下去。

经过5个小时的激战，天已过晌午，战士们都饿急了，幸亏民兵们及时给战士们送上来水和饭。战士们正吃饭时，又有数百敌人向我接合部进犯，教导队火速派人报告请求支援。战士们立刻放下饭碗准备战斗，并把这一消息通知给老虎洞的战士。同时，从三连一排派出部分战士，三面夹击敌人。敌人在沉重的打击下终于仓皇狼狈后撤。这时，田川队长看到敌人后方一面膏药旗下，有个鬼子军官正在挥刀狂吼。田川从一名战士手里接过一支三八枪，瞄准那个日本军官一扣扳机，敌军官应声倒地，敌人失去指挥，不知所措，慌作一团，纷纷后撤。

整个上午，孤树岭阵地较为平静。孤树岭是一座松树山，松林密布，远处望去一片绿色，见不到一点地皮。敌人摸不清我军情况，未敢贸然进犯，只是隔着山头向我阵地打枪。我军也隔山还击。过午时分，有几个鬼子兵窜到范家峪，可能是想找点吃的。范家峪的曹家院子地处孤树岭对面的山坡上，敌人刚要跨进大门，被站在孤树岭山顶上的高恒连长看个真切，高恒操过一门撸杆炮，一下子击中曹家大门旁边的厕所，顿时整个粪坑开了花。几个鬼子兵溅了一身屎尿，气得哇哇直叫，没顾进屋，就狼狈逃窜了。战士们见此情景哈哈大笑。

老虎洞阵地一直处在紧张状态。敌人在南面进攻失败后，主力大都集中在杨山、炮石岭一带。老虎洞东侧成为敌人的主攻方向。幸亏这老虎洞地形对我守军十分有利。它两面与营山相连，南北两面都是缓坡，惟东面是陡峭山崖。当时整个山崖别说树，连草都没有。敌人就从这里反复向山顶冲锋，鬼子兵从几百米的山根攀着石壁向上爬，等到接近山顶，不要说打枪、扔手榴弹，就连呼吸都上气难接下气。而我军在山顶的掩体里，居高临下，以逸待劳，等敌人过了半山腰，先是一阵滚石，后是手榴弹、机枪步枪齐发。那滚石块块直达山脚，一块石头说不定要砸中几个鬼子兵。

下午5时，天快黑了，敌人又开始做垂死挣扎。这一次，敌人出动了2000余人猛烈进攻，妄图拿下老虎洞阵地。这时我阵地已打退敌人5次进攻。我军也有伤亡，弹药不足，眼看有部分敌人要爬上山顶。在这紧要关头，田川从营山和接合部迅速调动兵力，亲自率领战士们同上来的敌人展开肉搏战。经过几十分钟的浴血奋战，敌人终于被打退了。

天黑了，敌人停止了进攻，准备围而不打。于是，田川召开战前会议，分析当前形势。大家一致认为，敌人夜间不敢行动，但到白天，一定会更加猖狂地反扑报复。而我军弹药几乎用尽，无法接济，人员也有伤亡，持续下去，后果不堪设想。于是会议决定从敌人的接合部向南突围。晚上7时左右，部队开始秘密集结。随后，由高恒率四连当尖兵，县直、区队直属和教导队居中，三连做后卫，神不知鬼不觉地撤出了营山阵地。逃难的群众也就地疏散，各自回家。

次日，从拂晓开始，敌人便开始炮击。几个小时后，见山上没有动静，便开始继续攻山。直当太阳高照，敌人才提心吊胆地爬上了山头，然而山上早已空空如也。

这次阵地战，我军与20倍的敌人奋战10余个小时，伤敌千余人，毙敌400多人。我军仅伤亡30余人，其中13人壮烈牺牲。这13名烈士至今仍长眠于营山。卢龙县政府为了缅怀这些为国捐躯的烈士，在营山树立了一座“抗日烈士永垂不朽”纪念碑。每到清明节，当地群众和附近中小学生们便自发到营山扫墓，敬献花圈，在墓前举行悼念仪式，追述先烈们的英雄事迹。

第十一节　抗战期间的英雄儿女

抗日战争时期，卢龙县的广大共产党员、人民群众，不论男女老少，都有那种坚韧不拔的革命意志、赴汤蹈火的战斗精神和坚贞不屈的民族气节。在枪林弹雨面前奋不顾身，在敌人的屠刀之下大义凛然。他们才是中华民族顶天立地的英雄儿女、华夏子孙。

一、党的女儿李洗凡

李洗凡，女，原名李春华，卢龙县人。出生于工匠家庭。幼年边劳动边读书。后考入卢龙师范学校。1938 年毕业后任卢龙师范附属小学教员。1942 年春，被派往虎头石任教。她利用一切机会利给学生宣讲抗日救亡道理。冀东军分区十二团一营开辟滦东抗日根据地，驻虎头石村。李洗凡白天给学生上课，晚上教唱抗日歌曲。1943 年初，村里建立民兵组织，把了解敌情的任务交给她。她冒着生命危险，利用各种方法巧妙地侦察敌情。同年 3 月 19 日，她加入了中国共产党。入党后，改名为李洗凡。表明自己要脱离凡俗，走革命道路，把一切献给党。寒假后，迁卢抚昌联合县委分配她做妇救会工作。1944 年 6 月，敌人纠集各据点日伪军进行扫荡，妄图摧毁区、村基层组织。李洗凡被派往工作任务艰巨的四总区燕河营一带开展妇救会工作，建立了燕河营等村的妇救会。在花台村召开妇救会成立大会时不幸被捕。

鬼子的头目叫佐藤，是个杀人不眨眼的魔头。敌人企图从她口中得知联合县机关、兵工厂位置、村干部名单等情况，李洗凡拒绝回答，于是，敌人多次对她严刑拷打和惨无人道的折磨。灭绝人性的佐藤，剥光李洗凡的上衣，用烧红了的针在李洗凡的双乳上刺莲花。李洗凡几次昏死过去，醒来依然大骂鬼子。鬼子无计可施，残忍地把尖刀刺入了李洗凡的心脏。

1944 年 12 月，在抚宁县曹西庄山沟里，200 名鬼子被歼灭，包括佐藤。

二、坚贞不屈的女豪杰朱惠琴

朱惠琴是卢龙县严山头村人。抗战时期，她的丈夫朱化民是村干部，被日伪军任命为村保长，表面上是为日伪军上缴粮草，暗地里却是八路军的秘密联络员，她的家也成了八路军和区干部的秘密落脚点。在她丈夫的感染和教育下，她经常为八路军和区干部做饭、送信、探听敌情。她听说一个以做生意为名的外地人，叫马小亮，专门打听八路军、区干部的行踪，为敌人通风报信，然后领取赏钱，她把情况核实后，及时向上级做了报告，除掉了这个狗汉奸特务。

1942 年，冀东党分委派田丰等地方干部到卢龙一带开辟地区工作，冀东十二团也有一小部分八路军在这里活动。9 月 13 日，朱惠琴在燕河营赶集，无意中得知卢龙城里的日伪军要“清剿”的消息，她顾不得赶集了，马上回到家中，把这个消息告诉了她的丈夫，并决定立刻把情报报告上级。中午时分，朱惠琴打扮成去娘家探亲的样子，到 10 千米以外的秘密联络点赵家峪区送信。不料，她的行踪还是被汉奸发现了。等她回家后的第二天，一大帮伪军包围了整个村子，来到她家。朱惠琴立即明白了眼前发生的一切。“娘，你拉扯小桂吧，等他长大了，说给他，他娘是怎死的。”她嘱咐了婆婆，又亲了亲儿子，从容地走出了屋子。敌人蜂拥而上，把她带到了乡公所，并马上开始审讯。

一个伪军拿过一把锥子扎在她的身上，血立即涌了出来。就这样，伪军头子问一声，伪军就扎一下。鲜血染红了她的衣裳，她怒目圆睁，一声不吭。敌人又点燃一炷香，在她的手背上、胳膊上烫。

连续七天的审问，她受尽了折磨，可是，敌人什么也没得到，只好把她送到县城的日军据点。据点里，敌人如临大敌。桌子上摆着各种刑具，敌人手特大刀凶神般地站在两边，朱惠琴挺着伤痕斑驳的身躯，高昂着不屈的头。

在被捕的四个月里，鞭子抽，棒子打，绳子吊，杠子压，酷刑只能摧残她的身体，却丝毫动摇不了她的意志，最后鬼子只好把她关在牢房里。

1943 年 2 月 8 日，敌人决定把朱惠琴押送到抚宁监狱，傍晚时分走到双望附近的一个小村庄，敌人人困马乏，就把朱惠琴关在一间民房里。夜里，派一名叫陈四疤的伪军看守。这天的天气特别冷，陈四疤冻得直打战，他走到房前的一个草堆跟前，一歪身躺在草堆上。他原来只想暖和一下，一躺下来却身不由己，死狗一样地睡着了。这时候，区干部田丰早已得知这个消息，他与民兵张建华一起来营救。张建华向黑暗里仔细观察，又侧耳来听了一会儿，借着朦胧的月光，他发现屋前看守的敌人睡得死猪一般。张建华只身来到窗下，看到屋内墙脚下绑着一个人，他迅速地撬开锁，轻轻地向前走几步，仔细一看，正是朱惠琴。朱惠琴迷迷糊糊地靠在墙上，忽然觉得被人推了一下，正想问，嘴被捂住。“是我，建华。”他敏捷地拿出一把小刀，割断了绳子，把朱惠琴轻轻地扶了起来。张建华拉着朱惠琴往牢房外走，忽听前面有脚步声，他们急忙往边上一闪爬上墙头。忽然一道手电筒光照射过来，两人急忙伏在屋顶上。原来是换岗的伪军，他揉着睡眼，把手电筒向屋内一照，人没有了，地上只剩下一截一截的绳子。当敌人吵吵嚷嚷组织搜捕时，朱惠琴和建华已在区干部田丰的掩护下安全地回到了村里。人们听说朱惠琴回来了，大家都来探望，称赞她是坚贞不屈的女豪杰。

三、舍身救人的秦永智

秦永智，卢龙县冯贯各庄人。一家 8 口，家境贫寒。为了生计，他到吕施庄子为人看窑烧砖，此间，他常去安山、石门、滦县、古冶等地买煤，与滦西抗日工作人员有了接触。1942 年 6 月，周吉与他接头，见他忠诚老实，倾向革命，决定每月与他在滦县接头，提供一些情况。这样，秦永智成为南半县党的第一个联系人。中秋的一个晚上，党的 3 名开辟地区工作的人员来找秦永智，从此秦永智家成为坚固的抗日堡垒户。

1943 年春，滦山铁道游击队长高恒带队来铁路沿线活动，常在秦永智家落脚。其妻子长期寄住在此。在这期间秦永智加入了中国共产党。一天，高恒与秦永智谈起扩大队伍急需搞到武器的事，秦永智就将盘踞在安山伪军中队的情况向高恒做了介绍，他说："中队长刘仲是个见钱眼开的家伙，每逢集日都带人来捞外快，只知道吃喝玩乐，根本不会打仗，如果利用集日，出奇兵，打他个措手不及，可以夺得枪支。"高恒听后连连称赞。后秦永智又以串亲为名，到安山进一步了解敌人的兵力部署及集日的活动规律，回村后与高恒周密地研究了行动计划。4 月 15 日，高恒带人乔装到安山集上，顺利地缴获步枪 15 支，子弹 300 余发。

为了便于工作，秦永智当上了伪保长，利用这身份，多次掩护干部、伤员及家属。1943 年春，马宝玉（十二团排长）在此养伤，当时高敬之的女儿、高恒的妻子和马宝玉的妻子都住在这里，为保护他们的安全，他将高敬之的女儿送到吕施庄子砖窑上住，后转移到北部山区。一天，日伪军讨伐来到冯贯各庄，秦永智将尚未痊愈的马宝玉藏进地窖，又让高恒的妻子充当自己的妹子躺在炕上装病，自己巧妙地应付敌人，就这样一次又一次有惊无险地避过了敌人的搜查。秦水智还经常为上级采购军需物资，无论有多大困难，他都能够设法通过各种关系出色地完成任务。采购炸药时，还令其女儿以贩果品为名参与行动，屡受专署的表扬。

1943年1月10日，秦永智身带5000万元（旧币）去北平采购军需物品，因内奸告密遭特务跟踪，他巧妙地摆脱敌人，迅速返回，保证了党的财产免受损失。

敌人没能得手，气急败坏。1月19日，派昌黎据点特务队队长徐云起带8个特务冒充基干队，潜进秦永智家，秦永智见势不好，急忙鸣枪示警。示意高恒妻子和孩子们快跑，而后与敌人展开搏斗。秦永智的儿子保护高恒的妻子和孩子们冲出房门逃跑了。秦永智的妻子尤氏抄起菜刀把守门的敌人砍倒。而后敌人连放数枪，秦永智夫妇倒在了血泊中。

不到半个月，徐云起、王继先等4名杀害秦永智夫妇的特务被高恒设计除掉了，让他们得到了应有的下场。

四、宁死不屈的尹凤来

尹凤来，卢龙县范家峪人。他出身地主家庭，幼年读过4年小学，后在迁安、天津当了8年店员。在天津时，多次去济南岳父家。受当红军的二内弟张萍影响，思想上同情革命。1942年回家，担任村粮秣股长。

当时全区的公粮大部存放在这村，十二团、八区队和县支队的供给部也先后设在这里。县、区党政干部也常来这里。《滦东日报》社李幼生等6名同志也在这里办报。高涨的抗日斗争形势，引起了县城敌人的注意，为了扑灭革命火焰，敌人千方百计收集情报，妄图抓捕区、村干部，热心工作的尹凤来，也在他们搜寻抓捕之列。

1944年初，他接到县城警备队内线捎来的口信儿，说日军正想方设法抓他，从别的渠道也证实了这个消息。当时《滦东日报》社李幼生等6人正驻该村。为了安全，尹凤来和报社几名同志一起住进了山洞。过了些天，敌人没有什么动静，腊月初五的晚上，天气骤然降温，由于太冷，山洞里住不了人。他们回到尹凤来家里住。四处都加派了岗哨。初六拂晓前，凤来早早起来，到外面查看情况，一切都很正常，他回家点着火，把粥锅烧开，突然听到街上有沉重的脚步声。他赶紧叫8岁的儿子尹智到门外查看，尹智一开门，便见两侧都有敌人端着雪亮的刺刀，吓得哭着跑了回来，凤来走到门前，知道已遭敌人包围，便对跟在身边的妻子张曾说说："快叫东屋报社的同志们撤！"说着李幼生拿出武器毅然走出院外，摆出和敌人最后一拼的架势。敌人没有进院，南门外逐渐没了声息。于是，尹凤来的妻子、儿子和李幼生等报社人员从南门脱险。很多敌人往庄北走去，发觉上当后，就地把凤来狠打一顿，带回家中，敌人翻箱倒柜，一无所获，就轮着对他施以酷刑，向他要八路军、要枪、要粮。凤来被打得遍体鳞伤，血肉模糊，没有向敌人吐出一句真情。从清晨到中午，敌人除从凤来身上搜出101.75斤粮票外，再无所获。最后无计可施，绝望地把年仅26岁的尹凤来押到村西，野蛮地杀害了。尹凤来以年轻的生命，保护了革命同志，保住了近5万千克粮食和大批军用物资。

五、钢铸铁打的张木林

张木林，卢龙县宋家坟村人。抗日根据地兵工厂木工，中共党员。张木林学得一手木匠手艺，为人正直，敢打抱不平，是村中穷人的主心骨。八路军来了，他送信带道，掩护革命干部，保存军需物资，成了最可靠的堡垒户。自从村东山里建起滦东八路军的兵工厂，他更是没黑夜没白日地在这里旋手榴弹柄，总有一股用不完的力气，他常说："多造一颗手榴弹就等于多杀伤几个敌人。"

1944 年 7 月 13 日夜，张木林正在兵工厂里干得起劲的时候，突然想起今晚要有一批军用物资转来，必须在天亮之前藏好。于是他急忙赶回家中，此时物资已经运到，有手榴弹两筐，子弹一箱，步枪 2 支，公文包 1 个。他麻利地操起铁锹，进得猪圈去挖深坑，准备藏起来。此时，一民兵前来报信，说日伪军正向村中包围，要他赶快转移。他为了保护军用物资，决心留下来，让民兵通知群众转移。

天刚亮，敌人闯进来，翻箱倒柜，胡乱搜查，当他们发现木工家具时，就把他带到大庙前场地上，没跑掉的群众被敌人围成一团，敌人架起机枪。敌人当众审问说张木林是不是给八路军做手榴弹的，他坦然回答："我是个笨木匠，只会做棺材。"敌人又将他带到一家门道里，用猪毛绳沾凉水，用椽子打得他血肉模糊，昏了过去。此刻的张木林只有一个念头，兵工厂的地址他再清楚不过，保存的枪支弹药万匹军用布是他经手，只要这些物资不受损失，就能更多地消灭敌人，为了抗战自己死了也值得。当他醒过来后，敌人又找来香火烧烤。后又用烧红的烙铁烙，先是发出吱吱的响声，后就血糊沾着肉皮往下掉。张木林又一次昏厥。当他再一次醒来时，敌人又将他绑在桌子上，往嘴里灌泔水、辣椒水，用杠子挤压腹部。最后敌人得到的仍然是："我只会做棺材。"木林被带到县城后，又遭受了老虎凳、钉板、电椅等酷刑。

这位铜铸铁打的人终于战胜了敌人，后来在党组织多方营救下出了狱。敌人的残酷摧残使张木林的革命意志更加坚强，没等伤势痊愈就参加了游击队，在兵工厂里大显身手，曾先后创造许多半自动化的机具，成功地提高了兵器制造的效率。1946 年荣获冀东军区十二军分区“特等劳动模范”称号。他的模范事迹，不仅在报刊上发表，还编印成册，在冀东地区广泛宣传。

六、抗日支前模范刘月英

刘月英，女，卢龙县东吴庄人。她出生在贫苦农民家庭，17 岁与吴玉柱结婚。

1942 年秋，开辟地区工作人员来到家乡东吴庄，月英与其长子祥久热情接待，烧水做饭，站岗放哨，千方百计掩护干部，她家被称为“铁堡垒”，月英被誉为“拖不垮、摧不烂的山区老交通”和“革命母亲”。

1943 年初，月英带着一份送往西吴庄交联合县负责人的密件连夜出发，不慎一脚迈空，顺山坡滑下，把脚踝摔肿。她咬紧牙关，强忍剧痛，终于把情报送到，使敌人“扫荡”计划破产。月英养伤期间，区委书记茂盛又送来急件，需交燕河营敌据点镇长周香廷。月英说：“虽然我受了伤，交通不能断。”随将儿媳风兰唤来，装好一篮子甘薯，将急件塞入一块甘薯里压在篮子中间，风兰出色地完成了任务。

1943 年 8 月加入中国共产党。当年冬担任东吴庄中心村妇教会主任。先后获迁卢抚昌联合县委、冀东区党委“抗日支前模范”“革命之家”光荣称号。

5 月的一天晚上，区里的刘宝胜、赵小波风尘仆仆赶来，月英刚照顾他们去休息，突然敌人包围了村子，她将二人藏入北小院草棚里预先挖好的地洞中。几个敌人冲进院来，对月英拳打脚踢，逼她交出八路军，月英佯装不懂，说：“一个月前八路军就走了。”敌退后，月英拖着满身伤痕做了可口饭菜，当宝胜、小波端起饭碗时，异口同声地喊“妈妈”。

夏，冀东十二团教导队阎教导员的妻子留住于此。一日清晨，敌人围村，月英忙抓一把灰涂在她的脸上，让她倒在炕上，盖好棉被，并叮嘱："你是外地口音，千万不能说话。"

她还急中生智，随手又把一桶酸臭脏水泼在屋地上，敌人闯入后，闻其气味，误以为屋内有传染病人，咒骂不止，掩鼻而去。

月英掩护干部事例，数不胜数。是年冬的一个深夜，新七区队的一名侦查员，于青龙执行任务时，遭敌包围，身中 3 弹，潜入密林，后挣扎着来到月英家，昏迷三天。第四天初醒，又遭口外讨伐队围村，月英刚将伤员背入地洞藏好。联合县妇教会干部育民、王新来她家，月英把她 2 人藏入东间屋土仓内，上边放些破烂棉絮，并锁上屋门。此时，七八个敌人牵着狼狗闯入，到处乱翻，最后让月英把东屋门打开，她机敏地拿起一把扫帚，进得东屋，边扫边说："这屋几年不住人，我打扫打扫。"直扫得尘土飞扬，无法进人。敌见此状，放出狼狗，将月英咬得衣碎身伤，昏倒在地。当她醒来，见育民、王新扶在她的身旁，脸上露出胜利的微笑。

1944 年冬的一天，联合县委组织部部长张文浩在月英家开了一天党员会，晚上敌人来讨伐，月英把他藏到村北小山地洞，并送去被褥和一袋花生米，张文浩安然脱险。当时的支前任务很紧，月英家又是支前物资集中地，为不使支前物资受损，全家人省吃俭用，用粮食换来 1500 块砖，秘密垒了暗窖，窖门直通小草棚地洞，上堆柴草，非常隐藏，十六军分区的物资常储在这里。每当有做军鞋军袜的任务，月英总是先做出样品，然后召开妇教会，亮出标准，分头把关。1944 年秋末，冀东十六军分区下达赶制 100 套军装任务，月英派人到抚宁戴家坨请来会裁缝的师傅，母女三人先行学会，后向全村普及，仅十日就完成了任务，受到十六地委、专署和分区表扬。月英不仅和长子祥久在村里坚持抗日，还将二子瑞风、三子瑞泉送到部队，抗日战争时期，全家 8 人加入了中国共产党，为民族解放事业做出了贡献。

七、机智勇敢的王文平

卢龙县大横河村王文平，个子不高，年仅 16 岁，很机灵，人称“小机灵鬼”。每当迁卢抚昌联合县二总区区长林子江秘密到大横河村开展工作时，王文平都要缠着林子江，要求参加抗日组织，但由于年龄小和地方组织工作的保密性，林子江都没有答应。有一次，林子江别着自己打单子儿的“地方造”橹子枪来到大横河工，正巧又碰上王文平。王文平这次缠得更紧，非要加入组织，还拿着林区长的单子儿橹子枪摆弄，说不如日本鬼子王翻译官的枪好。林区长开玩笑地说：“王文平，如果能把王翻译官的二十响弄来交给我，我就让你加入抗日组织。”当时地方抗日组织的武器是非常短缺的，一支二十响盒子枪，对于抗日组织来说，是何等重要啊！谈话后机灵的王文平就悄悄地走了。

王翻译官白白胖胖，戴副眼镜，长得人高马大。他依仗日本人的势力，助纣为虐，横行霸道，更是好色之徒。附近如若谁家有个貌美的小媳妇，只要他听说，那么谁家就会遭殃。当地百姓对他深恶痛绝。

王文平自打离开林区长以后，通过几天的细致观察，他看到王翻译官经常去大横河的张姓中年寡妇家，与其通奸。王文平发现这秘密后，也常去张寡妇家帮助干活。在那里，王文平几次碰见王翻译官，都主动上前打招呼，一来二去，两人混熟了，王翻译官感觉这孩子也不错。有一天，王文平告诉王翻译官说，张寡妇在孙庄西有急事等他。王翻译官信以为真，匆匆地往那儿赶。王文平紧跟其后。当他们来到孙庄西一片树林时，王文平见四下无人，趁王翻译官不备，用石头狠狠地砸向王翻译官的后脑。王倒地后，王文平继续用石头砸，确认死后，王文平把王翻译官的尸体拖到青龙河滩埋了。王文平把枪藏在身上，找到了林子江。林区长没办法，只能收下了枪并让王文平在自己身边当通讯员。后来林区长用这支枪亲自除掉五名汉奸，震慑了日伪军。王文平随林区长秘密工作不敢回家，一晃半月过去，王文平很想家，林区长答应他回家探视一下。可是刚进家一队日本鬼子就把他家的院子围住，抓住了王文平。王文平被带到横河据点。鬼子对他进行残酷的折磨，让他招出指使者，王文平一句不说。敌人酷刑用尽，没办法，只有把他扒光衣服，吊在大横河东玉皇庙的钟架上。时值 1942 年腊月初九，凛冽的北风刺骨地刮着，气温-20 多度，承受半天折磨的王文平，双手捆着赤裸裸地被吊在钟架上，忍受着寒冷的煎熬。第二天凌晨，日本鬼子以为能冻死王文平，吃过早饭，派人把王文平从钟架上解下。被冻得浑身发黑的王文平，却还喘着气。敌人把他拽进炮楼，时间不长王文平坐了起来，敌人感到惊讶，无可奈何地把他看管起来。没几日，日本人就把王文平送往日本北海道做劳工，在异国他乡受尽了人间之苦。日本投降后，在交换战俘时，王文平回到了祖国。1947 年冬，这个没被日本鬼子折磨死的王文平参加了翻身团，加入了中国人民解放军。

第三章　解放战争

日本投降以后，国民党军队盘踞卢龙，为非作歹，卢龙人民再度陷入水深火热之中。英勇无畏的卢龙县人民，配合人民子弟兵，同国民党反动军队英勇作战，不断取得胜利。辽沈战役、平津战役打响后，卢龙县人民从人力、物力上踊跃支前，做出了积极的贡献。

第一节　卢龙县党政军组织

1945 年 8 月，日本宣布无条件投降，卢龙县全境解放以后，迁卢抚昌联合县撤销，恢复卢龙县。县级领导机关搬入卢龙县城，结束了领导机关无固定驻地的局面。1946 年 6 月，蒋介石撕毁《停战协定》，破坏统一战线，向解放区发起全面进攻，内战爆发。为适应战争形势的需要，中共卢龙县委、县政府等领导机关主动撤离卢龙县城，转移至韩庄头、东马庄、郑各庄一带。1948 年，辽沈战役结束后，卢龙县的县级领导机关又搬回了卢龙县城。

解放战争期间，卢龙县的党政军组织设置如下。

一、中共卢龙委员会

1945 年~1947 年，中共卢龙县委员会书记先后为张文浩、索国仁、赵衡（代理）。1947 年 11 月~1948 年 4 月，县委书记为赵衡。1948 年夏~1949 年 9 月，县委书记为史一、阎欣。

中共卢龙县委工作机构有秘书室、组织部、社会部、城工部、妇女工作委员会、青年工作委员会。

二、卢龙县政府

1945年9月~1949年4月，县长为于步之。1949年4月~1949年9月，县长为马子良。

县政府工作机构有秘书室、民政科、财政科、公安局、教育科、粮食局、实业科、生产科、建设科、税务局、工商科、军邮科、司法处、银行、供销合作社。

三、卢龙县地方军事组织

（一）卢抚昌支队

1945年，军分区命令卢抚昌支队一分为二，一部由副政委魏轩带领，随主力出关；一部由支队长袁冠武带领，驻守卢抚昌地区，即卢龙县。9月底，卢抚昌支队改编为六十一团。卢抚昌支队宣告终止。

（二）卢龙县支队

日本投降后，冀东地区部队主力和地方主力纷纷奉调挺进东北。为迅速恢复、发展地方武装，各县建立县支队。

1946年3月，上级将原卢抚昌支队副政委魏轩从野战部队十四旅六十一团调出，经冀东十六军分区分配到卢龙县，与董文学等人组建卢龙县支队。1947年4月，卢龙县支队奉冀东十二军分区命令被改编冀东军区独立二、三团。袁冠武任独立二团团长，魏轩任独立三团团长兼政委。

（三）卢龙县大队

1947年4月，卢龙县支队改编后，又组建了卢龙县大队，大队长为王翰臣，政委为赵衡。

（四）卢龙县人民武装部

1945 年 9 月，卢龙县人民武装部成立，部长为徐梦纯、张健舟。

（五）卢龙县人民武装委员会

1945 年 9 月，卢龙县人民武装部改称卢龙县人民武装委员会（简称“武委会”）。按上级规定，县武委会主任由县长兼任，另设一名专职副主任主持日常工作。武委会内下设秘书、动员、运输、武装等各股，每股有干事若干人。区设武委会，配备主任或副主任及武装干事若干名。武委会的职能，主要是抓好民兵的组织和训练、战勤动员和支前活动等。1948 年 10 月，蒋军在东北战场彻底失败，解放军在辽沈战役取得最后胜利，华北战场正处于平津战役前夜，为了适应全国解放战争最后决战的新形势，县武委会改为战勤指挥部。

（六）卢龙县战勤指挥部

1948 年 10 月，县武委会改为战勤指挥部，也叫战委会。中心工作就是围绕解放战争开展战备支前。战委会主任由县长兼任，政委由县委书记兼任。随之，各区武委会也改称战委会。1947 年 7 月，战委会撤销，恢复县人民武装部。

第二节　国民党匪帮的暴行

国民党卢龙县政府成立和国民党军进入卢龙以后，发展了“还乡团”“伙会”等黑社会性质的反动武装。他们兵匪一家，对卢龙县广大人民群众，卢龙县的党员、干部及其家属，进行了残酷的迫害和屠杀，犯下了不可饶恕的罪行。

1946 年 1 月，国民党“还乡团”在魏树人的带领下，抓走魏官庄军属魏树安，在蛤泊将其残忍杀害。

1947 年 3 月，国民党军九连在卢龙城内孔庙（圣人殿）残酷杀害了军工家属崔润、张朗元和祁永发。

1947 年 3 月，国民党“伙会”队包围了城南霍家沟，陈德荣、陈德申、霍福祥、刘景山、夏宝林等 7 名民兵惨遭杀害。

1948 年 1 月，盘踞石梯子据点的国民党军，夜袭夹河滩，杀害区村干部数十人，抢走大批粮食、衣物和牲畜。

1948 年 3 月 12 日，驻滦河西的国民党军袭扰胡家仙河，杀害村干部 8 人。

1949 年 3 月，国民党匪首杨福珍在短期内先后杀害了水长峪杨万庆媳妇，柳河北山张世士一家三口，张玉凤一家三口。

据不完全统计，从 1946 年至 1948 年，卢龙县就有 200 多人遭到蒋匪军的杀害。

第三节 人民军队对敌斗争

解放战争时期，驻守在卢龙县境内的原冀东八路军十二团、十八团已随曾克林司令员出关转战东北。1946 年至 1948 年，战斗在卢龙县境内的解放军队伍有解放军 18 团、61 团和野战军十旅、十一旅。地方武装有卢龙县支队、卢龙县大队、卢龙县人民武装委员会。

61 团是由卢抚昌支队一部改编的。日本投降后，卢抚昌支队在县区游击队的配合下，连续收复了木井、蛤泊以及北宁铁路沿线滦县至昌黎的日伪据点。1946 年 9 月 7 日，部队到达山海关。军分区命令，卢抚昌支队一部随主力出关，一部由支队长袁冠武带领，返回卢龙县，成立了 61 团。

1946 年 1 月，61 团攻克蛤泊据点，全歼守敌一个连。次年 8

月，61团再次攻克蛤泊。9月4日，61团在卢龙县红花峪阻击蒋军470团三营，击毙敌人27人，俘虏200多人。1947年8月61团在南丘庄、柏各庄、击溃讨伐之敌数百人。

1946年10月8日，冀东军区野战军第十旅、十一旅攻克国民党石梯子据点，击毙、俘虏敌团长以下1300多人，缴获大批军用物资。1947年5月19日，第十旅、十一旅先后攻克昌黎县城、石门车站。

在人民解放军队伍与国民党军队浴血奋战的同时，卢龙县地方武装、民兵和广大人民群众，在党的统一领导下，携起手来，开展了各种抗击国民党反动派的斗争。

1945年11月17日晚，卢龙县组织万人破交大会战，在61团、县支队、区小队的掩护下，奋战一昼夜，滦河大桥至安山路段铁路设施被全面捣毁，列车停止行驶7天，延缓了国民党军队进军东北的进程。1947年5月18日，卢龙县出动5000民兵，参加北宁铁路和津榆公路破交会战，使国民党北宁交通运输线陷入瘫痪。有效支援了东北人民解放军的夏季攻势。1947年9月12日，为配合辽沈战役，卢龙县集结民兵2500人，在部队的掩护下，苦战7天，再次把北宁铁路路段捣毁，烧毁大批枕木、电线杆，烧毁车厢4节。1945~1948年，卢龙县民兵共破坏铁路100次千米，公路50次千米，隔断电线1.5万千克。

1946年2月，钓鱼台民兵生擒窜扰田庄子的国民党保警队4人。3月，钓鱼台民兵在塔子峪设伏，击毙蒋军营长等10人。

1947年11月，卢龙县人民武装委员会发动各区武委会割电线、扒铁轨、炸军车。第九区紧靠北宁铁路，区武装委员会大队长孙常带领民兵在大道上村南铁路上埋下炸药，成功炸翻一辆军车，还炸死了几个敌人。

第四节　支援前线

解放战争全面爆发以后，支援前线成了卢龙县委、县政府的一项重要工作。支前工作开展得如何，直接关系到战役、战斗的胜败。1948 年，卢龙县武装委员会改称战勤委员会，主要抓好全县支前工作。

一、支援解放昌黎战斗

1948 年 5 月，解放昌黎的战斗打响了。根据冀东军区解放昌黎的战略部署和作战方案，先由冀东军区野战军第十旅担任主攻，发起突击，攻打昌黎县城和昌黎火车站；第十一旅攻打昌黎城西的后封台车站和燕家埝坨、大牛栏等据点，负责十旅的右翼安全，打击从西部增援昌黎的国民党军队；第十五军分区警备团、第十二军分区警备团分别攻打昌黎城东的张家庄、留守营等车站，负责十旅的左翼安全，打击从东部增援昌黎的国民党军队。与此同时，发动昌黎、卢龙、抚宁的民兵队伍搞好破交、支前，实现中心突破，两面开花，全面破交的战略意图。

战斗打响后，卢龙县民兵除按时完成指定路段的破交任务外，还组成千人担架队、运输队和慰问组，往来于昌黎前线和卢龙县境。柳河圈一带，设立粮食供应站和伤员包扎所，燕窝庄设防病员转运站，为解放昌黎做出了积极的贡献。

二、支援辽沈战役

辽沈战役是中国人民解放军同国民党军进行战略决战的第一个重大战役。支援辽沈战役，卢龙责无旁贷。1948 年 9 月 16 日，卢龙县支前指挥委员会在东吴庄设立第一办事处，负责支前具体事宜。全县动员2600余人，组成第一批远征担架团，分批开赴辽沈前线。全县共投入战勤民工2.14万人，其中担架1800副，近1.3万人。大牲畜3400余头，大车360辆，720人。大牲畜720头、驴驮子2700个，其他勤务5200人。

三、支援平津战役

1948年11月，为保证东北人民解放军过境顺利西进，取得平津战役的全面胜利，卢龙县出动民工6.5万人，大车100余辆，并把县内全部船只都集中起来，大车100余辆，投入滦河、青龙河大桥和10余座临时性公路桥的架设。县支前指挥部在双望设接待站和转运站，负责入境部队的服务、慰问、供应给养。沿途学生、群众夹道欢迎中国人民解放军入关西进。此外，卢龙县出动担架1500多副，于1948年12月25日始，随军开赴前线。平津战役中，全县出动战勤民工2.1万人、大车400辆、驴驮子2500个，运粮7.5万余千克。

四、选派优秀地方干部支援东北，开辟南方

为了适应抗日战争胜利后的新形势，全面开辟东北广大地区，按照冀东地委的要求，卢抚昌选派上百名县、区级干部挺进东北，卢龙居多。随着中国人民解放军渡江南下作战，卢龙县还选派130名地方干部随军南下，到河南、湖南、广西等地开展工作。这些人大部分留在南方，担任了重要领导职务，为社会主义革命和建设做出了贡献。

第五节　土地改革

卢龙县和全国各地一样，到解放战争时期，历经了两次土地革命。第一次土地革命是在1931年。为了保证革命根据地的建设和满足农民对土地的需求，依靠贫农、雇农，联合中农，限制富农，保护中小工商业者，消灭地主阶级，变封建半封建的土地所有制为农民的土地所有制。广大贫农雇农在政治上翻了身，生活得到了保证。第二次土地改革命是在1942年。为了巩固根据地和争取抗战胜利，实行地主减租减息，农民交租交息的“双减双交”政策，减轻了地主的封建剥削，改善了农民的物质生活，提高了农民抗日和生产的积极性。

解放战争时期的土地改革是第三次土地革命。1946年初，冀东区党委组织发动在全地区开展清算复仇运动。卢龙县依法处决了一批罪大恶极的汉奸、恶霸，没收了他们的土地和财产分给贫苦农民。5月4日，中共中央发出《关于反奸清算与土地问题的指示》，土地改革运动在全县展开。入夏，县委派出工作队到乡村发动群众，开展忆苦教育。在较短的时间内，全县就有300多个村组建农会进行土改。到9月初，全县有11622户58310口人分得土地48600亩，人均0.83亩。

这次土地改革进行得不够彻底，未能在满足贫雇农土地要求的同时照顾其他，致使土改后地主、富农仍占有比贫农多1~3倍的土地。个别干部对党的方针政策理解不够，造成部分村庄发生了侵犯富裕中农利益的事件。1947年1月，冀东区党委发布《关于内地复查土地及边沿区解决土地问题的决定》，4月25日又发出《关于复查土地，进一步建立基本群众巩固优势的决定》。是年6月，县委在燕河营进行土地复查试点，然后在全县深入开展。使无地和少地的农民进一步分得了土地、牲畜、车辆和其他生产生活资料。

1947 年 9 月 13 日，中共中央工作委员会在河北省西柏坡召开全国土地工作会议，审议通过了《中国土地法大纲》，并于 10 月 10 日颁布执行。

1947 年 9 月，中共卢龙县委在滤马庄召开会议，组织县、区干部传达、学习冀东区党委土地会议精神和土地改革的方针政策。12 月下旬，全县各级干部集中到韩庄头，学习《中国土地法大纲》。在土改运动中，冀东十二地委派出土改工作队进驻卢龙县，直接参与对卢龙县土地改革运动的领导。卢龙县委也抽调大批干部组成土改工作组，深入各村，发动群众，组建贫农团，深入开展以土地平分为主的土改工作。1948 年卢龙县全境解放后，县成立了新区土改工作委员会，1949 年 10 月，新区土改开始，到 1950 年春完成。至此，轰轰烈烈的卢龙县第三次土地革命全面完成了。

第六节　沙场英豪

一、盘肠大战的爆破英雄邵洪生

邵洪生，卢龙县邵黑石人。1942 年秋，八路军在滦东地区开辟抗日根据地，邵洪生参加了民兵。日本无条件投降后，邵洪生参加守河防民兵游击队，屡立战功。1947 年冬，邵洪生参加了中国人民解放军。1948 年 3 月下旬，为配合东北战役，邵洪生所在部队奉命攻打夏垫。战斗于 4 月 3 日 0 时打响，解放军突破夏垫城防。3 日上午 8 时，还有 2 个连的敌人在东北角 3 号炮楼顽抗。邵洪生所在连接受了爆破任务。邵洪生、周连科为爆破第一组，他俩迅猛跃过掩体，眼看就要接近敌堡，却被敌堡的机枪封锁了前进的道路。邵洪生不幸左腹部受重伤，肠子从腹中流出。他咬紧牙关，忍着剧痛，把肠子塞进腹内，紧紧腰带又往前爬。他艰难地接近敌堡。在点燃炸药包时，由于导火索的药口被鲜血粘住，第一次未点燃。在这紧急关头，邵洪生以惊人的毅力，忍着剧痛，一只手按住腹部，另一只手在地上将导火索搓干，成功点燃了炸药包炸掉敌堡。

邵洪生牺牲后，冀东军区党委追认他为中共正式党员；军区政治部为他追授三等功，颁发了毛泽东奖章。1948 年 11 月，邵洪生灵柩被护送回家乡，中共卢龙县委、县政府在邵黑石村为邵洪生烈士举行隆重的公祭追悼大会。军区政治部代表介绍了邵洪生烈士的先进事迹，冀东军区司令部、政治部赠送了区党委书记兼军区政委吴德题写的“爆炸英雄”的光荣匾。

二、孤胆英雄龙佩云

龙佩云，卢龙县马深港人。1945 年参军，后被编入中国人民解放军 27 师。1948 年，龙佩云参加了辽沈战役。能否顺利地拿下锦州，是辽沈战役胜利的关键。而能否顺利拿下并牢牢控制帽山，从而控制锦州机场，切断敌人的空中运输线，又是能否顺利拿下锦州的关键。

龙佩云所在的团，担当了攻打帽山这个光荣而又艰巨的任务。龙佩云是班长。9 月 26 日凌晨，战斗打响了。龙佩云和战士们正和敌人搏斗，附近一个暗堡突然喷出火舌，狠狠咬了战士们一口，许多战士中弹倒了下。龙佩云被身边跌倒的战友压倒在地，躲过了敌人的枪弹。他趴在地上，四周漆黑一片，只听到枪声大作，子弹在头顶划过。推开压在身上的尸体，喊战友的名字，可没人答应。里暗中，他听到一阵喘息声，竟有一个人活着，急忙顺声音爬过去拉那个人时，却是个敌人。龙佩云一把揪住此人，低声道："想活命，讲实话。上面的地堡子里有多少人?"那家伙连忙回答："十二个。"于是，龙佩云命他带路。不一会儿就找到了一条沟。顺着这条沟能避过子弹，绕上山头，发现碉堡就在左侧。龙佩云抡起手榴弹将这个敌兵打昏，然后匍匐来到碉堡的后面。这个碉堡三分之一在地面以下，射孔朝着山下，背面是坑道和门。此时，门虚掩着，透过若明若暗的光，看到敌人正全神贯注地朝山下射击。他们做梦也没想到，有人会爬到背后。"轰"的一声巨响，敌人被炸得血肉横飞。后续部队冲上来，迅速占领了山头，帽山拿下了。

敌人以十倍的疯狂，加强兵力，妄图夺回帽山。晚上10点左右，上百名敌人又吼叫着冲了上来。敌众我寡，而且弹药不多了。龙佩云和战友们随时准备同冲上来的敌人同归于尽。突然几发炮弹在群中开了花，敌人鬼哭狼嚎。原来敌人的炮火误打误撞，炸了自己人，而且还炸死了敌军的指挥官。敌人群龙无首，乱作一团，不知所措。

龙佩云和阵地上的战士，判断出面前的敌人已失去了指挥，做出一个大胆的决定，冲下阵地，打敌人一个措手不及。可下面的敌人有好几百人，敌我力量对比相差悬殊。但龙佩云已无时间考虑个人安危。他和战友们一手拿起枪，一手抓起已开盖的手榴弹，用嘴扯开拉环，一起把手榴弹投入敌群。一阵爆炸，登时敌人飞上了天。接着跳下阵地，杀向敌人。此时天黑得伸手不见五指，敌人搞不清我军有多少人。另外敌人指挥官刚刚被炸死，缺乏统一指挥，所以放弃了抵抗，一个个抱头鼠窜。龙佩云和战友们猛冲猛打，一面手榴弹开路，一面捡起敌人的武器向敌人扫射，打得敌人落花流水。一个敌人正在拉枪栓，可没等他举起枪来，龙佩云已冲了过去，左手抓起枪管向空中一甩，同时右手枪开火，把这个敌人打死。敌人没了斗志，认为是我军大举进攻，纷纷向山下逃命。龙佩云和战友跑到敌人前面，截断敌人的退路。

锦州被攻克后，守敌仓皇逃窜。解放军奋勇追击。龙佩云所在的连队又担任了追击的任务。龙佩云带领他的六班战士，狠狠地咬住了一股向营口方向逃窜的敌人。他冲在队伍最前面，离敌人越来越近，甚至可以看清敌人的后脑勺了。可是他发现，自己把队友远远地抛在了后边，不见了队友的身影，而前面的敌人竟有300多人。龙佩云用手摸枪，枪里已经没有了子弹。一摸腰间，手榴弹也用完了。龙佩云心里的念头只有一个，拦住敌人，不能让敌人跑掉。龙佩云紧赶几步，赶上了一个落在后面的敌人，他一拳把这个敌人打倒在地，上前一脚踏住他的前胸，举起枪对准了敌人的头，吼道："不许动!"那人早已是惊弓之鸟，吓得魂飞魄散，乖乖举起了双手。殊不知，这枪中已没一粒子弹。龙佩云劈手夺过冲锋枪，顺手摘下这个敌人的手榴弹，大踏步冲向前面的一伙敌人。此时敌人早已慌得乱了分寸，像没头苍蝇一样乱窜。龙佩云飞步从旁抄近路绕到敌人的前面，一手手持冲锋枪，一手高举手榴弹，像一根石柱一样钉在了路中央，大吼一声："不许动！举起手来!"300多名敌人被龙佩云一个人拦住了。他们面面相觑，不知所措。一个军官带头举起了手，接着所有的敌人都举起了手，后面的战士赶到，把他们缴了械。

龙佩云一人俘虏300余敌的事迹，又成了一大新闻。从此战友们就敬佩地称他"孤胆英雄"，战后上级根据龙佩云的突出表现，评定他为一等功臣。

三、全国战斗英雄毛国

毛国，卢龙县毛各庄村人。1928年生，1945年8月在冀东军区

12团入伍，后编入东北野战军第九纵队27师81团七连，1946年3月入党，后转入14旅61团一连。曾历任班长、排长、连长等职，后任136师、临沂军分区副参谋长。在解放战争中，他身经80余次战斗，每次都是冲锋在前，退却在后。先后7次负伤。据不完全统计，他自己亲手歼灭的敌人足有一个营，缴获的轻重武器也能装备一个营。获得过“战斗模范”“爱民模范”“爱兵模范”的称号，立两次大功、两次小功。1950年出席了全国第一届英模代表大会，被授予“全国战斗英雄”光荣称号。1968年，任副团长的毛国受到了毛泽东、朱德、周恩来、刘少奇等国家领导人的亲切接见。1980年，毛国从临沂军分区副参谋长的职位上离休，在青岛警备区第四干休所安家。

四、人民功臣孙振

孙振是卢龙县孙田庄人。1944年8月，八区队队长田川带领队伍从村边路过，15岁的小孙振拉住一个八路军的手说：“我要当兵，收下我吧。”被拒绝后，孙振悄悄跟在队伍后面，随着部队走了。部队破格收下了他。经过6个月的培养锻炼，他成了一名真正的八路军战士。后来八区队改编为十八团，随曾克林出关转战东北。孙振在东北战场受到历练，当上了班长。

1948年8月18日，辽沈战役攻打锦州的战斗打响了。敌人在锦州城内城外修筑了许多明碉暗堡，防御工事十分坚固。敌人的碉堡喷着火舌，织成了强大的火力网。要想靠近一步，都要付出血的代价。

孙振所在的77团组成7个爆破组，连续炸毁许多城外碉堡。正在战士们冒着硝烟向城墙猛冲的时候，敌人的暗堡开火了。飞蝗般的机枪子弹封锁了我军前进的道路。爆破手前赴后继，一个个倒在血泊中。伏在二连长附近的四班长孙振怒视着暗堡，向连长说“让我来”，说完像箭一样冲了上去。二连长马上组织火力，掩护孙振前进。孙振从倒在血泊中的战友身边抱起炸药包，猛地扑向了敌人的碉堡。“轰”的一声，碉堡被炸毁了。冲锋号响了。攻城部队从四面八方向锦州城发起猛烈攻击。被炸药震昏的孙振，被枪声、杀声唤醒，挺身跃起，端起冲锋枪攻入锦州城内，孙振被编入攻坚队。

锦州战役结束后，卢龙县政府和七区的领导来到孙田庄，把大红的立功喜报和“人民英雄”的匾额送到孙振家中。

第三编 03

探索发展

（1949年10月～1978年11月）

1949年10月1日，中华人民共和国宣告成立，中国共产党领导全国各族人民推翻了长期压在自己头上的三座大山，劳动人民成了国家的主人，共产党成了执政党。党的工作重心从长期领导武装斗争、夺取政权即新民主主义革命转到领导社会主义革命，即社会主义改造和社会主义建设上来。新中国成立后，中共卢龙县委坚持以发展生产为中心，抓紧医治战争创伤，恢复国民经济，建立和巩固新政权、巩固人民民主专政。开展新区土改。开展“三反”“五反”，整顿干部队伍。积极抗美援朝，保家卫国。开展社会主义改造，全面建设社会主义。办好人民公社，贯彻执行社会主义总路线。抵御一切自然灾害，稳定人民的生产生活。国民经济和社会各项事业不断得到恢复和发展，人民民主政权不断巩固。

第一章　建立和巩固人民民主政权

新中国成立以后，刚刚经历过战争洗礼的卢龙县满目疮痍，经济萧条，百业待兴。党的建设、政权建设刚刚起步，反动、敌对势力猖獗，社会治安不稳定。特别是广大农村，农业生产落后，发展缓慢，土改中遗留的问题较多，人民群众生活水平低下。干部队伍中骄傲自满、贪污腐化、贪图享乐等现象开始滋长。

面对复杂、严峻的政治局面，中共卢龙县委以建立和巩固人民民主政权为出发点，下大力搞好党的思想组织建设、政权建设，牢牢掌握人民民主专政的武器，镇压反革命，肃清境内匪患与敌特，取缔反动会道门，打击一切敌对势力。开展“三反”“五反”运动，整顿和净化干部队伍，积极开展抗美援朝，为人民民主政权的巩固做出了卓越的贡献。

第一节　执政初期党的建设

新中国成立后，中共卢龙县委大力加强党的自身建设，通过公开建党、整党整干和“三反”“五反”运动，提高了党的领导能力和执政水平，有力地促进了党的建设。

一、公开建党

中国共产党夺取全国政权前后，按照中共中央的要求，老解放区和新近解放区域先后进行了公开党支部的组织和活动的工作。此项工作的进行，充分表明当时中共中央正确认识到了党所处历史方位发生的根本变化，及这种变化对加强党的建设伟大工程所带来的新要求，是中国共产党启动执政党建设的重要步骤。新中国成立后，卢龙县委按照河北省委、唐山地委的指示，在全县开展了公开党的组织、公开发展党员的公开建党工作，激发了广大人民群众热爱和拥护中国共产党的革命热情，提高了党在人民群众中的凝聚力。

（一）公开党的支部

1949 年 10 月中华人民共和国成立至 1950 年 3 月，卢龙县共设 9 个行政区，辖 466 个行政村。1950 年 3 月区划调整后，全县设 7 个行政区，辖 475 个行政村，在行政村中成立了 302 个农村党支部。

1949 年 11 月，中共河北省委在《关于执行华北局“公开党”的指示》中指出，河北省公开的敌人被全部消灭，广大地区为老区、半老区，党的基础较强，经过长期斗争，得到广大群众的拥护，具备了公开党的有利条件。因此决定，不论农村、工厂、机关、学校，凡未公开的党支部、党员均应一律向社会公开。按照河北省委这一要求，1949 年 12 月，中共唐山地委发出《关于公开支部的指示》，规定除在党组织力量薄弱的村庄和有土匪活动的村庄暂不公开党支部外，其余一律公开。

卢龙县为了做好公开支部工作，首先在党内外层层做好充分的思想动员，反复说明党与群众的关系和公开建党的意义，宣传党的政策、党的性质、党的作用和党员条件，打破群众对党的神秘看法和其他不正确的认识。在统一思想的基础上，开展民主批评与自我批评，整顿组织，总结支部工作的优缺点，然后召开群众大会。大会由区党务干部主持，支部书记报告支部工作，宣布党员名单，开展自我批评，征求群众意见，进一步教育党员和群众。

由于准备充分，领导得力，公开大会普遍开得比较成功。参加会议的群众争先恐后地发言，热情歌颂中国共产党，衷心拥护党的领导。到 1951 年初，全县 331 个基层党的组织全部向社会公开。

（二）公开发展党员

卢龙县党员发展始于 1936 年，旧治二区（今属滦州市）先后有铁局寨夏永林、夏丛林和赵各庄赵玉欧、杨鹤轩 4 人，经中共高各庄中心支部书记李光宇介绍入党，乃当时县境首批党员。今境建党始于 1943 年，发展党员采取县区直接发展和党员介绍县区审查批准的办法秘密发展。到 1943 年底，迁卢抚昌联合县 1200 个村庄中，四分之一的村庄有了党员或党组织，共有党员 800 多人。经过革命战争的考验，卢龙县党员队伍不断发展壮大。到 1949 年 7 月，全县拥有党员 3939 人。

新中国成立后，根据上级党的指示和卢龙县的具体情况，根据党的基层组织强弱不同，按不同情况采取不同的发展方针。党的基础较强，党员数量较多的三、四区要着重巩固，一般的停止发展。党的基础比较薄弱的村（三区刘家营、白家窝）仍应审慎发展。二、六两区应采取一面发展一面巩固的方针。一、五、七、八、九等区要结合巩固工作着重发展。但在个别党员数量较多的村庄（九区木井等村），停止发展，进行巩固。老区发展对象为贫苦知识分子、革命青年、进步中农、劳动妇女等，在入党时要严肃举行入党仪式，严格执行党章规定，履行入党手续、仪式。到 1950 年底，全县党员在 1949 年 3939 人的基础上发展到 5140 人，比 1949 年增加了 1201 人。

二、党的组织建设与整顿

1950 年 5 月 1 日，中共中央发出了《关于在全党全军开展整风运动的指示》，中共河北省第一次代表会议也做出了《关于整党整干的决议》。卢龙县委按照中共中央和河北省委的部署，在县、区、村层层开展了整党整干和整党整训运动。整党整干的目的是提高党员干部思想觉悟，改造作风，克服官僚主义、命令主义，加强群众观点，实行群众路线，实现全党团结、密切联系群众、做好各项工作。

1950 年 7 月，卢龙县委成立了整风学习委员会，开始进行了县、区级机关的整党审干。坚持"惩前毖后，治病救人"的方针，着重思想上的教育改造与提高，辅之以必要的纪律制裁。

整风开始时，县委制定了整风计划，做了动员报告，讲明整风的意义、目的和方法，指出干部思想作风中存在的问题，批评了各种不正确态度和不良倾向。从 7 月 1 日开始，用一个月时间粗读文件，一个半月时间精读文件。9 月 15 日起普遍转入对照检查阶段，采取了自上而下的检讨与自下而上提意见相结合的办法，连续进行整个检查、部门检查、个人检查，找出问题，详尽分析、判明是非，分清责任，联系到人，最后根据检查结果，分别以部门为单位制定出改进办法，做出具体工作计划，写出个人反省，移交整风机关。

卢龙县委、县政府以及县直机关的整风，从开始学习文件到结束历时三个半月。经过整党整干，在提高党员干部的思想，政策水平，改进工作，改造作风，加强团结，联系群众等各方面有了大幅度提高。各部门都制定了改进工作的计划，并做到逐步改进。

农村整党整训于 1950 年 12 月 10 日至 12 月 22 日结束。5 个区 58 个村的 227 名学员参加了整训。学员大部分都是来自老区一、二类支部，有正式党员 205 名，预备党员 16 名，入党积极分子 6 名。通过整党整训，有力改善了农村党员的作风，加强了党员的组织性与纪律性，增强了农村党员的战斗力。

三、中共卢龙县委员会

1949年10月1日后，中共卢龙县委仍实行委员、常委制，即县委委员中明确若干人任常委，其中包括县委书记、副书记，组成县委领导核心。在新中国成立后3年多的时间里，虽召开过3次党代表会议，但都未进行人事选举，只是安排部署中心工作。当时县委委员、常委、副书记、书记均由上级党委委派。1949年10月~1955年10月，先后有阎欣、张炬、刘正舟等3人任过卢龙县委书记。陈品忠任过代理书记，王永山任过县委第一书记（1955年3月改县委书记为县委第一书记）。

1949年，中共卢龙县委工作机构设组织部、宣传部和秘书室，1950年6月设纪律检查委员会。

四、中共卢龙县第一次代表会议

1950年3月26~29日，中共卢龙县第一次代表会议在卢龙县城召开，会议选举阎欣为中共卢龙县委书记。1951年3月6~9日，在卢龙县城召开了中共卢龙县第二次代表会议。两次代表会议的召开，使党的领导进一步得到加强，人民民主政权进一步得到巩固，新民主主义建国纲领进一步得到实施。

五、卢龙县纪律检查委员会

1950年6月，卢龙县成立了纪律检查委员会。纪律检查委员会在县委领导下开展工作。其职能是维护党的章程和其他党内法规，检查党的路线、方针、政策和决议的执行情况，协助县委推进全面从严治党、加强党风建设和组织协调反腐败工作；受理党员的控诉、申诉和举报，决定和撤销对党员的处分。1955年10月，中国共产党卢龙县第一次代表大会召开，选举产生了中共卢龙县监察委员会，纪律检查委员会撤销。

六、群团组织的建立

群团组织是中国共产党领导下的群众团体。抗日战争时期，卢龙县相继成立了教育抗日救国会、妇女抗日救国会、青年抗日救国会、农救会等抗日爱国组织。抗日战争胜利后，又成立了“各界联合会”等进步组织。这些组织在反帝反封建斗争中做出了重大贡献。新中国成立后，群众组织不断发展，全县共有工会、妇联、共青团、工商联等政治、经济、学术等群众团体 12 个。这些组织在各个历史时期，紧密围绕党的工作重点，卓有成效。

（一）工会组织

1945 年 5 月，卢抚昌联合县抗日联合会建立工人部，刘扶国任部长。先后在区、村农会中建立工会小组，组织雇工开展增资斗争，动员青年参军参战，当时有会员 658 人。1949 年 6 月，成立卢龙县总工会筹备委员会，主任赵清和。先后建立基层工会组织 8 个，发展会员 1976 人。

1952 年 12 月 20 日至 23 日，卢龙县第一次工会会员代表大会在卢龙县城召开。出席会议代表 48 名，代表 2486 名会员。会议总结了两年多的筹备工作，确定了工会工作方针和中心任务。选举产生了县总工会首届委员会。委员会由委员 16 人组成，张忠义为主席，周义林任副主席。当时工会组织的任务是以提高工作效率，保证完成工作计划为中心，继续开展爱国增产运动，加强保安设备，加强政治思想教育，加强组织建设工作。1953 年 9 月 30 日，县总工会更名为工会联合会。

（二）共青团组织

1948年，卢龙县境内开始建团工作，王福贵为团工干事。1949年，成立了中国新民主主义青年团卢龙县委员会，李满华为书记。在党的领导下，县共青团组织发挥了党的助手作用，为革命做出了应有贡献。1950年，广大青年踊跃报名参军，抗美援朝。1952年，千名团员参加互助组，全县以青年为骨干的互助组达140多个。至1954年4月，加入互助合作社组织的共青团员2940人，占农村团员总数的75%以上，有23名团员担任农业合作社正副主任，495名团员担任生产队长和组长，成为合作化运动中的骨干力量。1954年5月5日至10日，中国共产主义青年团卢龙县第三次代表大会召开，出席会议代表156名。会议听取和讨论了县委书记刘正舟作的政府报告，团县委关于1953年工作总结和1954年工作意见的报告，选举产生了共青团卢龙县第三届委员会，选举书记田晓峰、副书记王国平。

（三）妇联组织

卢龙县村级妇救会建立较早。1943年4月，秀各庄村首建，至1944年已发展为55个。1944年7月26日，联合县委于八家寨召开区以上干部会议，宣布抗日救国联合会成立，简称抗联，下设妇救会等组织，自此县妇救会成立，由肖军任主任。至1945年6月，全县有208村建立妇救会。从事县妇救会的干部还有王铁、李希光、高育民、李平星、吴玉琴、高瑞敏、沈平来等。妇救会的主要职责：一是积极宣传抗日救国道理，争取上层人物共同抗日；二是组织动员妇女抗日，使全县妇女主动加入抗日救国当中来。在这些广大妇女当中，涌现了许多坚贞不屈，为革命做出了突出贡献的典型人物。例如东吴庄“革命妈妈”刘月英、“民兵母亲”郭李氏等；三是动员妇女全力支前，也是妇救会的重要任务之一。妇救会在组织发动广大妇女支援前线、救护伤员、送子参军等工作方面发挥了积极作用。仅在解放战争期间，全县1800多名妇女做军衣17161件、军鞋115144双、军袜31970双。燕窝庄村支前工作出色，两次获军区奖旗表扬。

1945年8月，县妇女联合会成立，主任为李平星。1952年初，卢龙县第一次妇女代表大会召开，有代表300余人，选举执行委员25人、常委5人，陈克为主任。

全县广大劳动妇女，在妇联的领导下，不但自身得到解放，而且觉悟大大提高。特别是通过贯彻《婚姻法》，使广大妇女从封建婚姻的囚笼里解救出来，投身到农业生产等党的各项事业中来，同时也成了一支参加社会主义事业建设不可忽视的社会力量。

第二节　人民民主政权建设

一、卢龙县政府的成立

1945年9月日本投降以后，卢龙县从卢抚昌联合县中分离出来，恢复单县制。卢龙县政府随之单独成立，县长为于步之。当时境内国民党猖獗，国民党盘踞卢龙县城。卢龙县政府无驻地，先后迁回县城、马家洼、郑庄诸地，政权机构很不巩固。1949年1月卢龙县政府复入县城，马子良接任县长。1951年12月30日，卢龙县第三次各界人民代表会议召开，选出政府委员会，县长为姜立川。

1951年，卢龙县政府机构设置有秘书、民政、教育、财政4科，公安、粮食、工商等局，县供销社和财政贸易委员会。至1953年，先后增设建设、卫生、水利、统计4科，税务局和经济委员会、手工业联合社。

1949 年 10 月，卢龙县设 9 个区，建区公所，为区级行政单位。区公所设正副区长，下设公安、教育、粮秣 3 个股和农会、妇联等团体。

二、各界人民代表会议

中国人民政治协商会议制定的《共同纲领》指出，人民行使国家政权的机关为各级人民代表大会和各级人民政府。在地方人民代表大会召开之前，由地方各界人民代表会议代行人民代表大会职权。1949 年 9 月，中共中央要求各省、市、县务于 9 月召开各界人民代表会议。10 月 26 日，《人民日报》发表中共中央华北局《建立村、区、县三级人民代表大会或各界人民代表会议的决定》，要求“不论老解放区或新解放区”，一律于今冬明春普遍建立村、区、县三级人民代表大会或各界人民代表会议。中共河北省委同时作出了关于具体执行华北局安排部署的指示。

1949 年 11 月 11 日至 14 日，卢龙县首次各界人民代表会议在县城召开。参加这次会议的代表总共 184 人，代表成分有党、政、团、军队、妇女、工商界、学生、军属、荣军人士、开明人士、劳模、农民等。他们来自各区、村，代表不同阶层的人民，充分体现了会议的民主性。会议听取了“关于召开各届人民代表会议重要意义的报告”“关于秋征工作的报告”“关于布置新区土改和结束老区土改开展冬季生产的结论报告”。会议选举姜立川为县长，组成了县政府领导班子。

1950 年 2 月 25 日至 30 日，卢龙县第二次各界人民代表会议在县城举行。这次会议出席代表 234 人，主席团主席为阎欣，副主席为姜立川。会议讨论并通过了“1950 年农业生产计划”，成立了

“中苏友好协会卢龙县支会”，选举李光华（县委副书记）为会长，姜立川、阎石、梁臣、李满华为副会长。

1951 年 12 月 30 日至 1951 年 1 月 3 日，卢龙县第三次各界人民代表会议召开。出席代表 282 人，会议历时 5 天，选举产生常务委员会。张炬、姜立川任主席团主席，李秀峰、梁臣、韩永昌任副主席，设办事机构，有专职干部一人。选举产生县第三届各届人民代表会议常务委员会，选举 1 名主任、4 名副主任、18 名委员。选出由县长姜立川和副县长王永山、冯恩培、苏成等 21 名政府委员组成政府委员会。

三、司法组织的建立

卢龙县的司法机关始建于 1943 年，以公安为首。新中国成立后，党中央十分重视司法工作。1950 年，中央政务院为了加强人民司法工作的建设，下达了加强司法工作建设的指示，要求各级人民政府必须切实地领导和加强这一工作，并采取必要办法，使人民司法制度在全国范围内系统地、逐步地建立和健全起来。

（一）公安局

1943 年，迁卢抚昌联合县设公安科。1945 年 11 月 12 日，冀察热辽行署发出命令，县公安科改建为公安局。1949 年，卢龙县公安局由农村迁入县城。当年设蛤泊、燕河营、双望、城关、石门、安山派出所。至此，卢龙县公安组织得到进一步加强，在清剿顽匪、镇压反革命、取缔反动会道门、打击刑事犯罪、维护社会治安等方面发挥了重要作用。

（二）法院

1946 年 8 月，卢龙县政府成立了司法处，负责刑事、民事案件的审理。1950年8月8日，司法处撤销，改建卢龙县人民法院。院长由县长姜立川兼任。1952年，法院开始独立办案，并配齐了院长、副院长、审判长、调解员、勘验员、接待员、书记员、法警等，审判工作纳入了正规化、法制化的轨道。

（三）检察院

1952年10月，卢龙县建立人民检察署，由公安局长兼任检察官，由公安机关代行职能。1955年3月，改检察署为检察院，设专职办案人员，检察职能从公安机关分离出来，开始独立办案。

第三节 剿匪、镇反和取缔反动会道门

一、剿匪

解放初期，正值新政权初建时期，国民党残余势力不甘心灭亡，或穴居为匪，或隐藏作恶，继续与人民为敌，严重威胁着全县经济恢复和人民生命财产安全。有的残匪还持有武器，散布在县境各个角落，打死打伤革命干部和群众，激起人民群众极大愤慨。

为了适时打击匪特的猖獗活动，保卫人民生命财产和进一步稳定社会秩序，使经济恢复工作得以健康顺利开展，卢龙县委县政府组成剿匪委员会，同时抽调了大批干部和武装力量，深入乡村，开展群众性肃匪、防奸、防特教育，形成了群众性锄奸、防匪高潮，同时在农村建立了锄奸、防匪民兵联防组织，让敌人无立足之地。

1950年1月，卢龙县歼灭李希顺股匪3人。7月，歼灭股匪徐斌一伙，捕获11人，缴获长短枪5支、战刀1把、子弹500发。1952年7月28日，“伙会”（地主反动武装）头目、反革命杀人犯

魏树仁被依法处决。魏树仁，1931年曾任伪昌黎县二区自卫队大队长、警察局长。1946年5月，组织“伙会”160多人，任联队长。1932~1947年间，魏树仁亲手或指使“伙会”杀害村干部和革命群众11人，抢劫财物若干。全国解放后，魏树仁藏匿起来，1952年被抓获归案。至此，境内股匪全部被肃清，共逮捕25人，判刑9人，处决9人。

二、镇压反革命

1950年，随着朝鲜战争的爆发，卢龙县境内的反动组织、反革命分子蠢蠢欲动，明目张胆地进行反革命活动，反动气焰十分嚣张。有的反革命分子和匪特，公开出头露面，散布谣言，张贴反动标语，制造恐怖气氛，散布谣言，扰乱人心。有的反革命匪特，明火抢劫，纵火烧毁公共财产和农民粮草，反动地富分子甚至反攻倒算，企图夺回农民胜利果实。一些反革命组织秘密串联，企图组织武装暴乱。

为了有效镇压反革命活动，保卫人民胜利果实，巩固人民民主政权，维护国家秩序，中共卢龙县委、县政府根据省地委指示，召开县、区两级干部扩大会议，传达地委镇反工作会议精神，部署镇反工作。坚持认真贯彻执行党的“镇压与宽大相结合”的方针，对罪大恶极的敌特分子坚决予以打击。坚持“首恶必办，胁从不问，立功者奖”的十二字方针，号召广大群众检举揭发反革命分子的罪行，沉重打击敌人。全县七个区，确定五、七区为敌特分子重点活动区域。1951年2月开始进行镇压反革命行动。3月4日逮捕17名，3月19日逮捕126名，4月又零散地逮捕19名，共计162名。另外，从外地及城市捕来99名。从1952年镇反以来，卢龙县还先后破获了“蓝旗军”“社会主义同盟会”“民主党中部委员会”等反革命组织多起，对首要分子和罪恶很大的反革命分子，均依法从严从快捕判。

三、取缔反动会道门

反动会道门是带有宗教和封建迷信色彩的民间组织。1930 年代开始逐渐兴起，具有反动性质。他们有的内外勾结，充当帝国主义侵略者的帮凶；有的投靠国民党反动政府，搜集我党军事情报，迫害暗杀革命民主人士；有的借道门之力搜刮钱财，传播封建迷信，制造异端邪说。人民民主政权建立后，反动会道门活动由公开转入地下。新中国成立初期，卢龙县反动会道门组织主要有一贯道、大佛教、普济教、先天道、后天道、迷迷教、九宫道、道德学社、天主教里的反动圣母军、白洋教、黄洋道、佛会、一善堂、孔圣教、白洋教、万国道德会、金顶龙华教等。

新中国成立后，反动会道门继续与人民政府对抗，以开店铺、走乡串户做小买卖为掩护，继续从事破坏活动。1950 年 6 月，朝鲜战争爆发，反动会道门认为时机已到，活动更为猖獗，并扩大反动组织，利用一些落后群众迷信鬼神的弱点和缺乏医药的困难条件进行活动，争取、联合被斗争过的地主、富农，进行反革命活动。

中国共产党各级组织和人民政府为了保障人民利益，维护社会秩序，挽救受骗群众，对反动的一贯道、大佛教及其他反动会道门，采取了坚决取缔的政策。1949 年 1 月，华北人民政府发布“解散所有会门、道门封建迷信组织的布告”，告诫所有会道门组织一律解散，不得再搞任何活动。同时要求各级搞好宣传教育活动，使广大人民群众认清反动会道门的性质，采取抵制措施。1950 年，中共中央在“镇反”指示中明确了有关政策。之后，中央人民政府在《中华人民共和国惩治反革命条例》中规定了对反动会道门的惩处办法。

1951 年，卢龙县公安局开始登记和取缔反动会道门工作，至

1965年结束。全县先后取缔一贯道、大佛教、普济教等11种反动道会门。这些反动道会门分布37乡573个村庄，共有道首574人，道徒2591人。其中一贯道701人，黄洋道19人，先天道42人，后天道96人，迷迷教429人，佛会220人，九宫道109人。这些以会道门为掩护的反革命组织，利用部分群众的迷信心理，制造和传播妖言魔语诈骗钱财，坑害群众，进行各种犯罪活动。有些道首及骨干分子，散布变天思想，称王称帝，妄图改朝换代，颠覆人民政权。在取缔反动道会门中，对罪大恶极的道首及骨干分子依法进行了处理。在党的政策感召下，在广大群众积极揭发检举下，不少道首、道徒向人民政府坦白了罪行，交代了反动组织，交出了道具、佛像、反动证件等。由于反动会道门组织被摧垮，反动气焰被压下去，社会治安也得到有效稳定，广大群众无不拍手称快。

第四节 抗美援朝运动

1950年6月25日，朝鲜战争爆发。10月25日，中国人民志愿军应朝鲜政府请求赴朝，与朝鲜人民军并肩作战，抗美援朝战争全面展开。1950年10月26日，中国人民保卫世界和平反对美国侵略委员会成立，负责领导全国人民的抗美援朝运动。按照中共中央会议指示精神及部署，中共卢龙县委在中共河北省委、中共唐山地委的领导下，领导全县人民开展了历时三年的以宣传动员、参军参战、捐献支前、订立爱国公约为主题的轰轰烈烈的抗美援朝运动。

一、全民动员，踊跃开展抗美援朝

抗美援朝运动开展以后，卢龙县人民迅速行动起来，积极响应党中央和毛泽东主席“抗美援朝，保家卫国”的号召，踊跃投身到抗美援朝运动中来。为了加强对抗美援朝运动的领导，卢龙县成立了抗美援朝委员会，加强对抗美援朝运动的领导。在中共卢龙县委的领导下，全县城乡广大人民群众纷纷集会和游行，以签名、声讨等方式抗议美帝国主义的侵略行径，支援朝鲜人民的正义斗争。1951年4月下旬，卢龙县160207名干部群众参加了抗美援朝保卫世界和平签名运动，签名人数占全县人口的66%。5月1日，全县掀起了声势浩大的游行活动，声讨美帝国主义的侵略行为，支援朝鲜人民的抗美斗争。全县分83片进行游行声讨，村村设站，有12万余人参加抗美援朝示威活动。

二、动员青年踊跃参军，投身抗美援朝第一线

朝鲜战争打响后，卢龙县许多工人、农民和学生纷纷要求参军参战，用实际行动响应毛主席“抗美援朝，保家卫国”的伟大号召。中共卢龙县委、县政府因势利导，根据上级要求，认真部署落实征兵工作。在这一过程中，出现了许许多多父母送子、妻送郎、叔送侄、姐送弟、青年志愿参军的感人事迹。1951年，全县征兵任务440名，报名青年897名。经过层层选拔，有660名青年参加了中国人民志愿军。

在朝鲜战场上，卢龙籍志愿军战士不怕牺牲，出生入死，奋勇杀敌，涌现了很多可歌可泣的战斗英雄。卢龙籍志愿军战士孙庆昌，1949年1月入伍，1951年在朝鲜一次战斗中因腿部受伤回国内佳木斯休养。伤愈后又主动向组织要求于1953年二次赴朝鲜参加战斗，被分配到步兵第599团高射机枪连。1953年7月14日，在朝鲜金城川战斗中，孙庆昌为了掩护大部队转移，与战友李根潮一起在椅子圈儿高地用高射机枪击落美喷气式飞机一架，荣立三等功。

三、搞好拥军优抚工作

为激励志愿军战士英勇作战，免除他们的后顾之忧，卢龙县委组织开展了一系列拥军优属工作。各级党委多次举办“志愿军战士报告会”“饮水思源座谈会”，引导广大干部群众开“关心最可爱的人，奉献最可爱的人”活动，以实际行动帮助烈军属解决生产、生活中的困难。同时，各级党委采取安置荣复军人就业、帮助烈军属子女就学、代耕烈军属土地等措施，为烈军属和荣复军人排忧解难。1951 年，全县共有烈军家属 5034 户，享受代耕 3289 户，自耕土地 48284 亩，代耕土地 35963 亩。

1952 年八一建军节，全县有 398 个村，给烈军属压绿肥 239 万千克。三区 39 个村，参加“优属日”3756 人，给烈军属打荆棵 49. 5 万千克。此外，各级党组织和社会团体还进行了大量的走访、慰问、拜年、联欢活动，以各种方式向烈军属奉献爱心。通过拥军优属活动，在社会上引起强烈反响，许多军属给前方的儿女写信通报党、政府及乡亲们的关怀，更增强了志愿军战士在前线奋勇杀敌的决心。

四、开展抗美援朝捐款活动

1951 年 6 月 9 日，中共卢龙县委做出了“关于抗美援朝捐献‘卢龙号’飞机用款的决定”。广大干部带头捐献。二区东胡庄村支书全家共捐献 35. 5 万元（旧币），本人捐献 8 万元，当教员的儿子捐献 8 万元，一个在城里脱产的儿子捐献 12. 5 万元，家里人还捐献了 7 万元。廖各庄妇女主任新从东北回来，尽管家庭生活困难，也献了万元。三区柴哨村支书捐献 6 万元，村长捐献 7 万元，组委捐献 7 万元。经过他们的带头，三天中全村就捐献了 170 万元。五区邸各庄村邸老大爷在捐献会上说：我先捐献 6 万元，土改我翻了身，现在生活富裕多了捐献给抗美援朝没啥！四区严山头村严常有将准备给雇工的 7 万元全部捐献出来。截至 7 月 4 日，全县共捐款 15.7 亿元。其中，工人捐献 0.2 亿元，农民捐献 6.5 亿元，工商界捐献 2.4 亿元，妇女界捐献 5.5 亿元，文教界捐献 0.5 亿元。

五、增产节约运动

增产节约运动是新中国成立初期为配合全国抗美援朝运动开展的一次全民性运动。1951 年，毛泽东在全国政协一届三次全会上发出了“增加生产，厉行节约”的号召。11 月，中共河北省委、河北省人民政府根据毛泽东的号召印发了《关于贯彻增加生产厉行节约的决议》。同时，河北省党代会要求，必须把这一中心任务贯彻到各项工作中，增加生产、积累财富，同时厉行节约、反对贪污、反对浪费，以支援中国人民志愿军。

1951 年 12 月 30 日至 1952 年 1 月 3 日，卢龙县各界人民代表会议召开，与会代表 282 名，会议通过了“继续开展抗美援朝爱国增产运动和普遍开展群众性的厉行节约、反对贪污浪费，反对官僚主义运动”的决议。此后，代表们提出在全县开展节约“一把米运动”，提出了“一天省一把，一年买匹马”的口号。全党在全县范围内开展反贪污浪费，厉行节约，精打细算，节约办公开支，加强对全党全县人民增产节约奖励储蓄的教育。同时，加强领导，大力开展农村副业和爱国丰产运动。积极领导广大农民群众组织起来，扩大再生产，提高单位面积产量和总产量，创造新的生产水平，加强计划性，配合工业生产，适应国家经济建设需要，把农业生产推向新的发展阶段。兴修水利，打井开渠，防治水患，防旱防涝。防治病虫害，提高农业技术，合理施肥，动员号召全体党员行动起来，以自己的模范行动带动群众，开展轰轰烈烈的爱国增产运动。

全县 1 个农场，4 个农业生产合作社，7567 个短期互助组，18540 个军干农户，都紧张地开展爱国增产运动。通过爱国增产竞赛运动，赢得了全县庄稼的好收成。

全县各工厂企业组织干部职工进行讨论，做出增产计划，改善经营管理，发挥干部工人的智慧，开动脑筋、挖潜力、找窍门、保护机器，改善操作方法。在厉行节约方面，精简机构，提高工作效率，机关兴建项目，能缓则缓，能停则停，取得了很好效果。

1952 年 10 月 5 日，中共卢龙县委召开全县劳模大会，总结了爱国增产竞赛运动的经验，选出了出席省劳模大会的合作社模范、互助组模范、军属模范、农田水利模范、高额丰产模范。

第五节　“三反”“五反”运动

“三反”“五反”运动是 1951 年底到 1952 年 10 月，中华人民共和国在党政机关工作人员中开展的“反贪污、反浪费、反官僚主义”和在私营工商业者中开展的“反行贿、反偷税漏税、反盗骗国家财产、反偷工减料、反盗窃国家经济情报”的斗争的统称。

新中国成立初期，党内一些干部经不住资产阶级糖衣炮弹的攻击，逐步出现了腐化、堕落现象。有些干部开始贪污、浪费、受贿、滥用职权等，官僚主义作风严重，给国家和人民造成了严重的损失，在人民群众中也影响极坏。刘青山、张子善事件给全党敲响了警钟。中共中央和中央人民政府为了迅速恢复国民经济，出台了一系列政策，采取了许多政治经济措施，促进了工商业的迅猛发展。然而，在经济发展的同时，却让一些不法资本家感到了有机可乘。他们为了获得更大的经济利益，以采取行贿、偷税漏税、盗骗国家财产、偷工减料、盗窃国家经济情报等不法手段，获得高额利润。中共中央审时度势，果断重拳出击，决定在党、政、军机关和人民团体内开展一场“反对贪污、反对浪费、反对官僚主义”的“三反”运动，在私营工商业者中开展“反对行贿、反对偷税漏税、反对盗骗国家财产、反对偷工减料、反对盗窃国家经济情报”的“五反”运动。根据中共中央和上级指示精神，1951年12月下旬，卢龙县委、县政府率先在党政机关中开展了反贪污、反浪费、反官僚主义的“三反”运动。1952年2月，县工商业开展了“反对行贿、反对偷税漏税、反对盗骗国家财产、反对偷工减料、反对盗窃国家经济情报”的“五反”运动，收到了很好的效果。

一、“三反”运动

新中国成立初期，在资产阶级的腐蚀和影响下，政府机关里的贪污、浪费、官僚主义现象严重滋长，有的干部堕落变质。在1951年10月开始的增产节约运动中，揭发出大量的贪污浪费现象。12月1日，中共中央做出《关于实行精兵简政、增产节约、反对贪污、反对浪费和反对官僚主义的决定》，把反贪污、反浪费、反官僚主义作为贯彻精兵简政、增产节约这一中心任务的重大措施，要求普遍地检查贪污、浪费和官僚主义问题。12月8日，中共中央又发出《关于反贪污斗争必须大张旗鼓地去进行的指示》。此后，一个全国规模的“三反”运动普遍地开展起来。

卢龙县的反贪污、反浪费、反官僚主义的“三反”运动是在1951年12月从党政领导机关率先开始的。经过宣传发动、揭发检举，发现县、区两级36名领导干部存在贪污问题，贪污款15688500元（旧币）。1952年1月中旬，县委、县政府8名领导带头检查了贪污、浪费和官僚主义问题。

1951年1月，在县级领导机关“三反”运动开展以后，县直各单位“三反”运动全面铺开，18个县直单位，596名县直机关干部参加了运动。其中党员245名，团员23名。6月底结束。1952年2月，区级“三反”运动展开，11月底结束。1952年12月1日，卢龙县农村大队结合整党，历时一个月，全面开展了自上而下全面覆盖的“三反”运动。

“三反”运动开展以后，首先学习文件，对照检查，然后揭发检举，围剿大小“老虎”。用3个月的时间追赃定案、处理问题。整个运动将近6个月的时间。

经过半年时间的学习揭发、审查定案、干部鉴定三个阶段，发现全县有193名干部存有贪污问题，其中贪污百万元以下的126名，百万元以上千万元以下的58名，千万元以上五千万以下的9名。其中党员89名，团员14名，贪污数额322512252元（均指旧币）。对193名有贪污行为的干部，县委和有关部门全部依法进行了处理。

1952年12月21~23日，卢龙县委为了巩固“三反”运动的成果，进一步加强干部队伍的建设，召开县直机关党代表会议，与会代表38名，列席代表13名。会议听取了县委关于“三反”运动的总结报告，讨论通过了《关于七项新制度的规定》（党内民主制度、干部管理制度、日常工作制度、干部学习制度、日常生活制度、机关财务制度、机关保密制度），作出了《继续巩固“三反”成果，加强干部思想教育，密切党群关系，切实执行新规定，积极领导合作互助，搞好各项生产的决议》。

二、“五反”运动

在“三反”运动中，暴露出大量的贪污盗窃行为与社会上不法资本家的行贿、偷税漏税、盗骗国家财产、偷工减料、盗窃国家经济情报的“五毒”行为密切相连，要彻底铲除“三害”，就必须反掉“五毒”。为此，1952年1月26日，中共中央发出了毛泽东起草的《关于在城市中限期展开大规模的坚决彻底的“五反”斗争的指示》，向全党进一步说明：“在全国一切城市，首先在大城市和中等城市中，依靠工人阶级，团结守法的资产阶级及其他市民，向着违法的资产阶级开展一个大规模的坚决的彻底的反对行贿、反对偷税漏税、反对盗骗国家财产、反对偷工减料和反对盗窃经济情报的斗争，以配合党政军民内部的反对贪污、反对浪费、反对官僚主义的斗争，现在是极为必要和极为适时的。”中央要求，向违法资本家开展一场大规模的“五反”运动。2月上旬，“五反”运动从各大城市开始，很快在全国大张旗鼓地开展起来。

为了积极响应中央号召，1952年6月，中共卢龙县委在开展“三反”运动的同时，领导卢龙县工商业开展了反行贿受贿、反偷税漏税、反盗骗国家财产、反偷工减料、反盗窃国家经济情报的“五反”运动，至9月底结束。

卢龙工商界由于长期遭受日伪和国民党政府苛捐杂税的压榨和官吏的盘剥，工商业几近凋零。1936年，商业企业292个，县城商业企业占113个，其他集镇商业企业179个。到了解放前夕，大多数处于奄奄一息的状态。新中国建立初期全国财经状况一度紧张，政府通过实行加工订货、收购产品和银行贷款等办法帮助资本家渡过难关，这就使资本家获得了前所未有的利润。1950年，人民银行重点发放贷款，粮食部门委托粮商代售征粮，税务部门废除假定分数，采取新的征税办法，私营企业开业增多。1951年，全县增加坐商195户，摊贩457户。至1955年，私营商业户发展为920个，从业993人。党和政府不仅帮助民族资本家恢复和发展工商业，还给了他们较高的政治地位，在各级人民代表会议和人民政府中都有他们的代表。但是一些非法资本家利用加工订货机会，进行行贿、偷工减料、偷税漏税，盗取国家财产、盗窃国家经济情况，并试图拉拢腐蚀干部，骗取不应有的高额利润。

1952 年 2 月，卢龙县由县委统战部、县工商科、县税务局、城关区委会、城乡税务所等有关部门联合组成了节约检查委员会，具体领导“五反”工作。同时，由专区、县、区联合组织了工作队，查处不法资本家的“五毒”行为。“五反”运动经过普遍发动、限期坦白、结合检举、重点检查等阶段，节约检查委员会在工商界普遍深入地贯彻了“坦白从宽，抗拒从严”“过去从宽，今后从严”“工业从宽，商业从严”的政策，并通过工商联组织，对工商业者进行正面教育。广大工人也在党的领导下积极投入了“五反”运动，揭露“五毒”行为，检举不法资本家。此外，还号召农民和各界爱国民主人士大胆揭发和检举奸商的“五毒”行为。卢龙县节约检查委员会组织召开工商业者及群众参加反行贿、反偷税、反诈骗国家财产的坦白检查检举大会。对拒不坦白的不法奸商当场逮捕，对坦白较彻底的商人给予宽大处理。

“五反”运动，不仅打退了资产阶级进攻，同时也使一般工商业户受到了深刻教育。工人阶级同时也得到了锻炼，在社会经济活动中的领导作用得到加强，对私营工商业者实行了严格监督，只准他们在国营经济的领导下，按照党和国家的政策进行正常经营。

“五反”运动唤起了工人阶级的觉悟，打退了资产阶级用“五毒”行为向国家机关和工人阶级的猖狂进攻，健全了工人阶级在企业的监督机制，很多资本家因此丧失了或基本丧失了控制企业的权力。从某种意义上说，“五反”运动是改造资本主义工商业和改造资产阶级分子的重要步骤。

第二章 贯彻过渡时期总路线

新中国成立后到1952年底，国民经济恢复任务已基本完成，根据毛泽东的建议，党中央从中国的实际情况出发，提出了党在过渡时期总路线，作为过渡时期各项工作的指南。1953年9月25日，《人民日报》发表的庆祝国庆四周年的口号中，正式公布了这条总路线，即“从中华人民共和国的成立，到社会主义改造基本完成，这是一个过渡时期”。

总路线内容是：要在一个相当长的历史时期内，基本上实现国家工业化和对农业、手工业、资本主义工商业的社会主义改造。这是国民经济发展的基本要求，又是实现三大改造的物质基础，而实现对农业、手工业和资本主义工商业社会主义改造又是实现国家工业化的必要条件。两者互相依赖、相辅相成。社会主义建设和生产资料所有制的社会主义改造同时并举，是这条总路线的基本特点。两者的同时并举保证了新民主主义向社会主义的顺利过渡。过渡时期总路线的实质是解决所有制问题。一方面是社会主义公有制的扩大，另一方面是把个体小私有制改造成为社会主义集体所有制，把资本主义私有制改造成为社会主义全民所有制。

卢龙县在新民主主义向社会主义过渡时期，认真贯彻党在过渡时期的总路线，努力完成过渡时期的总任务，积极开展社会主义三大改造，逐步建立社会主义公有制，积极稳妥地推进“一五”计划，发展工农业生产，为实现社会主义工业化努力奋斗。

第一节 社会主义改造

中共卢龙县委认真贯彻执行党在过渡时期的总路线，领导全县对农业、手工业和资本主义工商业的社会主义改造，实现了从新民主主义向社会主义的历史转变。到1956年，“三大改造”顺利完成，社会主义制度基本建立。

一、对农业的社会主义改造

（一）建立农业互助组

1951年2月，中共唐山地委下发了《关于1951年大力开展劳动合作互助运动的指示》，唐山专署拟定《1951年春季农业生产计划纲要》。中共卢龙县委、县政府根据唐山地委指示和唐山专署安排，在农村有组织、有计划地广泛发展临时的、短期的、较长期的互助组织。1951年3月，在中国共产党卢龙县第二次代表会议上，县委书记张炬在1951年工作任务的报告中，把以发展农业生产为中心，搞好农业合作互助工作做了重点部署。至1951年秋，全县农村建立互助组2249个，入组农户7503户，占总农户的15.1%。至1952年，共建立互助组7567个，其中长期互助组2290个，为农业生产互助合作运动打开了局面。

（二）初级农业生产合作社的发展和整顿

互助组的建立和发展，虽然解决了农民生产中的一些困难，提高了发展农业生产的积极性，但由于只是在生产过程中的劳动互助，土地仍然是个人所有，分散经营，影响集体生产，亦不能适应国家计划的需要，限制着土地潜力的发挥。尤其是在农忙时，有的农户只顾自己地里农活，影响集体生产，造成组内部不团结。同时，由于个体经营，不能与国家计划相结合，不能充分推行高产作物，对进一步提高产量有一定阻碍。所有这些因素，都是互助组形式本身暴露出来的缺陷和亟待解决的问题。

1951 年 12 月 16 日，党中央发出《关于发展农业生产合作社的决议（草案）》。草案中指出："使农业能够由落后的小规模生产的个体经济变为先进的、大规模的生产合作社经济，以便逐步克服工业和农业这两个经济部门发展不相适应的矛盾，并使农民逐步完全摆脱贫困状况而取得共同富裕和普遍繁荣的生活。"就是将社会主义萌芽的短期劳动互助组和有分工分业的常年互助组引导到统一经营的半社会主义性质的初级社，在这个基础上逐步发展为社会主义性质的高级社，而实现农业社会主义的改造任务。

1952 年，卢龙县委在搞好互助组的基础上，开始重点培养基础较好的长年互助组转为初级农业生产合作社。最终确定了西吴庄为县内第一个初级农业生产合作社试点。初级农业生产合作社实行劳力、土地入社，劳动评工记分，地劳按比例（地六劳四，有的为地劳各半）分红。其优越性是做到因地制宜的有计划种植，其次是社里可按每个社员的特长和生产工作需要派工和合理地分工合作，充分调动了群众的劳动积极性。这个社经营的 317 亩地，仅用 19 天就全部完成春耕，并实行了深耕细作。同时还将剩余的劳力用于副业生产，增加了农民收入。到年底，全县有初级社 13 个，入社农户 127 户、572 人。

1954 年 1 月，卢龙县委继续大力发展互助合作化运动，要求在党团员积极带动下，全县 80%的男女劳力组织起来。男的占总劳力的 90%以上，女的占总劳力 70%以上。其中，长期互助组要达到 5000 个，短期达到 2272 个。计划建立农业生产合作社 60~100 个。

其中，山区要试办10个农、林、牧生产合作社。为达到此计划，县委对各区下达了具体要求：四、五、七区要求组织起来的劳力占总劳力85%，男的占总劳力95%，女的占总劳力75%；二、三区要求组织起来的劳力占总劳力75%，男的占总劳力85%，女的占总劳力65%；一、六区要求组织起来的劳力占总劳力80%，男的占总劳力90%，女的占总劳力70%。

农业生产合作社分为两期发展。第一期春耕前争取发展到60个，一区1~2个，二区3~5个，三区4~6个，四区3~5个，五区10~13个，六区3~5个，七区7~8个。为完成这一目标，注意切实加强对薄弱区、村的领导，克服互助组的形式主义，推进合作化互助运动。充分利用和改造旧有互助形式大力发展妇女参加互助，投入生产。特别要求妇女党员以身作则。1953年，全县要求在原有68个互助组的基础上发展与提高到450个组，并要求每个农业生产合作社和较好的长期互助组中必须首先建立托儿互助组。对于农业生产合作社较多的区，一面要有计划地建立新社，一方面要整顿、巩固、提高旧社，健全社内民主制度，改进分红办法，制定与修改社章，加强社内的农业生产长期建设，以便使旧社逐渐巩固扩大。同时，加强宣传教育工作，使广大群众思想上认识到互助合作是农村今后发展的必然方向。在县委领导和全党干部共同努力下，群众入社的积极性进一步提高。1953年，全县又发展初级社22个，入社农户达到467户，2107人。

1954年，中共卢龙县委成立了“互助合作办公室”，贯彻党的“积极领导，稳步前进”的方针。县委举办了互助合作训练班，1000多名区乡干部和350多名群众参加了训练，成为办社骨干。同时，采取老社带新社的办法，广泛地发动老社员做宣传普及工作，消除群众的思想顾虑，到年底，全县共有初级社374个，5437户，

24460人。

1955年2月28日，县委召开第一次互助合作会议，总结了办社经验，使农业合作运动又向前推进了一步。在山区和半山区出现了与林业相结合的农业生产合作社，入社办法是大山以土质好坏统一经营，果树按树龄大小、种类及需要多少和常年产量作价入社。入社后，果农的生产情绪提高。1955年8月7日，中共卢龙县委召开了互助合作代表大会，总结了办社经验。同年10月，在全县范围内掀起了一次农业合作化运动的高潮。

合作社的整顿提高。在合作社的发展过程中，由于发展较快，也出现了一些新的问题。有的农业社不重视党支部建设，有的办社方向不明确，重副轻农，有的经营管理不当，劳动力支配不合理。有的地方为了完成上级任务出现了贪多、贪大、急躁冒进以及强迫命令、违反自愿互利原则。有的农业社干部在工作中不同群众商量，不听群众意见，甚至独断专行，极大伤害了入社农民的积极性。

针对建社中出现的种种问题，中共卢龙县委两次开展了整顿、巩固全县农业生产合作社工作。1955年1月1日，中共卢龙县委下发了《关于整社团结与进一步整顿农业社的工作意见》。全县共抽出县、区干部77人，于1月6~8日进行了学习，9~10日分16个片区召开了乡村新老社干部会议，到会1300多人，全面贯彻了整社工作，会后，县区工作组根据县委提出的“先难后易，先大后小”的整社精神，选抽出250多名乡社干部分别深入35个整社重点，全面推动整社工作。截至18日，初步整顿大社9个、中社36个、小社237个，共282个，推动了生产，解决了存在的问题。根据河北省委指示精神，按“有利生产，有利团结，公平合理，互不吃亏”的原则，妥善处理了转组和解散社员的财产问题，没有留下任何后遗症，较好地完成了这次规模较大的整社工作。这次整社工作距离县委春节前计划制定的328个整社目标尚差126个。在整社的同时，全县工作组还开展了以一、二类社为主体的爱国增产竞赛运动，掀起了除虫、锄地、积肥等各种生产热潮。

1955年12月7日，中共卢龙县委遵照中共中央“书记动手，全党办社”的指示和地委指示精神，又一次下发“关于整顿巩固农业社的紧急指示”，指导我县整社工作，要求在12月底前基本完成整社工作。适时正值粮食入库进入紧张阶段，时间紧、任务重。县委成立了整社办公室，各区委、区办公室确定专人负责生产整社工作，并要协调抽调区指导员、乡总支书、村分支书、有办社经验有威信的老社长组成整社小组，每乡平均5人在乡进行整顿。对粮食工作仍由乡长、村主任和乡村财粮负责。总之，各项工作要密切结合，不能出现顾此失彼现象。由于时间短，具体整顿本着关键性的问题，以整顿二、三类社为主，以解决社内障碍生产多的问题为重点。经过整顿，到年底，全县共建初级农业合作社1188个，入社农户53916户，占总农户的75%，共有242422人，使卢龙县的农业互助合作运动始终保持着健康而有序的发展势头。通过整顿、巩固与发展，不但教育了农民，也培养了工作骨干，为发展农业生产并逐步实现全县农业合作化创造了有利条件。

（三）高级农业生产合作社的快速发展

1955年12月，随着大办农业合作社高潮的兴起，唐山专区开始出现联村、联乡高级农业生产合作社的模式。在这一背景下，卢龙县也迅即转向并社升级、大办高级农业生产合作社。县委根据地委四级干部会议精神，决定试办两个高级社的工作已酝酿成熟，还有三个初级农业社闻风而动，正自发酝酿。县委认为，卢龙县已经具备了举办高级社的条件：一、社内有坚强的党的领导，已树立贫农领导优势，社干公道能干，社员有较高的政治觉悟，已认识到提高生产必须辛勤劳动的道理，为转向高级社打下政治思想基础；二、逐年增产，社员生活有了保证，并有显著改善；三、牲畜农具等都属社集体所有，并能在现有基础上有条件发展多种经济，增加生产内容，为强、弱、老、少、孤、寡、残等不同劳力都得以合理支配；四、已有较多的公共积累，对丧失劳动能力、生活困难的人群有能力照顾。基于以上条件，对全县各区建社早、基础强、办得好、又巩固的社做了分析，决定在全县试办 11 个高级农业社，做到区区有旗帜。由于工作复杂而艰巨，县委几名主要领导分区负责，深入到社，具体发动，坚决搞好高级农业社入社工作。由于初办高级农业社缺乏经验，县委书记王永山下乡，以城关区赵弓庄王金章社为重点开展工作。从党内到党外，从干部到群众，进行思想发动工作，总结经验进行推广。当年，赵弓庄先锋社首先转入高级农业合作社，土地集体所有，取消土地分红，劳力由社支配，统一核算，统一分配。实行“三包一奖”和“四固定”，即包工、包产、包投资、超产奖励、固定土地、劳力、牲畜、农具。平时劳动实行小包工，定额记工、评工记分，对鳏寡孤独和无劳动能力的社员，实行“五保”（吃、穿、住、治、教）。

1956 年 1 月 23 日，中共卢龙县委又下发了关于木井区高各庄乡总支积极动员未入社的老中农户入高级社的通报。介绍了高各庄总支委员会动员群众入社的经验。高各庄乡全乡入高级社农户 947 户，占全乡总农户 1039 户的 93.7%。

1956 年 2 月，全县掀起了入高级社高潮，全县共建高级社 80 个，入社农户 53131 户、占总农户的 98.9%。是月，县城 112 私营工商业户公私合营。至月底，县 968 户商贩除 66 人转入农业户外，全部进入合营行业。3 月，1254 个手工业者和 186 个运输户，加入合营行列。基本实现了高级农业合作化。

1956 年，全县迎来了高级合作化的第一个丰收年。全县比上年增产粮食 7000 多万斤，很多缺粮社和户变成了自足社、自足户或余粮社、余粮户。上年的 15 个缺粮社有 10 个变成了自足社，一个变为余粮社。全县不仅粮食增产，还开展起 30 多种副业，收入达 1000 余万元，使全县 89.7%的农户增加了收入，这是全县农民有史以来在经济上的最大转变。

二、对手工业的社会主义改造

卢龙县手工业历史悠久，主要以五坊（面坊、油坊、粉坊、豆腐坊、染坊）、四匠（铁匠、木匠、石匠、小炉匠）为主，杂以柳编、酿酒、食品加工诸业。除县城外，刘家营、燕河营、双望、蛤泊等集镇，也有类似作坊，从事生产生活资料的加工与维修。到 1949 年，全县私营企业、个体手工业仅有 8 家，仍以五坊、四匠为主导。新中国成立初期，国家对私营企业实行委托加工、计划订购、统购统销的办法，对个体手工业实行组织联营联产联销的方针，工业、手工业得到恢复和发展。到 1954 年，手工业涉及铁木、砖瓦、编织、皮革、陶瓷、绳麻等十多种行业。尤其以五、七区更为发达，从事各业人员占全县从业人数的 63%，全年生产总值占全县手工业生产总值的 54%，1953 年，卢龙县根据“先整顿，后发展”的方针，对私营企业、手工业进行社会主义改造。1954 年 5 月，组织手工业生产合作社筹备委员会 3 个，社员 112 名，股金 3880 万元，纳入正常计划轨道。同时，组织了手工业生产小组 2 个，组员 27 名，股金 1727 万元。

1954 年 3 月 21 日至 24 日，中共卢龙县委召开了全县手工业代表会议，与会代表 66 人。会上，代表们听了和讨论了苏成作的《关于对手工业进行社会主义改造的方针政策》的报告。到 1954 年底，全县发展手工业生产社 13 个，生产供销社 1 个，生产小组 10 个，社员（组员）635 名，比原有社员增长 4.5 倍，其中手工业生产社社员 509 名，生产供销社员 20 名，生产小组组员 96 名，全年生产总值达到 40 亿元，占没组织起来的个体总值 71%。

1955 年 7 月 25 日，卢龙县召开了手工业生产合作社第一次社员代表大会，成立了卢龙县手工业生产合作社联合社。县委委派工会主席负责领导手工业，各区委确定一名委员领导手工业，县政府、工会青年团、妇联等部门都参与协助，进一步加强了对手工业的行政管理。与此同时，各手工业合作组织也开始有了一些公共积累和统一经营，生产关系有了较大变化，社（组）员劳动积极性空前高涨，劳动生产效率相应提高。到 1956 年 2 月，全县手工业全部实现了合作化。

1957 年 9 月，全县已发展手工业社（组）70 个，社（组）员 1641 人，占全县手工业从业人员 1709 人的 90%以上。共有铁业、木业、编织、白铁、绳麻等 13 种行业。分布于县城、刘田各庄、蛤泊、双望、陈官屯、燕河营、刘家营、大横河等 10 个集镇。1957 年实际完成产值 182.8 万元，相当于组织起来之前 1956 年产值的 3 倍。

三、对资本主义工商业的社会主义改造

1954 年 6 月，卢龙县根据河北省委、唐山地委指示精神和党在过渡时期的总路线、总任务和第一个五年计划的基本任务，结合卢龙县工商业小户多，工业少，商业多的具体情况，制定 1954 年工作计划：根据“巩固现有，重点发展，积极领导，稳步前进”的精神，有计划、有步骤地对资本主义工商业进行社会主义改造，完成占领社会主义经济阵地的目的。

卢龙县散居农村各地的私营商业 26 户，从业人数 208 名，行商、摊贩 2291 户，从业人数 2318 名，手工业者 8023 户，从业人数 1088 名。在改造过程中，因私营工商业对国民经济所起的作用不同，要根据需要与可能、本着销售有利原则，通过加工订货、包销，使之走上国家资本主义道路，纳入国家计划轨道并由国家资本主义逐步过渡到社会主义。县委明确：第一，批发零售是国家资本主义较好的一种形式，还有就是初级形式的，即部分地从公司进货，服从国家牌价，其他商品按合理价格出售。根据实际，卢龙县适用于初级形式的，再进一步从主要行业中的重点户稳步地经过中级形式，走入高级形式的轨道上来。第二，专业代销店。专业代销店是在国家统购统销物资的行业中，使其为国家代理业务并支付一定手续费，其原有资本存入国家银行作为保证金。在卢龙县油脂油料统购后，组织的油商就是专业代销的形式。第三，公私合营商业。这不是商业发展的方向，对这种形式卢龙县尚无条件，不宜进行。认真贯彻国家市场管理政策，防止过宽过严的政策偏向。

在农业合作化高潮的推动下，从 1955 年下半年到 1956 年，卢龙县私营工商业改造也加快了步伐，进入了全行业公私合营新阶段。

为使改造工作稳步前进，巩固改造成果，除认真贯彻了省、地委对商业、手工业、运输业改造政策外，在合营合伙后抓住了两个环节，首先是人事安排，清产合资；其次是转向生产经营，改变服务态度，把精力转向开展劳动竞赛方面来，使改造工作得到健康有序发展。在开展业务上也克服了坐等成交、不爱下乡的错误想法，不但扩大了销货额，也鼓舞了从业人员的积极性，便利了消费者的购买要求，得到了群众好评。运输业经过改造，克服了淡季没脚拉，旺季拉不过来的矛盾，全县纳入国家计划运输的大车有 144 辆，集体生产对完成国家所分配的重大运输任务起到了一定作用，及时运出了国家经济建设中所需物资和农业生产资料的供应。手工业等各个行业除生产了大批小农具通过供销社满足了农业需要，并建立了9个修配站和21个流动修理组，从业人员59人。这不但解决了农业上的修配问题，也密切了手工业者与群众关系。至1956年3月底，据不完全统计，铁业修配农具3894件，其中新式农具70副，木业修配新式农具1539副，其中修配大车49辆，这对支持春耕生产起了决定性作用。

1956年，对全县从事私营商业的商贩993人全部进行了改造组合。建公司合营商店7个，从业58人。合作商店21个，170人，代购、代销点28人，经销小组12个，60人，经销点394人，合作小组20个，147人。至此，全县对资本主义工商业的社会主义改造基本完成。尽管在改造过程中存在着一些问题，但是瑕不掩瑜，随着国家、集体工商企业的建立、发展、企业生产资料所有制发生了深刻变革，全民所有制和劳动群众集体所有制这两种社会主义公有制在国民经济中占据了绝对优势。

第二节 社会主义制度的初步建立

一、社会主义经济制度的初步建立

社会主义经济制度的核心是社会主义公有制。经过“三大改造”，卢龙县的农业、手工业由原来的个体私有变为劳动群众集体所有。资本主义所有制的工商企业变为国家所有即全民所有的公有制。到1956年，全县1100个初级农业合作社改建成80个高级农业合作社，98%的农户加入了高级农业合作社。全县手工业社（组）70个，社（组）员1641人，全部实现了合作化。全县从事私营商业的商贩993人全部进行了改造组合，建公私合营商店、合作商店，公有制的成分大大增加。

伴随着以生产资料公有制为优势的新的经济基础的建立，社会主义政治、经济、文化、教育体制基本形成。各项工作、各个领域都适应和服务于社会主义经济制度的建立而得到发展。

二、社会主义政治制度的初步建立

卢龙县社会主义政治制度初步建立的主要表现：党的领导核心地位、人民民主政权进一步得到巩固；人民当家做主，成为国家的主人；人民代表大会制度开始实行，构筑了社会主义基本政治制度体系；在思想文化、意识形态领域，马克思列宁主义、毛泽东思想占据了主导地位，爱国主义、集体主义、为人民服务等价值观念，社会主义新型的社会关系与此相适应的道德规范、社会风气正在形成。

（一）学习贯彻《中华人民共和国宪法》

1954年9月20日《中华人民共和国宪法》公布实施。

这是中华人民共和国第一部宪法。它总结了我国人民长期革命斗争的历史经验，特别是新中国建立初期社会主义事业的胜利成果和经验。它的颁布施行，对于巩固胜利成果，推动社会主义事业的前进，起了巨大的历史作用。

卢龙县在《中华人民共和国宪法》的起草、学习、宣传、贯彻上做了大量的一系列卓有成效的工作。1954年6月7日，卢龙县成立了宪法草案讨论委员会，组织全县人民对宪法草案开展深入讨论，提出修改意见。广大群众以国家主人的身份献计献策、各抒己见，为宪法草案的修改完善提出了不少意见和建议。

宪法颁布后，卢龙县迅速掀起学习、宣传、执行宪法的高潮，真正做到了家喻户晓，人人皆知。

（二）建立人民代表大会制度

中华人民共和国的一切权力属于人民。人民行使国家权力的机关是全国人民代表大会和地方各级人民代表大会。全国人民代表大会和地方各级人民代表大会都由民主选举产生，对人民负责。全国人民代表大会是最高国家权力机关，地方各级人民代表大会是地方国家权力机关。

新中国成立后到1954年，卢龙县先后3次召开各界人民代表会议，行驶人民当家做主的权利，安排部署各项工作。1954年，卢龙县开始实行人民代表大会制度。明确规定，人民代表大会是卢龙县最高权力机关，每5年举行一次。卢龙县人民代表大会制度的施行，结束了新中国成立后由县各界人民代表会议代行县人民代表大会职权的过渡阶段，进一步巩固了人民民主专政制度，是全县民主政治建设的一个重要里程碑。对推动全县实现党在过渡时期的总路线，保证党和政府各项方针政策的贯彻执行，推进全县各项事业的发展产生了强有力的推动作用。

（三）开展建乡工作

1953年5月1日，卢龙县开始进行建乡工作，7月13日结束。全县7个区建立79个乡，3个乡级镇。重新明确了乡址、乡界，成立了乡临时政府，配备了乡的党政领导和部门干部。在建乡过程中，卢龙县与邻县、县区内的部分村庄归属也做了适当调整。卢龙县五区的后所营、小樊各庄划归昌黎县，迁安县夹河滩划为卢龙一区，抚宁县单庄、张各庄、寺底下、三里庄、董各庄划为卢龙县六区。三区冯家沟划为二区大刘庄乡，五区前坨、中坨、后坨、王打窑、扈打窑划归七区大新庄乡。建乡工作的开展，加强了乡村管理，完善了人民代表大会制度，为选民普选和县乡两级人民代表大会的召开打下了基础。

（四）卢龙县第一届人民代表大会

召开人民代表大会，首先要选举产生人民代表。1953 年 3 月 1 日，中央人民政府公布施行了《中华人民共和国全国人民代表大会及地方各级人民代表大会选举法》。1954 年 6 月 6 日，河北省政治协商委员会讨论通过了《河北省选举实施细则（草案）》，经中共河北省委提议成立了河北省选举委员会。省选举委员会做出了《关于基层选举准备工作的指示》，要求各级人民政府和选举委员会，做好充分准备工作，抓住宣传教育、训练骨干和普选试点三个主要环节，组织机关、企业、部队、学校、街道认真学习有关选举文件，拟制宣传提纲和通俗宣讲材料，同时训练指导选举的骨干和技术人员。选举前做好人口登记，保证年满 18 周岁的公民依法参加选举。

按照上级部署和安排，卢龙县基层代表选举工作在以春耕生产发展、巩固互助合作为中心结合进行。1954 年 3 月 1 日，三级干部会议结束，共组织了县、区脱产干部 274 名，3 日后到乡组织普选工作。从发动生产入手，到发起生产的高潮结束，前后共计 23 天。按照选举法的规定，选出县、乡镇两级人民代表大会的代表。乡镇代表采取由选民直接选举的方法，全县选出乡镇人民代表 2432 人。各乡镇召开第一次乡镇人民代表大会，选举产生乡镇人民政府乡镇长、副乡镇长，乡镇政府委员 864 人。全县共选出出席县人民代表大会代表 219 名。

1954 年 7 月 13 日，卢龙县第一届人民代表大会开幕，16 日闭幕，大会历时 4 天。大会听取和讨论了刘正舟同志作的《关于中华人民共和国宪法（草案）》和《过渡时期总路线总任务的报告》，审议和修正了副县长苏成作的《关于政府一年来工作和今后意见的报告》，通过了《拥护和贯彻中华人民共和国宪法（草案）的决议》。这次会议，共收到提案483件。会议选举产生了出席河北省人民代表大会的人民代表4名，选举产生了卢龙县第一届人民委员会，选举苏成为县长，冯恩培、陈志铭为副县长。

（五）中国共产党卢龙县第一次代表大会

在社会主义过渡时期，卢龙县执政党的地位不断巩固，党的领导和党的建设不断加强，党的代表大会制度得到确定。

1955年10月6日至12日，中国共产党卢龙县第一次代表大会在卢龙县城召开。大会历时7天，这次会议，全体代表学习和讨论了毛主席关于农业合作化问题的指示，听取和审议了原县委书记王永山代表原县委《关于几年来工作检查报告》，讨论通过了县委作的《关于发展农业合作、努力增产粮食，为全面完成发展国民经济第一个五年计划而奋斗》的报告、《关于深入贯彻党的四中全会决议，不断向资产阶级思想侵蚀进行坚决斗争》的报告，通过了关于拥护并认真执行毛主席关于农业合作化问题的指示及上述三个报告的决议，对推动农业合作化运动的发展、发展国民经济和加强党的建设，具有重要的历史意义。

《关于几年来工作检查报告》总结了卢龙县1943年建党以来，在党的正确领导下，向日本帝国主义、封建地主阶级和国民党反动派进行顽强的斗争，取得伟大胜利，建立人民政权的辉煌历史，党领导全县人民恢复战争的创伤，竭力发展生产，开展土地改革，镇压反革命，抗美援朝，“三反”“五反”和开展社会主义改造等取得的重要成果，工农生产以及社会各项事业发展壮大的伟大成就，对党的建设、干部队伍建设和经济工作中存在的问题也做了深刻的总结和检查。

大会充分发扬民主，选举产生了中共卢龙县第一届委员会委员17名，选举了中共卢龙县监察委员会委员5名，选举王永山、侯彦明、苏成3名党员为出席河北省党代会的代表。选举王永山为县委书记，苏成、孙常、毕希国为县委副书记，王华为监察委员会书记。

这次大会，共收到提案173件，会后都分别进行了处理与答复。通过这些提案，对县委的各项工作提出了批评与建议，密切了上下级关系，为改进县委工作提供了依据。

第三章　社会主义建设曲折发展

卢龙县委在全县完成对农业、手工业和资本主义工商业的社会主义“三大改造”，建立了以公有制为基础的社会主义经济制度和以人民当家做主为核心的社会主义政治制度以后，带领全县人民，贯彻党的八大会议精神，巩固完善“三大改造”的成果，积极完成一五计划，社会主义建设呈现良好起步的势头。

第一节　整风运动和反右派斗争

社会主义改造完成和社会主义制度建立以后，无产阶级和资产阶级的矛盾不再是中国社会的主要矛盾，大量的人民内部矛盾逐渐显露出来。正确处理日益突出的人民内部矛盾，成为摆在各级党组织面前的重大课题。1957 年 2 月 27 日，毛泽东在最高国务会议第十一次（扩大）会议上发表了《关于正确处理人民内部矛盾的问题》的重要讲话，系统地阐述了关于严格区分社会主义社会的敌我和人民内部两类矛盾以及正确处理人民内部矛盾问题。1957 年 4 月 27 日，中共中央发出《关于整风运动的指示》决定在全党开展一场以正确处理人民内部矛盾为主题，以反对官僚主义、宗派主义、主观主义为内容的整风运动。然而，“事情正在起变化”。少数别有用心的人借整风之机，散布反党反社会主义的言论，向党向社会主义进攻。党中央、毛主席明察秋毫，要求全党认清阶级斗争的形势，注意右派的进攻。6 月 8 日，中共中央发出《关于组织力量准备反击右派分子进攻的指示》，要求省市机关、高等学校和各级党报都要积极准备反击右派分子的进攻。整风运动的指导思想开始发生变化，运动的主题由正确处理人民内部矛盾转向对敌斗争，由党内整风转向反击右派进攻。

一、开展整风运动

（一）学习贯彻关于正确处理人民内部矛盾的理论

《关于正确处理人民内部矛盾的问题》，是毛泽东在社会主义时期最重要的著作之一。它运用唯物辩证法科学地分析了社会主义社会的基本矛盾，第一次提出了正确处理人民内部矛盾的命题，阐述了社会主义建设中的一系列重大问题，为我国社会主义事业的发展奠定了理论基础，是对马克思主义的科学社会主义理论的重要丰富和发展。

卢龙县在社会主义改造急促推进和社会深刻变革的新形势下，也发生了一些社会矛盾和不良倾向。社会主义建设时期建立起来的新型生产关系不能完全适应生产力的发展，在经济建设过程中出现了生产资料和生活资料供应短缺、部分学生难以升学、一些工人和复员军人在就业和安置方面出现了困难。人民的思想觉悟没有随着社会主义社会的到来而同步提高。有些干部和群众不能正确看待国家经济建设过程中出现的困难，片面强调眼前利益，不能正确处理个人与国家、个人与集体、生产与生活的关系，许多党员和干部缺乏甘于奉献与勇于担当精神。在农业生产合作社的生产、生活中，村与村、户与户、人与人，个人与集体、集体与国家、领导与群众、上级与下级等都存在这样那样的矛盾。因此，正确认识和处理社会主义社会的各种矛盾，特别是人民内部矛盾，成为捍卫和巩固新生政权与社会主义制度的迫切要求。

这次整风运动是以毛泽东在最高国务会议上和全国宣传会议上所做的两个讲话为指导思想，把正确处理人民内部矛盾的问题作为整风运动的主题。卢龙县围绕这一主题，深入学习，使全体党员准确了解国家的形势，了解新形势下党的任务，提高思想，改进作风，学会正确处理人民内部矛盾，以便在新形势下进一步巩固党同人民群众的联系，从而达到整顿党的作风的目的，以完成社会主义建设的伟大任务。

中共卢龙县委强调这次整风要在思想认识提高的基础上，通过检查总结工作，找出各方面存在的矛盾，以正确处理人民内部矛盾为主题，以反对官僚主义、宗派主义、主观主义为内容进行全面整顿。在整风中做到边学习、边检查、边改进，与当前工作密切联系起来，达到整风与工作两不误。整风中要切实执行既严肃认真又和风细雨的思想教育方法，开展批评和自我批评，贯彻执行“团结——批评——团结”的原则。要使全体党员充分认识到整风运动是一场思想教育运动，整风的要求是通过提高党员思想认识，从而改进工作作风。在开展批评与自我批评时，采用召开小型的小组座谈会、个别谈心的方法，以关心的态度交谈。整风中贯彻执行“知无不言、言无不尽，言者无罪、闻者足戒，有则改之、无则加勉”的原则，采用分析和说理的方式，侧重解决思想和作风问题。

（二）整风运动的开展

1957 年 5 月 14 日，卢龙县委成立了整风领导小组，由县委书记王永山任组长，刘述汉、毕希国、杨汝耕、陈克、陈志铭、孙铁安为成员。下设整风办公室，毕希国兼主任，陈又新任副主任。5 月中旬，县直机关开始了以正确处理人民内部矛盾为主题，以反官僚主义、反宗派主义、反主观主义为内容的整风运动。重点解决好要不要走社会主义道路，要不要共产党的领导，要不要无产阶级专政，要不要民主集中制等问题。整风的方法，在学习文件、提高认识的基础上总结工作，大鸣大放，揭露问题，开展辩论。整风从县委、县政府、县直机关到农村自上而下层层开展。

1957年5月14日，卢龙县机关整风拉开了序幕。卢龙县委、县政府、县直属机关共22个单位811名干部参加了整风。整风开始，用三个多月的时间学习文件，领会精神，认清形势。

8月，卢龙县农村乡、社两级分四批开展了以反保守、反资本主义思想为内容的基层整风运动。为了进一步统一全县人民的思想认识，扎扎实实地搞好整风工作，县委做出《关于立即开展社会主义宣传运动的决定》，利用一个月的时间，在全县农村开展了“政治宣传月”活动。全县36个乡镇，107个农业生产合作社，365个农村党支部，458个团支部开展了整风运动，历时11个月。

大鸣、大放、大辩论是整风运动揭发问题的重头戏，是整风运动搞好搞不好的关键环节。为了解除群众思想顾虑，县委领导和整风工作组分别向群众表明态度，宣布不允许打击报复，欢迎群众帮助整风。同时还组织党员干部和积极分子带头开展大鸣、大放。在农村，还采取召开老人、妇女、民兵、荣转军人、烈军属、劳动模范、党团员等多种类型的座谈会等形式开展大鸣、大放，并设立了意见箱，广泛征集群众意见。在鸣放中，群众主要针对干部“不参加生产劳动”“强迫命令”“官僚作风”“自私自利”、农业社的“账目不清”“贪污盗窃”以及对分配政策等问题提出了大量意见。在大鸣、大放、大辩论过程中，全县召开各种类型的座谈会288次，写大字报700多张，共揭发出各种问题32616件。通过分类排队归纳整理，属于三风（官僚主义、宗派主义、主观主义）方面的2514件，五气（官气、暮气、阔气、傲气、娇气）方面5375件，思想保守方面3437件，铺张浪费方面8345件，生活福利方面2919件，其他方面6816件。

经过一年多的努力，全县整风中涉及的问题，有28580件得到了处理和解决，有4886件问题限期整改。96名县、局、区、乡级领导干部对个人问题先后作了186次检查。

二、反右派斗争

1957年6月29日，为彻底打退右派分子的进攻，中共河北省委发出了《关于打击、孤立资产阶级右派分子的指示》，要求各地委、市委认真组织群众坚决打击右派分子。7月16日，中共唐山地委发出《关于在第二批整风单位中开展反右派斗争的通知》，要求各单位集中时间和力量开展反右派斗争。地委确定了反右派斗争的时间，从1957年6月正式开始，到1958年5月底结束，1957年8月27日，唐山地委下发了《关于确定右派分子批准手续的通知》，以做好审批工作。

中共卢龙县委根据上级指示精神，积极行动，摆事实、讲道理，粉碎右派分子的种种谬论，反击资产阶级右派分子向党和社会主义制度的进攻。通过大鸣大放、大字报、大辩论、秘密举报、突然袭击等形式，发动广大群众，揭发检举右派分子的反动言论和行动。

在反右派斗争中，通过大鸣大放、揭发检举，经县委整风领导小组批准。78名干部、教师确定为辩论对象。其中反右派阶段57名，整改阶段21名。辩论对象中有严重右倾思想发表错误言论的33名，违法乱纪的7名，严重资产阶级个人主义的16名，自由主义消极怠工22名。通过对这些人辩论和教育，真正解放思想，认清错误，改正和转变积极工作的38名，占49%；基本解决工作好转的21名，占27%；思想问题没有得到解决，工作仍然消极怠工的19人，占24%。

这次反右派斗争，县直机关共挖掘出31名“右派分子”。整个运动到1958年7月底结束。全县各行各业共有131人被打成“右派分子”，其中有不少各行各业的尖端人才。

卢龙县在反右派斗争中也出现了以下几种倾向：一是对阶级斗争形势作了过分严重估计，使反右派斗争的范围、规模和形势不断扩大。二是缺乏明确具体的划分右派分子的标准，出现打击面过宽的倾向。三是混淆了两类不同性质的矛盾，把大量的人民内部矛盾看作敌我矛盾，指导思想开始出现“左”的偏差。在被划右派的人中，许多人只是向党的工作和干部提出了批评意见，尽管其言词比较尖锐或有片面性，但是仍属人民内部矛盾，不能按右派分子来对待。四是对“右派分子”的右倾言论、事实缺乏准确的调查核实，对“右派分子”的定性、审批手续不够完备，不符合政策、法律规定，存有草率现象。

第二节　“大跃进”和人民公社化运动

1958年5月，中国共产党第八次全国代表大会第二次全体会议根据毛泽东的提议，通过了“鼓足干劲，力争上游，多快好省地建设社会主义”的社会主义建设总路线，这是我国社会主义建设史上经济社会发展观的一次历史性飞跃。卢龙县委、县政府认真贯彻执行八大会议精神，从经济工作、政治工作和思想工作上坚定不移地贯彻执行社会主义建设的总路线。这条总路线的基本点是：调动一切积极因素，正确处理人民内部矛盾；巩固和发展社会主义的全民所有制和集体所有制，巩固无产阶级专政和无产阶级的国际团结，在继续完成经济战线、政治战线和思想战线上的社会主义革命的同时，逐步实现技术革命和文化革命；在重工业优先发展的条件下，工业和农业同时并举；在集中领导、全面规划、分工协作的条件下，中央工业和地方工业同时并举，大型企业和中小型企业同时并举，通过这些尽快把我国建设成一个具有现代化工业、现代化农业和现代化科学文化的伟大的社会主义国家。

在贯彻社会主义建设总路线的过程中，由于受极左思想的影响，1958年~1960年，卢龙县在农业、工业、文化、科教各个领域开展了“大跃进”运动。“大跃进”运动打乱了国民经济秩序，浪费了大量的人力物力，造成了国民经济比例严重失调，使社会主义建设事业受到重大损失。这一时期，还积极开展了人民公社化运动，在社会主义建设的道路上进行了积极的探索。

一、“大跃进”运动

1957年11月13日，《人民日报》发表社论，提出了“大跃进”的口号。1958年5月党的八大二次会议正式通过了社会主义建设总路线，号召全党和全国人民，争取在15年或者更短时间内，在主要工业产品的产量方面赶上和超过英国。会后，全国各条战线迅速掀起了“大跃进”的高潮。8月，中共中央政治局在北戴河举行扩大会议，制定了1958年国民经济第二个五年计划。提出1958年钢产量要在1957年535万吨的基础上翻一番，达到1070万吨，作为1958年实现“大跃进”的主要步骤。会议还决定在农村普遍建立人民公社。这造成了经济工作中的急于求成和急躁冒进。在“大跃进”中，高指标、瞎指挥、虚报风、浮夸风、“共产风”盛行。在工业上，为实现全年钢产量1070万吨的指标，全国几千万人掀起了“全民大炼钢铁运动”，并且“以钢为纲”，带动了其他行业的“大跃进”。交通、邮电、教育、文化、卫生等事业也都开展“全民大办”，把“大跃进”运动推向了高潮。

1958年1月底，中共卢龙县委召开了县、乡、社三级干部扩大会议，作“大跃进”的动员工作。会上，省社会主义农业建设积极分子代表发出了“大跃进”倡议书。1958年2月23日至26日，中共卢龙县委召开县、乡、社干部扩大会议（扩大到村支部书记）。县委副书记毕希国作了《咬紧牙关，苦战二年，改变卢龙面貌。放开胆量，奋斗一载，产量奔江南》的报告。会议结束后，全县掀起“大跃进”高潮。

（一）农业生产的高指标

1958年8月17日至30日，中共中央政治局在北戴河召开扩大会议，这是把“大跃进”运动推向高峰的一次会议。中共卢龙县委根据中共中央政治局北戴河会议精神，重新制定了工农业发展计划，确定了1958年、1959年农业、钢铁、机械、电力、运输的生产指标和具体措施。粮食作物面积556500亩，总产量由原计划保证4.452亿斤，争取5.565亿斤修订为保证11.18亿斤，争取13.356亿斤，实现11亿斤。亩产由原计划保证800斤争取1000斤，修订为保证2000斤，争取2400斤。计划实现后，全县平均每人占有粮食4144斤。

（二）“跃进渠”和农业生产“大跃进”

卢龙县的农业“大跃进”是从大搞农田水利基本建设入手的。县委广泛发动群众，带领群众兴修水利工程，平整土地，开荒造田，平整土地，改良土壤，积肥造肥，开展了一系列农田水利基本建设，增产增收活动，“大跃进”在全县掀起高潮。

1958年3月1日，中共卢龙县委召开第12次常委会，会议决定修建“跃进渠”工程。“跃进渠”工程被列为唐山地区重点水利工程之一。青龙河是卢龙县境内水源充沛，水质良好，高程适宜，引水条件很好的一条过境河流。“跃进渠”工程采取无坝引水，渠首建闸，开挖土渠引水南下的方法。沿途修建渡槽、涵洞若干。工程由唐山专属水利局技术人员协助卢龙县水利科完成设计。渠首进水闸建在桃林口村西、秀各庄村北，设计引水流量10立方米/秒，设计灌溉面积16万亩。3月16日，县委成立了县生产跃进办公室。3月21日，县委成立了卢龙县跃进渠工程指挥部。4月2日，全县1.6万民工进场，6月中旬增至2.6万人。自此，卢龙县“大跃进”战役推向高潮。全体参战民工日夜突击，抢占天机，争取汛前完工。全县形成了县建跃进渠指挥部，乡建团、社建营、生产队建连、排的组织形式，以便统一调度、协调。至1959年底，全县开挖主干渠全长56华里（渠至赵弓庄北），出工47万多个，动土石方672万方。然而，由于经验不足、管理不善，操作违规等原因，在跃进渠施工中发生了特大事故，付出了惨痛代价。1958年5月31日上午9点，跃进渠桃林营南沟药库储放的6000斤炸药、3000只雷管发生爆炸，当场炸毁民房3间，炸死住户村民8人、药库警卫人员1人，炸伤2人，炸死毛驴1头。跃进渠工程后因工程量大，人力、财力不足，被迫停工下马，造成了严重的经济损失。

随着农业“大跃进”号角的吹响，卢龙县一个空前规模的农田水利基本建设也随之掀起。1957年11月初，县委召开了乡社村书记会议，部署农田水利建设工作。11月12日，县委由县直机关抽调115名干部，由11名县委委员带领，分片传达贯彻会议精神，抓紧抓好农田水利基本建设。全县以兴修水利为主的农田水利基本建设普遍深入地开展起来。全县每天平均有43730人投入水利运动，截至1957年12月24日，全县完成打井1694眼，修理旧井563眼，锥井58眼，新建渠道30条，修复旧渠3条，小水库1座，蓄水池13

处，凿泉6处，建成扬水站6座。以上工程共扩大浇地面积40485亩。平整土地10380亩，水土保持谷坊616道，修整梯田28678亩。1958年，卢龙县水利建设更上一层楼，取得了前所未有的成绩。全县共完成各项工程土石方1000万立方米，打井12683眼，开挖小型渠道102条，建扬水站17座，凿泉100个，建小水库、塘坝233座，浇地面积由原来43699亩扩大到647828亩，相当于几年来浇地面积的15倍。修建大型水利建筑物10座。山区水土保持工程完成谷坊坝10930道，新建梯田8442亩，修整梯田42067亩。山地水土保持控制流域面积达到136平方千米，改良土壤，垫沙荒、垫沟地等达到84632亩。全县1958年粮食作物总面积67.9万亩，总产量18800.6万斤，平均亩产276斤，比1957年增长373万斤。棉花4.1万亩，总产161.8万斤，比1957年增产54.6万斤，花生6.5万亩，总产972.6万斤，比1957年增产593.4万斤。1958年12月，国务院总理周恩来授予卢龙县“农业社会主义建设先进单位”奖状，唐山专员公署授予卢龙县“1958年粮食元帅县”奖旗。

（三）大炼钢铁和工业生产“大跃进”

1958年，中央在北戴河召开政治局扩大会议，确定掀起全民大炼钢铁运动，全国钢铁产量比1957年翻一番，即实现1070万吨。并提出书记挂帅全党全民大搞钢铁。会议通过了《中共中央政治局扩大会议号召全党全民为生产1070万吨钢而奋斗》的公报。9月1日《人民日报》发表《立即行动起来，完成把钢产量翻一番的伟大任务》的社论。自此，轰轰烈烈的大炼钢铁运动自上而下地开展起来，并很快席卷全国。

1958年9月5日，卢龙县委召开县、社干部扩大会议，传达贯彻唐山地委关于大搞钢铁会议精神，动员全党全民投入大搞钢铁运动。会后，全县掀起了全民性的大搞钢铁运动高潮。由9月初至11月15日，组织3个“战役”，全县有67000多人参加钢铁会战。为了完成上级规定收缴废旧钢铁从而大炼钢铁的任务，县委要求每户留一口铁锅，其余全部上交，有的村干部为了完成任务，挨家挨户搜查，迫使农民将除农具、生活用具以外的一切废铜烂铁都交出来。有的甚至把箱柜上的板吊、拉手、铜盆、铝盆都交出来。从县委书记到一般干部群众，从城镇到厂矿学校，从机关、企业的科室再到农村的一家一户，人人动手，处处建炉。在技术设备上，从无到有，由少至多，从土至洋。在“小土群”和“土洋结合”的方针指引下，形成了一个群众性的大炼钢铁运动。一时间，土高炉到处林立，炼焦窑遍地开花，白天浓烟滚滚，黑夜火光冲天。人们对大炼钢铁倾注了极大的热情，个人自带工具，搭起帐篷，吃住在炉旁、窑边，生活虽苦，干劲十足。全县出动大车2303辆，驴驮子4832个，手推车1195辆。建小高炉6座、土炉537座、土钢炉2018座。采矿石69000吨、铁砂4625吨，炼出生铁396.6吨，土钢642.28吨。同时，全县收集废铁539吨、废钢195吨。

经过几个月的大炼钢铁，换来的却是得不偿失。首先，由于大炼钢铁，树木砍伐严重，生态失去平衡；其次，由于木炭产出的温度低，技术上达不到要求，致使生产的土钢、土铁质量太差，大多都不能用，严重浪费资源。县委经过研究决定小高炉停工下马。1959年3月，卢龙县拆除了全部小高炉。至此，卢龙县大炼钢铁运动落下了帷幕。

随着农业“大跃进”的进行，工业总产值赶上或超过农业总产值，来一个全面的工业“大跃进”。

卢龙县原有工业基础十分薄弱，除有专区工业局经营的一个石矿，县供销社属两个轧花厂外，再就是手工业社、组，国营地方工业寥寥无几。在农业生产“大跃进”的新形势下，农业上各式各样的新农具、水利器材和小型的动力机器等不能满足农业生产的需求。1958 年 3 月 17 日，中共卢龙县委印发了《关于发展 1958—1962 年工业生产规划（草案）》。总的要求是：五年内建厂 38 个，投资总额 1852385 元，主要产品 16 种，其中铁、水泥自给自足，煤炭有余，支援外地。三年赶上、五年超过农副业的总产值。具体规划是：1958 年实现生产总值 16682840 元，比 1957 年提高 2.76 倍，占农副业总产值的 38.7%，投资总额达 469385 元，新建煤矿、撒金厂、瓷器厂、炼铁厂、淀粉厂、酒厂、食糖厂、修配厂等 18 个厂矿。1959、1960、1961 年新建工厂 20 个，年度工业生产总值分别达到 2769 万元、4630 万元和 5524 万元。

1958 年 5 月 31 日，中共卢龙县委做了关于大搞地方工业的全党全民总动员。按照中共中央提出的“大型企业和中小企业同时并举，洋法生产和土法生产同时并举”的两条腿走路的方针，迅速掀起了全党全民大办工业的高潮。形成了社社有工厂，处处机器忙，农民变工人，工厂遍城乡的新局面。

在全党全民大办工业的运动中，广大干部群众提出了“没有工厂自己建，没有技术自己练，没有原料大家献，实干巧干加钻研，要使工厂高炉遍全县”的口号，大小土洋厂矿如雨后春笋般地建立起来。煤、生铁、黄金、电、酒、糖稀、手摇水车、洋锹、小钢磨、煤气机、柴油机、肥皂、火碱、炉灰砖、水泥、人造煤、瓷器等 50 多个新品种相继生产出来。

在大办工业的过程中，由于片面强调了“因陋就简”，把一些不科学、不成熟的技术作为典型宣传推广，使许多根本不具备办厂条件的地区一哄而起，要求群众出钱出物，助长了“平调风”的盛行，浪费大量的人力、物力和财力。建成的一批小水泥、小矿山、小农机等小企业，规模结构不合理，设备简陋，技术水平低下，无法正常生产，给卢龙县地方工业发展留下了许多后患。据资料显示，1958年，卢龙县突击“上马”厂矿16家，至年底，国营工业达21家，产值698万元。因发展速度过快，生产效益低，于1959年被迫开始调整，是年底国营工业仅存8家。

二、人民公社化运动

1958年，河北、河南、山东等地的农业生产合作社，由于规模较小，影响跨社跨村农田基本建设的开展，于是自发打破界限，出现社会主义大协作的萌芽，小社并大社现象开始陆续出现，有的合作社联合后就叫人民公社。1958年4月8日，中央政治局批准了《关于把小型的农业合作社适当地合并为大社的意见》。1958年8月，毛泽东到河北、河南、山东等地视察，对正在兴办的人民公社大加赞扬。8月中下旬，中共中央在北戴河召开政治局扩大会议，会议做出了《中共中央关于在农村建立人民公社问题的决议》。8月26日和28日，中共河北省委书记处两次召开扩大会议，研究建立人民公社问题，做出了《关于建立人民公社的指示》，确定了建立人民公社的方法步骤和各项具体政策，全省农村迅速掀起了人民公社化高潮。中共唐山地委根据新形势的要求，决定在全区开展公社化运动。

（一）人民公社的建立

1958年9月，按照中共河北省委、中共唐山地委的安排，中共卢龙县委召开三级干部扩大会议，组织全县各级党组织和全体党员讨论，决定立即在全民中大张旗鼓地开展建立人民公社的宣传运动。各乡党委通过一系列会议贯彻了县委会议精神，全县还组织动员了县乡报告员、宣传员，从党内到党外，从街头到田间，包人包户包村，并利用黑板报、大字报、广播筒、幻灯、诗歌、漫画等形式，开展广泛的宣传报告活动。

根据毛泽东“社以大为好”“人民公社要根据地形多样和生产发展的需要，组成一社可以六七千户为宜”的指示，卢龙县将原来的36个乡、99个单一经营的高级农业生产合作社建成10个工农兵学商相结合，政社合一的人民公社，即城关、潘庄、刘家营、陈官屯、燕河营、双望、万田各庄、蛤泊、木井、石门人民公社，实行了人民公社化。10月18日，县委召开第三次全委扩大会议决议，将10个人民公社并成6个人民公社，即城关公社、潘庄公社、陈官屯公社、双望公社、刘田各庄公社、木井公社。

（二）人民公社初期的组织形式及特点

农村人民公社以公社为经营核算单位，全部生产资料和部分生活资料实行公有，可以无偿平调各大队的土地、劳力、农具、粮食、房屋及资金，农村普及“四化两院”，即食堂化、托儿化、缝纫化、米面加工集体化和妇产院、幸福院。

人民公社“一大二公”。公社化前，全县36个乡99个单一高级农业生产合作社，公社化后村庄增加，人口增加，规模迅速扩大。“公”就是生产资料公有化程度高。人民公社建立后，原来农业社的土地、牲畜、农具等生产资料及其他公共财产全部归公社所有，由公社统一管理、统一调配、统一核算，甚至有的把个人生产、生活资料全部或大部分归公。

人民公社“政社合一”。公社化前，实行的是乡、社分设体制，乡是农村基层政权组织，农业生产合作社是经营组织。农村人民公社实行“政社合一，工、农、商、学、兵五位一体，农、林、牧、副、渔统一经营”的管理体制。各人民公社内设党委会和管理委员会。

人民公社实行半供给制与评工计分相结合的分配制度。吃饭、穿衣等由公社统一供给，劳动力评工计分，秋后核算，兑现工分值。人民公社实行“组织军事化、行动战斗化、生产集体化”的劳动组织方式和生产方式。

（三）大办公共食堂

实行人民公社化以后，全县大力推行公共食堂。绝大多数农户都变成了公共食堂的成员，实行“吃饭不要钱”的伙食供给制，每人每月伙食标准一般规定3元至7元。提倡“饭菜多样化”“敞开肚皮吃”。有的地方一天吃三顿干饭，随来随吃，其结果是干多干少一个样，干不干活三顿饭。同时，大办食堂还引起大吃大喝、大手大脚等问题，某些干部多吃多占、动用公款公物等问题接连发生，引起广大社员强烈不满。至1959年初，全县因严重缺粮，只好实行“低指标、瓜菜代”。由于公共食堂粮、柴、菜的缺乏，全县大部分公共食堂被迫停办。1961年1月，中共中央宣布停止“大跃进”，全县公共食堂解散。此后，公社把吃粮指标按人劳比例分配到户，农民勤俭节约，各自安排自家生活，生活状况逐渐有所好转。

（四）卢龙县撤销建制

为适应“大跃进”和实行人民公社化以后的新情况，根据“一大二公”和并“大县、大社”的要求，1958年11月21日，经河北省人民委员会通过并报请国务院批准，撤销卢龙、抚宁两县建制，将卢龙（刘家营公社除外，辖地划归迁安）、抚宁（洋河以西地区）划归昌黎县，县黎县人民委员会设在昌黎城关。并县后，昌黎县委工作机构设有办公室、监察委员会、组织部、宣传部、农村工作部、工业部、财贸部、党校。县委所属下级组织设立16个人民公社党委，原卢龙城关、木井、刘田各庄、陈官屯、潘庄、双望也在其中。

第三节　人民公社的整顿和“反右倾”斗争的开展

一、人民公社的初步整顿

“大跃进”和人民公社化运动，由于在“左”倾错误的指导下，急于向全民所有制过渡，严重挫伤了社员群众的生产积极性，加上天灾人祸，社员群众生产、生活中存在的问题逐步显露出来。

中共中央八届六中全会通过的《关于人民公社若干问题的决议》，从理论上和政策上明确反对和纠正了混淆社会主义和共产主义界限的做法。中共河北省委和中共唐山地委先后召开会议，学习宣传中共中央《关于人民公社若干问题的决议》，为整顿人民公社做了准备。

1958年11月21日，经河北省人民委员会通过并报请国务院批准，撤销卢龙县建制，将卢龙划归昌黎县。1958年12月16日和19日，中共唐山地委召开电话会议，决定用4个月时间开展生产整社运动，并要求结合生产和整社，深入开展社会主义共产主义教育运动。

1959年1月21日至23日，中共昌黎县委召开了第二届第二次代表会议，会上报告了《继续鼓足干劲，力争上游，在1958年胜利的基础上，争取1959年的更大跃进》和《关于整顿人民公社的决议（草案）》，提出了1959年生产计划指标，确定了整社方案。《决议》要求，从现在起至4月底，有计划有重点地把公社从思想上、组织上、生产上彻底进行一次整顿和巩固工作，以便调动一切积极因素，掀起工农业生产高潮，实现1959年更大跃进。

1959年2月27日至3月5日，中共中央在郑州召开了政治局扩大会议。会议较系统地检查了人民公社化运动开展后的情况，提出整顿和建设人民公社的方针，即：统一领导，队为基础；分级管理，权力下放；三级核算，各计盈亏；分配计划，由社决定；适当积累，合理调剂；物质劳动，等价交换；按劳分配，承认差别。会议制定了《关于人民公社管理体制的若干规定（草案）》。4月，中共中央政治局上海扩大会议和中共八届七中全会上又明确了《关于人民公社的十八个问题》。随后，中共河北省委、中共唐山地委相继召开了干部会议，传达了郑州会议精神。

1959年3月4日至22日，昌黎县召开了五级干部会议，到会人数达8359人，昌黎县委第二书记王永山在会上作了《改进公社体制，做好分配工作，为巩固人民公社和实现今年更大跃进而奋斗》的工作报告。会议决定，人民公社以生产队为基本经济核算单位，全县实行社和队两级经济核算，管理区作为公社派出的督导检查机构，不作为一级经济核算，在生产队内各计盈亏，有所差别。原来属于高级社现在生产队的生产资料，仍归原社建成的生产队集体所有和使用；其产品所收益、物质和劳力，在同公社和各生产队之间进行交换或协作时，应当等价交换，不得无代价调拨。公社与各生产队之间的账目，应当掌握“不可不算，又不可细算”的原则，对无代价调拨了生产资料、劳动产品和公共积累等资金的，应当加以清理。生产队每年上缴的农业税、公共积累和生产费用，应占总收入的40%，最多不超过45%，其余55%至60%分配给社员。在分配总额中，工资部分应该“按劳分配，承认差别”，反对平均主义的分配办法，实行“合理评级，死级活评，上死下活，超额奖励”的办法。社办工业必须量力而行，并纳入国家统一计划的原则，不能贪大贪多，防止过多抽取积累金和占用过多劳力。本着工农业统筹安排，保持适当比例，实行工农业并举的方针。不要把组织劳力协作作为经常性的完成生产任务的手段。公社的组织机构，应根据公社规模的大小，单位多少，本着有利于党的领导，有利于公社的巩固，有利于生产建设的原则，确定昌黎县公社党政群团的编制以 22 人至 30 人为宜，管理区以 3 人至 5 人为宜。

经过三个月的初步整顿，各公社基本上划好了新耕作区，编好了生产队，重新建立了各种生产劳动责任制和各项生产管理制度。各公社制定了 1959 年生产计划；清理和整顿了公社的财务工作，初步建立起新的财务管理制度。群众生活组织也进行了整顿，使之进一步符合群众要求。在整顿中普遍进行了社会主义和共产主义教育，广大社员政治觉悟进一步提高。在整顿中，全县范围内普遍开展了清账工作，清算社内的收入与支出、队内的收入与支出、社与队和队与队之间的平调帐三笔大账，以及多劳多得账、超产奖励账、养猪积肥报酬账、社员投资账、动用个人所有财产五笔细账，先粗算后细算，边算边查边兑现。

经过七个月的人民公社整顿，刹住了急于向全民所有制和共产主义过渡的势头，初步纠正和扭转了公社化运动产生的混乱现象，重新界定了所有制形式和分配制度，在一定程度上遏制了平均主义和“共产风”，但整顿并不深入，人民公社中存在的“一大二公”“一平二调”“共产风”等遗留问题并没有得到彻底解决。

1961 年 5 月 20 日，卢龙县从昌黎县中分离出来，复置卢龙县。陆达任县委第一书记，付瑞丰任县长。7 月份，刘家营公社也从迁安县划归卢龙县。中旬，公社进行整顿，原 6 个公社分置 35 个公社，原 83 个联村大队调整为 457 个生产大队。

二、纠正“五风”

在1958年“大跃进”、大炼钢铁、大搞农田水利基本建设和人民公社化运动中，全国各地泛起了“官僚主义、强迫命令、瞎指挥、浮夸风、共产风”等五股歪风。这五股狂风，歪曲了党的社会主义建设总路线的精神实质，给社会主义事业带来严重损失。在人民公社化运动中，大肆鼓吹“跑步进入共产主义社会”，割“资本主义尾巴”，把社员的自留地、部分生产工具、树木、房屋等一律归公社所有。取消集体所有制，实行全民所有制，实行平均主义的“供给制”。混淆了社会主义集体所有制和社会主义全民所有制的界限，混淆了社会主义和共产主义的界限，大搞一平二调三收款，大刮“共产风”，给国家和人民带深重的灾难。

中共中央鉴于“五风”造成的危害，认为必须坚决反对和彻底纠正“五风”。1960年冬，中共中央领导全党和全国人民，开始纠正农村工作中的“左”倾错误，果断地制定了一系列正确的政策和措施，党的工作发生了重要转变。从11月开始，中共中央先后发出《关于农村人民公社当前政策问题的紧急指示信》（即“十二条”）、《关于贯彻执行“紧急指示信”的指示》和《关于彻底纠正“五风”问题的指示》。要求各级党委“必须在几个月内彻底纠正十分错误的共产风、浮夸风、命令风、干部特殊风和对生产的瞎指挥风”。从此，全国农村迅速掀起了以贯彻“十二条”、纠正“五风”等为中心内容的整风整社运动。

在“大跃进”和人民公社化运动中，昌黎县“五风”问题也很严重，尤其是“共产风”对人民群众危害甚大。不少个人的房屋都被办食堂、敬老院、幼儿园、俱乐部占用。1959年开始，全县社员生产情绪低落，集体观念开始淡薄，一些青壮年人看到生产没盼头，生活没保障，纷纷流入东北城乡，出现了新中国成立以后第一次盲流现象。

针对“五风”造成的危害，昌黎县委制定了十项纠正“五风”的政策。为了纠正“共产风”，彻底清算公社成立后的账目，退赔平调的资金和物资，整顿干部作风，1959 年 5 月初，昌黎县委根据中共河北省委、中共唐山地委的指示，采取有力措施，初步纠正了“共产风”。

三、“反右倾”斗争的开展

1959 年 7 月底，中共中央决定在庐山召开八届八中全会，反击“右倾机会主义”。8 月 7 日，中共中央向全党全军发出《关于反对右倾思想的指示》。从此，全党全军贯彻中共八届八中全会精神，在全国范围内掀起大反“右倾机会主义”的浪潮，一批对“大跃进”“人民公社化”“大炼钢铁”和“大办食堂”等有意见的人，被打成了“右倾机会主义分子”或“严重右倾”，从而对党和国家政治生活、经济生活造成了严重的不良后果。

8 月 26 日，中共昌黎县委召开公社、管理区及县直各部门领导干部会议，传达贯彻中共八届八中全会公报和决议，打破右倾，严重批判了“借口落实，指标压得越低越好”“不敢再提大干苦干的松劲情绪”“强调困难，不想克服困难”“甘居中游，满足现状”的右倾保守思想。

9 月 24 日，中共昌黎县委召开了全体委员会，具体研究了“反右倾”斗争。9 月 25 日至 10 月 15 日为县委、各部局、团委、工厂、企业、学校学习文件讨论阶段。从 10 月 16 日转入检查阶段。

为了保证“反右倾”斗争和社会主义教育运动的开展，11 月 11 日，中共昌黎县委决定建立整风领导小组，由县委第二书记王永山挂帅，书记处书记刘述汉、袁平二人任正副组长。整风领导小组下设2个办公室，即农村社会主义教育办公室和机关整风学习办公室。11月12日，昌黎县委发出了《关于在全县党员、干部中开展整风运动的计划》，决定利用两个月时间，在县直机关、厂矿、中学、财贸、人民公社组织的全体党员干部中开展整风“反右”运动。反右斗争大体分三个阶段，首先是学习文件、解放思想、划清界限、掌握武器；其次是大鸣大放，向党交心、大辩论、重点批判；最后是专题辩论，巩固运动成果，总结收获，大搞竞赛，大搞跃进。同时，运动中贯彻执行中央的“团结——批评——团结”的原则，向“右倾机会主义分子”和“反党分子”展开严肃的斗争，使他们脱胎换骨的自我改造。

在“反右倾”运动中，出现了阶级斗争扩大化的倾向，破坏了党内民主生活，初见起色的在经济上纠“左”的进程被打断了，并在各个领域继续“大跃进”，“左”倾错误再度泛滥起来。

第四节 农村社会主义教育和“四清”运动

1962年，随着全党上下国民经济的深入调整，中苏关系的日益恶化，党内特别是中央领导层对国际国内的形势和政策存在分歧。在党的八届十中全会上，毛泽东把这些认识上的分歧提高到阶级斗争的高度上来认识，看作是阶级斗争的反映，是右倾机会主义和修正主义，提出要在实际工作中进行社会主义教育。同年年底到1963年初，河北省以保定为试点，开展了以“清账目、清仓库、清财物、清工分”为核心的社会主义教育，受到毛泽东的充分肯定。1963年2月21日至28日，中共中央在北京召开工作会议，会议决定以“抓阶级斗争”为中心，在全国农村开展以“四清”为主要内容的社会主义教育运动，在城市开展反对贪污盗窃、反对投机倒把、反对铺张浪费、反对分散主义、反对官僚主义的“五反”运动。5月，毛泽东在杭州召集部分政治局委员和大区书记参加的小型会议，讨论农村社会主义教育问题，制定了《关于目前农村工作中若干问题的决定（草案）》（即“前十条”）。对农村“四清”运动的任务、政策、方法做了规定。9月，中央根据“社教”运动的试点情况，制定了《关于农村社会主义教育运动中一些具体政策的规定（草案）》（即“后十条”）。“后十条”一方面强调“以阶级斗争为纲”，另一方面又提出了“社教”运动中必须执行的正确的方针、政策。此后，中央和地方各级机关分别派出大批工作队，在试点的基础上，展开了大规模的社会主义教育运动。“四清”“五反”运动在全国城乡全面铺开。

“四清”运动前期是在农村中“清工分、清账目、清仓库和清财物”，后期在城乡“清思想、清政治、清组织和清经济”。1965年1月14日中央印发《农村社会主义教育运动中提出的一些问题》，纠正了在农村社教运动中打击面过大等问题。首次提出了要整党内那些走资本主义道路的当权派。

一、开展农村“小四清”

为了贯彻中央农村社教和双十条文件精神，1962年7月20日，卢龙县委下达了《关于立即在农村开展大规模社会主义教育运动的意见》，组织全县农村各级党组织，培训宣传骨干，采取分工包组、包户的方法，利用广播、黑板报等宣传工具，对农民进行坚定共产主义方向、依靠集体、战胜困难、争当五好社员的社会主义宣传教育活动。

卢龙县社会主义教育运动初期分三个阶段进行。第一阶段，典型引路。从1962年12月中旬至1963年2月为典型引路阶段。县委决定以下寨公社为试点，摸索经验，以点带面，全面铺开。这次社会主义教育运动的特点是各级党委负责人亲临农村一线，亲自讲课，使中共中央文件原原本本地同广大群众见面，并采取了先党内后党外，先干部后群众的方法，一层一层地解决问题，原原本本地贯彻了公报和决定，贯彻了毛泽东关于形势、阶级、矛盾的指示精神。普遍地运用群众自我教育的方法，通过回忆对比，忆苦思甜，以村史家史、活人活事，对党员、干部和广大群众进行阶级、阶级斗争和社会主义前途教育，提高全县广大党员、干部、群众的思想觉悟，进一步认清社会主义方向。1963年3月中旬，农村社教转入第二阶段，至6月中旬告一段落。这一阶段主要是分阶层、分年龄、分性别，利用不同形式开展社会主义教育。对广大贫下中农，主要是开展忆苦思甜的阶级教育。对中农主要宣传党的政策、党的阶级路线。对妇女主要引导她们树立责任感和光荣感，坚定男女平等的信心。对农村青年开展各种灵活多样的教育形式。贾庄大队为了教育青年，开展了“四个十年”对比教育活动。即：1933年至1943年全村的痛苦生活，1943年至1953年共产党领导人民打倒了敌人，穷人翻身得解放，1953年至1963年合作化道路的优越性，1963年至1973年十年展望。此外，大队党支部还请“四老”（老党员、老干部、老贫农、老军人）做报告，给青年们讲革命史、斗争史和战斗史。第三阶段，1963年5月27日至6月4日，县委召开公社以上干部会议，部署开展以清经济为主要内容的农村小“四清”。1963年12月，卢龙县委派出548名干部组成工作队进驻蛤泊、四百户、六百户、大李佃子公社84个大队，开展“四清”运动，至1964年9月底基本结束。

全县经过“小四清”，揭发了基层干部铺张浪费、多吃多占、贪污盗窃、投机倒把等问题，在“四清”的同时边整边改，对发现的问题及时处理。对犯错误的干部开展批评与自我批评，对犯有贪污、多占错误的干部，要求他们主动退赔，或制定退赔计划，取得群众的谅解。建立健全了各种必要的规章制度，如会计制度、粮食保管制度、公物登记制度、干部参加劳动制度和补贴办法等。“小四清”解决了农村一些急需解决的问题，特别是对核算单位下放当中遗留的问题，都做了妥善解决，从而调动了社员生产积极性，推动了农业生产的发展。

二、贯彻落实“双十条”，农村“四清”运动深入开展

1963年5月20日，毛泽东在杭州召集部分政治局委员和大区书记参加的小型会议，重点讨论农村社会主义教育问题，制定了《关于目前农村工作中若干问题的决定（草案）》（简称“前十条”）。“前十条”对中国国内形势作了过分严重的估计，认为中国社会中出现了严重尖锐的阶级斗争，如果不抓阶级斗争，“整个中国就要变颜色了”。“前十条”认为社会主义教育运动是为了打退资本主义和封建主义势力猖狂进攻的伟大的革命运动。随后，中共中央华北局和中共河北省委对“四清”运动做出部署。中共唐山地委七次全会决定，计划用两年半时间，在全区开展比“小四清”内容更为广泛的“四清”运动。先行试点，分期分批搞完，重点是和平土改地区和老区土改不彻底或问题较多的落后社队。

1963年9月3日，卢龙县委召开县直机关全体干部大会，县委书记陆达作了反对铺张浪费、反对分散主义、反对官僚主义、反对贪污盗窃、反对投机倒把“五反”运动的报告，卢龙县县直机关开始了第一批“五反”运动。9月10日，在县委机关、人委机关、财贸等35个单位进行，到1964年4月底基本结束。8月下旬到9月中

旬，根据省委、地委指示精神，又进行了“五反”补课。

1963年9月，中共中央制定了《关于农村社会主义教育运动中一些具体政策的规定（草案）（简称“后十条”）》。“后十条”在充分肯定“前十条”关于阶级斗争形势和社教运动性质的基础上，进一步提出运动要坚持“以阶级斗争为纲”的方针，继续发展了“左”倾错误。同时，也规定要“团结95%以上的干部和群众，要依靠基层组织和基层干部”以及对一些极端过火行为加以约束的具体政策。强调运动要与生产工作紧密相结合，运动的一些措施都应当有利于生产。1963年11月，中共中央将“前十条”和“后十条”下发全国城乡。至此，社教运动在全国大范围开展起来，中央和地方各级机关分批派出大批“四清”工作队，分赴各地，开展大规模的“四清”运动。为了提高质量，在“四清”试点的同时，要求各地先在面上搞“粗线四清”，也叫“面上的社会主义教育运动”，为“细线四清”打好基础。

1963年12月，按照中共中央“双十条”精神，中共河北省委召开工作会议，对“四清”运动做进一步部署，决定第一批于1964年1月铺开。根据中共中央、中共河北省委、中共唐山地委统一安排，卢龙县社会主义教育运动随即开展。1963年12月5日，县委组成584人工作队（地委派80人，县社抽374人，从农村借调130人）进驻蛤泊、四百户、六百户、大李佃子4个公社84个生产大队311个生产队开展社会主义教育运动的“四清”运动（主要内容：清工、清账、清财、清库）。由于缺乏经验，历经两次收缩，最后收缩到42个大队，138个生产队。县委利用18天时间，整训了工作队，整训的内容主要以学习“中央两个文件”“华北局关于农村社会主义教育运动试点情况报告”“关于大队、生产队进行四清运动的步骤（要点）”，以及外地“四清”运动试点经验。通过学习，工作队员进一步加深了思想认识，武装了头脑，提高了觉悟，领会了文件精神和伟大意义。

为了摸索经验，搞好农村“四清”工作，卢龙县委把蛤泊公社作为“四清”运动的试点单位。典型引路，带动面上“四清”运动的深入开展。试点工作队 69 名同志于 1963 年 12 月 5 日进驻蛤泊公社。按照中央“十条决定”“十条规定”的精神和省委、地委试点的经验，蛤泊公社“四清”整个过程分为六步：第一步，传达讲解“双十条”，组织阶级队伍，公社干部带头革命，取得运动的领导权；第二步，大队、生产队干部洗手洗澡；第三步，进行“四清”；第四步，开展对敌斗争；第五步，总结教育，加强组织建设；第六步，改善经营管理，搞好生产。

蛤泊试点工作队在蛤泊公社白庄、侯家坡、殷庄、大新庄和东洼里五个大队进行。5 个大队共 18 个生产队，607 户，3902 人。有党员 60 名，其中 46 名任大队和生产队干部，团员 59 名，生产队长、会计以上干部 116 名。据运动初步揭发，5 个大队的民主革命均不够彻底，地、富、反、坏分子的反动气焰没有被彻底打倒。十几年来，阶级敌人的各种阴谋破坏活运十分猖獗，5 个大队共有四类分子 49 名，有反动活动的就有 24 名。他们软硬兼施，使用各种恶毒手段腐蚀干部，篡夺领导权，反攻倒算，企图阶级复辟，死灰复燃。5 个大队不完全统计，地富子女与贫下中农通婚、认干亲等就有 21 名。五个大队 116 名干部中，有 22 名参加赌博，有 13 名党员乱搞两性关系，105 名干部有多吃多占、长期挪用问题，占用现金 5039 元，粮食 4388 斤，工分 11094 分，其他实物折款 496 元。有 64 名干部有贪污盗窃、投机倒把问题，贪污现金 3695 元，粮食 2679 斤，布票 768 尺，其他物资折款 129 元。铺张浪费、请客送礼队队皆有，浪费、送礼实物折款达 2272 元。公社干部多吃多占严重，吃请受礼成风。公社9名干部人人皆有。据1962年统计，公社干部就浪费多占粮食3840多斤，款1950多元，被公社机关食堂吃用和干部私分掉。蛤泊公社“四清”中查处的问题，带有一定的普遍性，对指导面上的“四清”工作起到了一定的作用。

三、城市“五反”运动

社会主义教育运动在城市主要是开展“五反”运动。1963年3月1日，中共中央发出《关于厉行增产节约和反对贪污盗窃、反对投机倒把、反对铺张浪费、反对分散主义、反对官僚主义运动的指示》。1964年3月22日，中共中央又做出《关于继续抓紧进行“五反”运动的指示》，明确指出城市“五反”运动也像农村“四清”运动一样，是重新教育人、改造人的革命运动，是防止和克服资本主义、修正主义的侵蚀，打退资本主义势力进攻的革命运动，必须搞深搞透。中共唐山地委按照中共中央、中共中央华北局和河北省委的指示，对“五反”运动作出安排部署。

1963年9月3日，中共卢龙县委召开县直机关全体干部大会，县委书记陆达作了反对铺张浪费、反对分散主义、反对官僚主义、反对贪污盗窃、反对投机倒把“五反”运动报告，卢龙县县直机关开始了第一批“五反”运动。9月10日开始，在县委机关、人委机关、财贸等35个单位进行，到1964年4月底基本结束。

卢龙县直机关第一批“五反”运动于1963年9月开始，到11月中旬进入后两反，经过内查外训，小组质询，三定三允许等工作，最后肯定有两反问题重点人35人，5名嫌疑分子。这35名重点人先后共退赃款6865元，采取分期分批形式退回。县直机关35个单位，经过摸底，应退赔的141人，应退粮票599斤，花生60斤，粉条82斤，果品123斤，现金1612元。

“五反”运动使广大干部和职工受到一次较深刻的社会主义教育，打退了资产阶级进攻，基本刹住了多吃多占、生活特殊化、铺张浪费、贪污盗窃、投机倒把等歪风。但是，运动是在“左”倾思想指导下进行的，过分夸大了阶级斗争，错整了一批干部和职工，后来由于受到“文化大革命”的冲击，“五反”运动被“文化大革命”取而代之。

四、“四清运动”转轨变型

毛泽东于1965年亲自主持制定的《农村社会主义教育运动中目前提出的一些问题》（即二十三条）于1月14日发布了。这是毛泽东指导当时农村阶级斗争的一个完备的纲领性文件，第一次提出了一个重要的阶级斗争和党内斗争的原则，那就是：这次运动的重点，是整党内那些走资本主义道路的当权派。“二十三条”既作为农村社会主义教育运动的纲领性结论，也成为后来“文化大革命”的指导原则。可以说，“二十三条”既是1956年生产资料社会主义改造基本完成之后的全国性阶级斗争的发展结果，又是“文化大革命”的前奏。

1965年1月28日，卢龙县委采取常委分工包片的方法，向广大干部群众宣讲“二十三条”。“二十三条”指出了“四清”运动的性质是社会主义和资本主义的矛盾，确定“四清”运动的重点，是“整党内那些走资本主义道路的当权派”。“二十三条”发布以后，农村以“清账目、清工分、清仓库、清财物”为核心的社会主义教育，转变为在全国城乡以“清思想、清政治、清组织、清经济”为主要内容的社会主义教育运动。新的更大规模、更深层次的“四清”运动在全县进一步展开。普遍出现了阶级斗争扩大化的“左”的倾向。许多人受到了警告、严重警告、留党察看、开除党籍、开除公职等处分。

第四章 “文化大革命”

1966年5月召开的中共中央政治局扩大会议和8月召开的八届十一中全会，是“文化大革命”全面发动的标志。两个会议先后通过的《中共中央通知》（简称“五一六通知”）和《中共中央关于无产阶级文化大革命的决定》（简称“十六条”）发出后，“文化大革命”在全国全面展开，“左”的思想路线占据了主导地位。一大批忠于党、忠于人民、忠于革命的党政军领导、知识分子被打倒，被批判，酿成了全国性的政治冤案。

卢龙县按照上级的部署，在“文化大革命”中，积极贯彻“五一六通知”和“十六条”，开展红卫兵造反夺权、成立革命委员会、斗批改、清理阶级队伍等一系列运动活动。在“抓革命，促生产”方针的指引下，卢龙县深入开展“工业学大庆”“农业学大寨”运动，国民经济和社会各项事业得到不同程度的发展。

“文化大革命”之所以冠以“文化”二字，是因为这场“大革命”是由文化、意识形态领域的批判运动逐步发展到矛头指向党的领导层的政治运动。1965年11月10日，上海《文汇报》发表了由江青秘密策划，姚文元撰写的《评新编历史剧〈海瑞罢官〉》，文章的发表及随之而来的文学艺术领域里的批判运动，成为引发“文化大革命”运动的导火索。继而，又开始了对“三家村札记”、《燕山夜话》的批判，矛头指向了北京市委，指向了国家党政领导机关。“炮打司令部”发表以后，斗争的矛头指向了党内最大的走资本主义道路的当权派。“文化大革命”的星星之火，以燎原之势，燃遍全国。炮火越来越猛烈，一发而不可收。通过大联合、大串联，红卫兵运动蜂拥而起，革命委员会脱颖而出，斗批改运动如火如荼。全国大大小小的走资派悉数被夺权、被打倒、被专政。在“文化大革命”中，林彪、江青反革命集团趁机制造谣言，混淆视听，搞阴谋诡计，妄图夺取党的最高领导权。林彪折戟沉沙，篡党夺权的反革命罪行败露以后，掀起了批林批孔运动。毛泽东逝世以后，党中央一举粉碎了“四人帮”，动乱十年之久的“文化大革命”宣告结束。

第一节　卢龙县“文化大革命”的兴起

一、学习贯彻“十六条”

1966年5月16日，中共中央政治局扩大会议通过了《中国共产党中央委员会通知》（即“五一六通知”），1966年8月8日，又下发了中共八届十一中全会通过的《中国共产党中央委员会关于无产阶级文化大革命的决定》（简称“十六条”）。文件对运动的形势、目的、重点、依靠力量、方法等根本问题都作了规定。“十六条”指出：“当前开展的无产阶级文化大革命，是一场触及人们灵魂的大革命，是我国社会主义革命发展的一个更深入、更广阔的新阶段。”“在当前，我们的目的是斗垮走资本主义道路的当权派，批判资产阶级反动学术‘权威’，批判资产阶级和一切剥削阶级的意识形态，改革教育，改革文艺，改革一切不适应社会主义经济基础的上层建筑，以利于巩固和发展社会主义制度。”强调要“敢”字当头，放手发动群众，“充分运用大字报、大辩论这些形式，进行大鸣大放”，“不要怕出乱子”，指出“这次运动的重点是整党内走资本主义道路的当权派”。

卢龙县委召开常委会议，认真学习中共中央“十六条”。1966

年 8 月 10 日，县委成立“文化革命办公室”，抽调大批干部深入各个社队，宣讲中共中央《关于无产阶级文化大革命的决定》等有关文件。各工委、公社普遍向社员群众进行了宣传贯彻。有的公社逐级开会进行贯彻。木井工委抽调了 104 名报告员，分别到各村进行报告宣讲。各工委和部分公社还采取典型引路的方法搞好宣讲。截至 8 月底，全县 35 个公社有 9 万多社员群众直接接受了宣讲，受到了教育，表示积极投身到“文化大革命”运动中来。

二、红卫兵运动

红卫兵是被“十六条”充分肯定的革命闯将。全国各地迅速掀起红卫兵造反夺权的热潮。卢龙县中学和潘庄、陈官屯、双望、刘田各庄、木井等国办中学全部成立了红卫兵组织，在校学生人人都是红卫兵。卢龙县中学成立了“红色司令部”和“总司令部”两大派系的红卫兵组织。红卫兵组织冲击党政机关，造反夺权，踢开党委闹革命，张贴大字报，破四旧、立四新，砸文物古迹，开批斗会、游街批斗走资派和牛鬼蛇神。有的机关单位、农村大队也成立了类似的造反夺权组织。许多单位的主要领导被夺权。县委刘章清、付瑞峰、刘述汉等县委领导被打成“三巨头”，受到批斗。

1967 年，中共中央“五一六通知”公开发表，把“文化大革命”进一步推向了高潮。1967 年 11 月 17 日，卢龙县中等学校红卫兵代表大会召开，会议通过了《河北省卢龙县中等学校红卫兵代表大会决议》《河北省卢龙县中等学校红卫兵代表大会公告》和《给毛主席的致敬信》。

在破四旧、立四新运动中，卢龙县天主教堂的尖顶和一些庙宇被拆毁。许多老百姓家中的带有封资修图案的古瓷器、古书画等被砸毁、烧毁，金银珠宝被收缴。县内有 8 个大队在“文革”“破四旧、立四新”中更改村名，一度造成村名混乱。

三、“造反派”组织全面夺权

1967年1月，在张春桥、姚文元的策划下，上海工人造反总司令部等32个造反组织夺取了上海市的党政领导大权，并向全国发出“紧急通告”和《告上海全市人民书》，刮起了造反夺权的“一月风暴”。从此，全国各地的“文化大革命”进入了全面夺权阶段。卢龙县随着学校“红卫兵”组织的一哄而上和上海“一月风暴”的影响，县委、人委机关、县直单位，各连队（工委）公社，包括一些农村大队也纷纷成立了革命造反组织。这些造反组织打着“革命无罪，造反有理”的口号，造反夺权，一路所向披靡。县委、县人委的党政领导干部，县直各局、办、科的主要领导，各连队、公社的主要领导、中小学的校长，甚至相当数量的农村大队党支部书记先后被撤销了领导职务。主持县委工作的付瑞丰、刘章清、刘述汉“三巨头”都被夺了权，列入了“走资派”的行列。党的各项工作、社会主义建设事业、工农业生产等陷入了瘫痪和无政府状态。

第二节　卢龙县“文化大革命”的蔓延

一、卢龙县革命委员会成立

为了成立卢龙县革命委员会，成立了由支左部队牵头的县革委会筹备小组，本着革命委员会领导成员工农兵三结合的原则，先后成立了“红代会”“工代会”“农代会”，分别召开了成立大会。

1967年11月29日，县革委会筹备小组主持在县中学操场召开卢龙县革命委员会成立庆祝大会，参加会议的有卢龙县广大干部群众上万人。卢龙县革命委员会由57名委员组成。卢龙县人民武装部政委边树林任主任委员，原卢龙县委代理书记刘章清、工人代表杨印堂、学生代表张久为副主任委员。县革委会下设办公室、政工组、生产指挥组、政法组，工代会、农代会、红代会设三代会联合办公室。

1968年1月21日至2月24日，全县35个公社先后成立了公社革命委员会。

1967年12月，随着中共中央"农村七条"的下达，卢龙县的"文化大革命"深入农村，组织了以解放军为主体，有地方革命领导干部和革命造反派参加的"军、干、造"三结合的宣传队。在县革命委员会的领导下，不定期研究、总结宣传队的学习、思想和宣传情况。由一名主任委员挂帅，通过农村文革小组对宣传队实行领导。宣传队以工委建队，设正副队长和正副指导员，公社建组，设有正副组长。从此，各个宣传队深入农村，采取文艺演出、街头宣传、集日游行、串户包院等各种宣传形式，利用大字报、黑板报、屋顶广播等各种宣传工具开展宣传活动。全县各个社队培养出学校师生、在乡知识青年、民兵、妇女等各方面不出村的宣传队员1万多人。

二、"斗、批、改"运动

"斗、批、改"运动是"文化大革命"的一个历史阶段。"斗、批、改"即"斗垮走资本主义道路的当权派，批判资产阶级的反动学术权威，批判资产阶级和一切剥削阶级的意识形态，改革教育，改革文艺，改革一切不适应社会主义经济基础的上层建筑，以利于巩固和发展社会主义制度"。中共第九次全国代表大会，对"斗、批、改"的任务，做了进一步的明确。

卢龙县革命委员会成立后，加强了对"斗、批、改"运动的领导。县革委会成立了斗批改办公室，由支左部队人员和地方干部组成。从 1968 年 11 月 25 日开始，卢龙县历经 4 个春夏秋冬，先后组织工人、贫下中农、解放军、干部参加的毛泽东思想宣传队 4622 人，进驻 35 个公社，335 个大队，14 个县直单位，184 个社直单位，在全县城乡深入地开展了斗批改运动。运动期间，“左”的倾向继续蔓延，制造了许多冤假错案，致使许多干部群众受到迫害。

（一）“清理阶级队伍”

清理阶级队伍（简称“清队”），要求把所谓的混入革命队伍里的叛徒、特务、“走资派”以及地主富农、资本家、反革命分子、坏分子、右派分子等清理出来，做到“阶级阵线分明”。由于对“阶级敌人”没有明确的规定，这项运动带有很大的主观随意性，加之林彪、江青一伙散布和助长的极左思潮的影响和派性斗争的干扰，无限上纲地把一般政治历史问题上升为敌我矛盾。由此制造出了大量的冤假错案。“清理阶级队伍”不仅没有做到纯洁组织，划清“阶级阵线”，反而给革命的基本队伍造成极大的损害和混乱。

1968 年 5 月 4 日，“卢龙县无产阶级清理工作指挥部”成立，在全县开展“一批三查一挖”运动。一批是开展大批判；三查是：一查“走资派”，二查“叛徒、特务、现行反革命分子”，三查没有改造好的“地、富、反、坏、右分子”；一挖是深挖隐藏在革命队伍内部的“一切牛鬼蛇神”。

“清理阶级队伍”是在“左”倾思想指导下开展的，混淆了人民内部矛盾和敌我矛盾的界限。在运动中，以所谓大办学习班的形式，大搞挂牌揪斗和游街示众，给不少人扣上“走资派”“三反分子”“叛徒”“特务”“蜕化变质分子”“新生反革命分子”的帽子，造成许多冤假错案。“清理阶级队伍”对于干部队伍的伤害是不可估量的。后来，全县多次进行了复查和落实政策工作，“文化大革命”结束后，再次进行复查“清队”工作，全部的冤假错案得以平反昭雪。

（二）“一打三反”

“一打三反”（打击现行反革命破坏活动，反对贪污、盗窃、投机倒把）是中央部署的“文化大革命”的一项重要任务。1970 年 8 月 12 日至 9 月 30 日，教育系统率先举办“一打三反”学习班，历时 50 天。共有 1991 名教职员工参加了学习。经过群众性的大揭发、大检举、大辩论、大批判，揭发出各种问题 7615 件，369 人受到冲击，其中揪斗 10 人，批判 15 人，挖出“蓝旗分子”2 人，“现行反革命分子”5 人，又一次酿成新的冤、假、错案。1971 年 7 月 12 日，中共卢龙县委发出《关于夏秋斗批改安排意见》，对全县深入开展斗、批、改，特别是“一打三反”做出了部署。1971 年，县革委成立三个专案小组，深入重点单位，查处“蓝旗”“国民党”和“社会民主同盟”三个政治案件。县直单位确定农机局、化学厂、防治院、饮食服务站四个单位为重点单位，由斗、批、改办公室派人进驻。面上其他单位由主管部门负责抓好。1971 年 10 月 25 日，中共卢龙县委下发了《关于今冬明春斗批改安排意见》，把斗、批、改运动的重点引向农村，开展了农村第三次运动。这次运动的重点是深入开展“一打三反”，开展两条路线斗争教育，加强党的思想建设和组织建设。采取重点进驻分类指导的方法，全县进驻 55 个问题较多的重点二、三类大队。组织宣传队员 561 名入村开展运动。

（三）“革命大批判”

“革命大批判”是“文化大革命”中“斗、批、改”的主要形式。主要通过大字报、大辩论、大鸣大放、批判会等形式对党内

“走资派”、反动学术权威、地富反坏右、牛鬼蛇神等进行声讨、批判和斗争。1966年8月13日中央工作会议上，林彪提出了“文化大革命”就是要罢一批人的官，升一批人的官，保一批人的官。中共八届十一中全会后，为扫清“文化大革命”的障碍，林彪在1966年10月1日的国庆讲话中要求继续同“资产阶级反对革命路线”的行为做斗争。10月3日出版的《红旗》杂志社论根据毛泽东指示，将“资产阶级反对革命路线”改作“资产阶级反动路线”，提出“对资产阶级反动路线，必须彻底批判”。在随后召开的中共中央工作会议上，刘少奇、邓小平被诬指代表“压制群众、打击革命积极分子的路线，是资产阶级反动路线”。在彻底批判资产阶级反动路线名义下，不仅公开批判刘少奇、邓小平，而且将那些对各种越轨行动、不法行为加以阻止或约束的人，加上资产阶级反动路线的罪名，更多干部因此被打倒，社会动乱局面愈演愈烈。

批判“资产阶级反动路线”中，卢龙县红卫兵一马当先，成为大批判的主力军。各种形式的批判会此起彼伏。机关干部和各界群众纷纷建立或加入造反派组织。这些造反派组织到处“造反”，踢开党委闹革命，冲击党政机关。许多干部一夜之间就不知不觉成了“走资派”和“反动学术权威”，一些领导干部被视为“资产阶级反动路线”的代理人而受到审查和揪斗，无法开展正常的工作，社会陷入一片混乱之中。

从1968年起，卢龙县的“革命大批判”运动逐渐升级。主要批判对象是党内最大的走资本主义道路的当权派及其代理人，批判他们炮制的“阶级斗争熄灭论”，在农村推行的“三自一包”“四大自由”。教育战线批判“分数第一、业务第一、智育第一、升学第一”，财贸战线批判“利润挂帅”。在干部队伍中批判修正主义、宗派主义、山头主义、无政府主义。革命大批判要和斗私批修结合起来，查找自身存在的问题。在“斗、批、改”阶段，卢龙县的革命大批判轰轰烈烈，贯穿“斗、批、改”运动的始终。1971 年 1 月 16 日，卢龙县革命委员会在下寨公社召开万人批判“走资派”大会。下寨公社社队干部、群众，县直单位职工干部以及全县其他公社的社队两级干部参加了会议，对丁家沟大队党支部书记高俊、肖家沟大队党支部书记陈永等进行了大张旗鼓地批判。

三、兴办“五七”干校

1966 年 5 月 7 日，毛泽东给林彪写了一封信，这封信后来被称为“五七指示”。在这个指示中，毛泽东要求全国各行各业都要办成一个大学校，学政治、学军事、学文化，又能从事农副业生产，又能办一些中小工厂，生产自己需要的若干产品和与国家等价交换的产品，同时也要批判资产阶级。五七指示也成为“文化大革命”中办学的方针，造成了教育制度和教学秩序的混乱。

1968 年 9 月，卢龙县委在武山良种场创办了“五七”干校。“五七”干校第一批学员 51 人，于 1968 年 12 月 11 日入校，经过 3 天整顿，于 12 月 15 日举行了开学典礼。由边树林、李贺荣、文庆元等七人组成领导队伍，再由工农学员中增选革命委员会委员，革命委员会以下办事机构暂不建立，确定 3~5 人兼管政工、生产、出勤等工作。第一批学员按解放军建制，建立一个连队，作为“五七”干校第一连。下分三个班，一班、二班共 31 人，参加生产劳动，三班 20 人，暂时搞工委、公社专案和审干。连部设连长 1 人，指导员 1 人。党支部建在连部，全连共有恢复组织生活的党员 7 名，临时选举了支部书记、副书记，不设委员，班里设班长、副班长 2 人，由连部提名，民主选举。连部活动直接由校革命委员会领导。“五七”干校的干部和工作人员一律不脱产，既是管理者又是劳动者，由校革委会的成员到每一个学员统称为“五七”战士。

县“五七”干校从1968年12月开办，到1979年停办，历时11年，其间几经变动，大体分为三个阶段：“斗、批、改”阶段，轮训在职干部阶段，党校、干校合并阶段。各阶段的办学方式、培训内容和教育对象都有所不同，其效果也不尽相同。第一阶段，主要任务是除组织正式学员参加劳动外，还担负了“斗、批、改”的扫尾工作，即负责对被打倒未解脱的党政领导以及其他被审查人员的批斗和处理工作。第二阶段主要任务是落实毛泽东“认真看书学习”的指示，轮训在职干部。此外，“五七”干校每年代县文教局培训一期教育干部。第三阶段是党校、干校合并阶段。1974年4月，根据上级指示精神，党校、干校合并，实际上是一套人马，两个牌子。1975年9月，县“五七”干校在县城东北角建新校园。县党校、干校从1978年开始停止招生，1979年3月“五七”干校正式撤销。

第三节　对林彪反党集团的批判

一、批陈整风

批陈整风是指1970年至1971年上半年在中共内部开展的批判陈伯达等人反党罪行的活动。

在党的九届二中全会上，陈伯达突然袭击，煽风点火，制造谣言，鼓吹“天才论”，主张设国家主席，进行分裂党的阴谋活动。会议期间，陈伯达选编了《恩格斯、列宁、毛主席关于称天才的几段语录》《林副主席指示》分发给了一些人。九届二中全会的一些小组会上，林彪集团主要成员分别在各组同时宣讲陈伯达选编、经过林彪审定的“称天才”的材料，蛊惑人心，制造混乱。在毛主席亲自领导下，全会揭露了陈伯达的反党，反九大路线，反马克思主义、列宁主义、毛泽东思想的严重罪行，揭露了他假马克思主义、野心家、阴谋家的面目。其后，根据毛泽东的批语精神，在党内开展了“批陈整风”运动。

1971 年 5 月 14 日至 6 月 4 日，中共卢龙县委按照上级要求，召开了第一次批陈整风会议，与会党员干部 297 人。参加会议的有公社书记、副书记、武装部长和相当于公社一级县直各单位支部书记；县革委机关各部、室、组的党员，主任、副主任、组长等。批陈运动分为两个阶段，第一阶段用时 16 天时间。首先学习毛泽东《我的一点意见》讲话精神，揭发批判陈伯达反党篡权罪行。以华北整风会议为榜样，重点是批陈，其次是整风。贯彻中共河北省委、中共唐山地委会议精神，主要戳穿国民党反共分子、托派、叛徒、特务陈伯达在认识领域里对抗辩证唯物主义的唯心主义的“先验论”等。会议最后布置学习马克思、恩格斯、列宁和毛泽东著作，号召“认真看书学习，弄通马克思主义”。第二阶段用时 6 天。与会同志对县委常委进行了诚恳的批评和帮助，县委书记孟英代表县委常委在大会上做了检查汇报。

9 月 21 日至 12 月 3 日，中共卢龙县委召开第二次批陈整风会议，与会人员扩大传达到 22 级以上党员干部，与会 305 人。会议以毛泽东《我的一点意见》为重点，深入揭发批判了陈伯达的“三大罪状”“四个谬论”“五大谎言”，剥掉了陈伯达的“四张画皮”。在批陈的基础上，进行了整风，与会同志对县委在方向、路线、执行政策和思想作风等方面的问题，进行了批评和帮助。

会议结束后，卢龙县委带领全县广大干部进行“批陈整风”。广大干部群众深入揭发、批判陈伯达唯心论的“先验论”等，肃清了流毒。县委、县革委以及各级党委和革委会成员深入基层搞试点，带头宣讲中共中央文件，分赴各社、队传达贯彻中共中央文件，使全县广大干部群众接受了教育。同时，全县贯彻执行了毛泽东关于“认真看书学习”的指示，开展学习马克思列宁主义、毛泽东思想，提高了认识能力。随着“批陈整风”运动的深入发展，全县人民学习马列主义、毛泽东思想的群众运动出现了新的高潮。另外，在开展“批陈整风”运动中，继续深入地开展了“斗、批、改”运动。

二、批林整风

“批林整风”运动，是指1971年“九一三”事件后至1973年，在全国范围内为揭发、批判林彪反革命集团开展的一场大规模的群众运动。

1971年9月13日，林彪反党集团在阴谋败露后，林彪乘飞机仓皇出逃，飞机坠毁在蒙古的温都尔汗。10月30日，根据中共河北省委、中共唐山地委要求，按照保密级别的规定，中共卢龙县委召开常委扩大会议，在县级领导中进行传达，随后各公社、县直单位相继召开党委扩大会议进行传达。直到11月3日，全县普遍向群众进行了传达。在传达学习中，开展宣讲、讨论、回忆对比、声讨、批判、民主总结等一系列活动，认清林彪的反党路线和搞反革命政变的阴谋，特别是要谋害中共中央主席毛泽东、另立党中央、叛国出逃的种种罪行。

随着中共中央关于《粉碎林彪反党集团反革命政变的斗争》材料的下发，中共卢龙县委、县革委一边向广大群众传达，一边深入开展揭发批判，重点批判林彪一伙炮制的反革命纲领《“571工程”纪要》。1971年10月15日至17日，县委召开生产大队支部副书记和行政22级以上干部会议，传达贯彻毛泽东主席批示的中央7个文件，批判林彪反党叛国罪行。县委传达学习了《毛主席在外地巡视期间同沿途各地负责同志的谈话纪要》，将林彪反党集团反革命政变阴谋的一系列重要文件逐级传达到基层，使广大干部群众比较系统地了解林彪事件的真相。全县各级党委遵照毛泽东关于“路线是纲，纲举目张”的教导，遵照毛泽东“认真看书学习，弄通马克思主义”的指示，结合传达贯彻中共中央文件《粉碎林陈反党集团反革命政变的斗争（材料之二）》《毛主席在外地巡视期间同沿途各地负责同志的谈话纪要》和深入批判林彪的罪行，围绕毛泽东提出的“要搞马克思主义，不要搞修正主义；要团结，不要分裂；要光明正大，不要搞阴谋诡计”的三条原则，认真组织广大干部和工农群众进一步学习毛泽东的《实践论》《人的正确思想是从哪里来的》《我的一点意见》等哲学著作。县委常委、工委书记、机关干部等选学了《共产党宣言》《唯物主义和经验批判主义》等马列的书目。县“五七”干校举办了读书班。

1972 年 2 月 3 日至 9 日，县委召开党员干部会议，传达中共中央（1972）4 号文件，即《粉碎林陈反党集团反革命政变的斗争（材料之二）》，批判《“571”工程纪要》。3 月 23 日至 28 日，县委在卸甲庄公社召开四级干部会议，传达中央文件，批判林陈反党集团罪行。参加会议的还有县委、县革委会委员，共 3700 人。会上，学习了中央（1972）4 号文件，批判了林陈反党集团罪行；传达贯彻了全国和省计划会议精神，总结了全县 1971 年国民经济计划的执行情况；讨论制定了 1972 年国民经济计划，参观了富申庄、卸甲庄、大万山、小万山、苏家沟等大队的农田基本建设。

1972 年 4 月 17 日至 22 日，县委召开卢龙县妇女工作会议，参加会议 1600 人，是新中国成立以来规模最大的一次妇女会议。会上，学习了中央 12 号文件精神，批判了林陈反党集团罪行。县委书记孟英代表县委做了《深入进行思想和政治路线方面的教育，充分发挥妇女在三大革命运动中的作用》的报告，大大鼓舞了妇女们的工作热情。

根据中共中央和中共河北省委、中共唐山地委通知精神，中共卢龙县委常委会研究决定，从1972年11月6日开始进行批林整风，至12月2日告一段落，前后共用13天时间。参加这次整风会议的共56人，除10名常委外，各部室正副主任、局组正职、工委书记、片领导小组组长也参加了整风学习。同时，县委组织310人的批林整风工作队，深入农村开展运动，至1973年2月底结束。

“批林整风”会议结束后，1972年12月21日，中共卢龙县委常委会下发了《中共卢龙县委关于今冬明春批林整风安排意见》，以进一步提高对批林整风的认识，部署基层“批林整风”工作。同时，要掀起农业生产新高潮。召开支委会、支部大会，讲清“批林整风”的意义，以统一思想，端正态度。召开各种座谈会，征求意见，分析本单位两个阶段、两条道路、两条路线斗争的情况和领导班子的主要问题。党支部研究确定批林整风意见，作出批林整风的计划。通过批林整风运动，全县35个公社干部群众都调动起来，把工农业生产各项工作彻底带动起来。

1973年3月中旬至4月中旬，县委两次召开清理工作会议，清理与林彪反党集团有牵连的人和事。10月中旬，县委组织工作队，深入农村开展批林整风运动。

“批林整风”运动以毛主席关于批林整风的一系列指示为指针，牢牢掌握重点，在批林的大方向上发扬了延安整风精神，认真地学习了《毛主席致江青同志的信》和中央批林整风文件，深入批判了林彪鼓吹的“权力至上论”“唯天才论”“精神万能论”和分裂党、分裂军队、分裂群众的分裂主义罪行。在提高认识的基础上，以《毛主席致江青同志的信》和“三个基本原则”为武器，针对党委在贯彻民主集中制，革命团结、反骄破满、纠正不正之风等方面存在的主要问题，进行整风检查。这次运动使大家受到了一次深刻的马克思主义、毛泽东思想的教育，加深了对党的基本路线的理解，提高了觉悟，增强了党性，加强了革命团结，进一步明确了县委思想建设的方向。

三、批林批孔

1974年1月12日，王洪文、江青在给毛泽东的信中，建议转发北京大学、清华大学大批判组编写的《林彪与孔孟之道》（材料之一），在全国开展“批林批孔”运动。1月18日，经毛泽东同意，中共中央转发此文件并发出通知，随后，一场“批林批孔”运动在全国开展起来。卢龙县的“批林批孔”运动有所延伸，同全国各地一样，相继夹杂着掀起了“评法批儒”、学理论（批判资产阶级法权、对资产阶级实行“全面专政”）、批判“小生产者”、割私有制尾巴、评《水浒》等浪潮。

中共中央转发《林彪与孔孟之道（材料之一）》的通知及附件以中共中央1974年1号文件形式下达后，1974年2月3日，中共卢龙县委按照中共唐山地委部署，在“批林整风”的基础上，普遍深入地开展了“批林批孔”运动。原县斗批改办公室撤销，改称“批林批孔”办公室，由一名县委副书记和一名县委常委主抓这项工作。“批林批孔”重点主要是：批判林彪宣扬的孔子“克己复礼”“中庸之道”“生而知之”的“天才论”，“劳心者治人，劳力者治于人”等反动观点。各级党委把“批林批孔”当作头等大事来议、来抓，层层抓典型，召开现场会，总结交流“批林批孔”的运动经验。1975年1月12日，中共卢龙县委召开了关于“批林批孔”经验交流会议。参加这次会议的有各社队、各条战线“批林批孔”先进单位的代表和积极分子416名，工委、公社、大队工作队和县直单位负责人93名，共509名。在小会普遍发言的基础上，有75名同志在会上发了言。中会发言后，经过群众推荐和领导批准，有22名同志在大会上发了言。

“批林批孔”运动中煽动青年学生打垮“师道尊严”，反对“智育第一”，对广大教师和教育工作者进行批判，造成十分恶劣的影响。“批林批孔”运动，使县内一些帮派分子的活动死灰复燃。林彪事件后，经过艰苦努力刚刚趋于稳定的局面重新遭到破坏，工农业生产和其他各项工作的正常开展受到影响。

第五章 国民经济和社会事业的曲折发展

“文化大革命”期间，由于受极左思潮的冲击和影响，卢龙县国民经济和社会各项事业的发展受到严重的干扰破坏。中共卢龙县委、县革委认真贯彻“抓革命，促生产”和“备战备荒为人民”的方针，在坚持“以阶级斗争为纲”的同时，狠抓工农业生产不动摇。积极开展“工业学大庆”“农业学大寨”运动，直接或间接地抵制了林彪、江青反革命集团的种种干扰和破坏，国民经济和社会各项事业曲折发展。“文化大革命”结束的1976年全县粮食亩产237.4千克，总产132653吨，分别比“文化大革命”开始的1966年增加47.5%和38.5%。1976年工业总产值1935万元，比1966年增加1574万元。

第一节 “工业学大庆”和“农业学大寨”运动

一、“工业学大庆”

“工业学大庆”是1964年党中央对全国工业战线提出的号召。中央号召开展“工业学大庆”运动，主要是要求学习大庆自力更生、艰苦奋斗的精神，以推动全国工矿企业和社会主义建设向前发展。1964年2月5日，中共中央发出通知，号召全国其他部门学习大庆油田的经验。此后全国工业交通战线兴起了学习大庆经验的运动，大庆也成了中国工业战线的一面旗帜，“工业学大庆”的口号在全国传播。

卢龙县积极响应党中央和毛主席的号召，坚持“以农业为基础，工业为主导”的方针，在工业战线广泛开展了“工业学大庆”运动，搞好原有工业企业的革新改造，更新换代，发扬“铁人精神”，大上以“五小工业”为主的工业企业，全县工业企业得到跨越式发展。

卢龙县是个传统农业县，工业基础比较薄弱。1949 年，全县工业企业只有 8 家，年产值 73 万元。解放后着手发展工业、手工业。1952 年工业企业 13 家，总产值 254 万元，比 1949 年增长 2.5 倍。第一个五年计划期间，完成对工业、手工业的社会主义改造。1957 年工业企业 72 家，总产值 577 万元，平均年递增 17.9%。第二个五年计划期间，由于“大炼钢铁”和“大跃进”的干扰，加之自然灾害，一些盲目建立的工厂停产下马，至 1962 年，工业企业降至 48 家，总产值仅为 352 万元。第三个五年计划期间，正值“文化大革命”的高峰期，形势动乱，工业生产发展缓慢，至 1970 年，工业企业 44 家，总产值 873 万元。第四个五年计划期间，卢龙县认真开展“工业学大庆”，大力发展小钢铁、小煤矿、小机械、小水泥、小化肥等五小工业，至 1975 年底，工业企业 62 家，总产值增至 2069 万元，相当于 1970 年的 2.37 倍。1976 年，全县完成工业总产值 1877 万元，占完成计划的 104%。

卢龙县在“工业学大庆”运动中，认真贯彻“以农业为基础，工业为先导”的发展国民经济的总方针，以支援农业、服务农业为己任。狠抓思想转轨，为农业发展做出贡献。1976 年，全县有关厂矿生产直接为农业生产服务的小拖前桥、水泵、打浆机、铡草机、粉碎机、扬场机、水桶、水柜、大车上棚等 22600 多台（件），铁木制小农具 35.1 万件。满足了农业生产的需求。许多厂矿企业克服“利润第一”的思想，坚持先修后制、以修为主、修制并举的原则，积极开展修配活动。组织常年下乡修配小分队38个，1500人次，修配各种农机具21万台（件），有力地支援了农村社队农业机械化建设。

卢龙县在“工业学大庆”运动中，积极开展社会主义劳动竞赛，促进了“工业学大庆”运动的深入开展。各厂矿、车间班组开展劳动竞赛，年终开展大评比。通过竞赛评比，树立典型。1976年全县评比出先进企业10个，先进车间班组（支局）127个，先进个人1485名。通过竞赛评比，涌现了武山石矿、化肥厂等一批先进企业的模范。为进一步开展“工业学大庆”积累了经验，树立了榜样。在“工业学大庆”运动中，卢龙县武山石矿干部职工积极贯彻执行《鞍钢宪法》，发扬“铁人精神”，苦干加巧干，矿石产量连创新高，市场销路供不应求，产值、利润节节攀升。被河北省命名为“工业学大庆”先进单位。1976年，三车间青年工人齐俊仁利用公休日、节假日参加劳动28天，生产矿石337立方米，价值2410元。三车间青年工人赵广胜，义务劳动生产矿石78立方米。

卢龙县在“工业学大庆”运动中，狠抓企业的技术改造、产品更新，不断扩大企业规模，提高企业市场竞争能力。卢龙县化肥厂是在“工业学大庆”运动中的1970年建成投产的化工企业。生产的化肥直接供应卢龙县各社队的农业生产，产品供不应求。为了满足市场需求，为“支农”做出更大贡献，化肥厂进行了两次大规模的技术改造，更新先进设备，改革工艺流程。技改后的化肥厂，有工业专用锅炉、输送给料设备、电力机械设备、焊接切削设备、工业电热设备、环境保护设备以及各种泵、风机、除尘器、球磨机等一整套机械设备。经过两次技术改造，大大提高了企业的生产能力，由年产合成氨3000吨增加到1万吨。先后被河北省政府命名为“小氨肥”百面红旗、“工业学大庆先进集体”，受到省政府通令嘉奖。

1977年，化肥厂6个车间展开了车间与车间的对手赛。每一队一面流动红旗，每季度红旗流动一次，优胜劣汰。接着又展开了工段与工段、班组与班组、人与人的对手赛。竞赛的条件是：比学习马列和毛主席著作怎么样，看批“四人帮”深入不深入；比政治思想工作做得怎么样，看积极因素是否调动起来；比纪律好不好，看作风是否过硬；比干劲，看成果是否显著；比班子团结，看一班人革命化程度如何；比各项管理制度，看车间面貌是否变了样。通过开展六比六看的竞赛活动，一月份各车间进行了评比，评出了团结，评出了发谊，评出了干劲，评出了风格。在这样一个基础上，厂党委提出两肥生产大拉练。1978年，为进一步扩大农用化肥的生产规模，由化肥厂析置出磷肥厂，企业生产一路飘红，1980年被国家化工部命名为“全国小磷肥、小硫酸企业红旗单位”。

卢龙县酒厂、煤矿、刘田庄木器厂、木井铁木社、横河铁木社、城关砂轮厂、建筑社、化学厂、水泥厂、燕河轧花厂、食品加工厂、陶瓷厂、印刷厂等许多单位在“工业学大庆”中，从技术改造入手，发展企业生产，取得了优异的成绩。

卢龙县在“工业学大庆”运动中，还坚持在老厂改造的同时，大力发展小钢铁、小煤矿、小机械、小水泥、小化肥等五小工业。五小工业的发展改变了全县工业经济结构，扩大了中小企业在工业企业中的比重，更好地利用当地资源，增强了地方经济实力。

卢龙县从1970年开始，利用现有条件，挖掘地方潜力，坚持自力更生，艰苦奋斗，少花钱、多办事的原则兴建了一批与农业生产密切相关的“五小”工业。

建材工业。1970年，县化学厂开始设水泥生产车间，1973年析置水泥厂，占地面积59447平方米，建筑面积17854平方米。1972年，县建砖厂始产机制砖。1974年，建材公司设石粉车间，始产长石粉、石英粉，石英砂，后析置石粉厂。

机械工业。1971 年，刘田各庄铁木社转为国营企业，为县属第一个机械工业厂家。1976 年，“城关北门修配厂”改为县农机修造二厂。1973 年，人民公社普遍建立以修配农机具为主的综合厂，使机械工业发展到 46 家。1972 年，陈官屯铁业社引进搪瓷技术，生产搪瓷产品，1974 年更名为卢龙县搪瓷厂。

化学、煤炭工业。1968 年 5 月，县建化肥厂，1970 年投产。厂址坐落在孟柳河乡莲花池村北，占地面积 72570 平方米。1978 年析置磷肥厂。县境北部刘家营乡鹿尾山一带，油母页岩储量丰富。1958 年县曾建炼油厂，设计从油母页岩中提炼石油，1960 年被迫停产下马。1970 年复产，以采油母页岩为主，为县内煤炭工业之始。是年，唐山地委为了支持地方“五小工业”，解决各县烧煤难，批准在唐山市东缸窑区建立煤矿，始称小窑煤矿。

纺织缝纫及皮革工业。1974 年，蛤泊手工业综合厂改建为县棉织厂，填补了县纺织工业空白。

“五小”工业的兴建和发展，不断填补卢龙县工业史上的空白，增强了工业生产能力。“五小”工业的发展为全县创造了物质财富，保证了国家收入的逐年增长，充裕了地方的机动财力，有力地促进了农业生产，丰富了市场货源。同时，“五小”工业企业吸纳了大量的农村剩余劳动力，增加了农民的收入，培养了一批生产经营人才，为 20 世纪 80 年代改革开放、国家战略复兴、乡镇企业发展的崛起奠定了雄厚基础。

1977 年 3 月 2 日，中共卢龙县委召开“工业学大庆”会议。会议总结了全县“工业学大庆”的成功经验，表彰了在“工业学大庆”运动中涌现出来的先进单位和个人，提出了把“工业学大庆”运动推向新高潮的，努力把国民经济搞上去的新任务。卢龙县武山石矿、卢龙县化肥厂在大会上介绍了开展“工业学大庆”运动的经验。

二、“农业学大寨”

大寨是山西省昔阳县大寨公社的一个大队。从1964年到1978年党的十一届三中全会为止，农业学大寨运动前后经历了近15年，是新中国成立以来我国农村历时最长的一次运动。卢龙县高举农业学大寨的伟大旗帜，学大寨人，走大寨路，大搞农田水利建设，努力改变生产条件，建设“大寨县”，农业生产得到大幅度发展，为后来先后获得“全国粮食生产先进县”“全国水利先进县”的荣誉称号奠定了基础。

（一）统一认识，奠定“农业学大寨”的思想基础

“农业学大寨”学什么，怎样学？卢龙县委多次召开会议，统一广大干部群众的思想认识。使广大干部群众充分认识到，学大寨主要是学习大寨“坚持无产阶级政治挂帅、毛泽东思想领先的原则，自力更生、艰苦奋斗的精神，爱国家、爱集体的共产主义风格”。1970年10月16日至19日，卢龙县革委会召开常委扩大会议，通过了“农业学大寨”的决议。

1970年4月22日至28日，卢龙县革命委员会第16次全委（扩大）会议在富申庄大队召开，会议通过了“卢龙县革命委员会关于开展‘农业学大寨’追赶富申庄的决定”，授予富申庄大队“农业学大寨先进集体”称号。

1971年1月15日，中共卢龙县委四届一次全会，通过了《关于进一步开展“农业学大寨”群众运动的决议》。决议指出，一定要坚决响应毛主席“农业学大寨”的伟大号召，认真贯彻经毛主席亲

自批示的《中共中央批准国务院关于北方地区农业会议的报告》的精神，高举红旗狠抓纲，全党全民总动员，苦干实干二三年，誓把卢龙建成大寨式的县。决议指出，学习大寨，首先就是要学习大寨人一贯坚持无产阶级政治挂帅、毛泽东思想领先的原则，自力更生、艰苦奋斗的精神，爱国家、爱集体的共产主义风格。决议强调，必须认真贯彻“以粮为纲，全面发展”的方针，全面规划，在第四个五年计划期间实现粮食亩产过“长江”。要全面执行农业“八字宪法”，认真做好深翻改土、养猪积肥、水利建设、植树造林，科学种田等项工作。

1971 年 3 月 18 日至 22 日，中共卢龙县委、县革委在卸甲庄公社召开县、公社、生产大队、生产队四级干部会议，与会 3546 人学习讨论了中共中央（1971）3 号文件和国务院关于全国北方地区农业会议精神，参观了富申庄大队和卸甲庄公社全社的农田基本建设工程；总结交流了“农业学大寨”的经验，研究了夺取 1971 年农业丰收的措施。

1971 年 10 月 2~7 日，卢龙县委、县革委会召开两委扩大会议。参加会议的有，县委委员和候补委员 31 人，县革委委员 35 人，连部（文革前工委）连长和武装部长，公社书记和武装部长，县直单位、厂矿、县委、县革委部委办负责人，“三支两军”支农点上负责人，共 164 人。会议传达讨论省农业学大寨加速实现农业机械化会议精神，做出了《关于“农业学大寨”加速农业机械化的决议》和《卢龙县基本实现农业机械化的初步规划》。为了全面、深刻地学习领会“大寨精神”，卢龙县委书记孟英带领全县 35 个公社党委书记，坐着敞篷卡车，日夜兼程，到大寨参观“大寨田”，到林县参观红旗渠。

（二）大力开展农田水利基本建设

卢龙县的“农业学大寨”运动，是从大搞农田水利基本建设入手开展起来的。据资料统计，1968年~1970年，全县共建成刘黑石、黄家村、下荆子、寺底下百万方以上容量水库4座，建成10万方以上容量水库11座，塘坝29座，大口井98眼，建成中小型渠道9条，总长2万米，扩大水浇地5万亩。

1972年，县委成立了“农业学大寨”办公室，县委副书记刘树森任办公室主任。当年秋天，在石门镇滦河左岸，兴建第一座大型扬水站，总扬程54米，提取滦河水1.0立方米/秒，控制灌溉面积1万亩。灌溉配套有7.5千米输水干渠1条，支渠4条，长80千米，渠道建筑物49座。经过近一年时间的鏖战，整个工程于1973年6月竣工。

1973年，卢龙县农田基本建设采取大兵团作战与人民战争相结合的形式开展。卢龙县农田基本建设兵团，承担跨社跨队的水库、塘坝等农田水利骨干工程。社队各自为战，修水库、建塘坝、挖水渠、平整土地、开山造田。1973年8月30日，县革委从全县挑选2000名身强力壮的民兵，组建卢龙县农田基本建设兵团，农建兵团建制为6个营、35个连，其中“铁姑娘连”120人。农建兵团6个营中有一个副业营三个连在武山采石，以副养水，以团养团。一个连在县井管厂生产井管，一个连搞战备施工。其余有5个营30个连直接投入修建水库的战斗。卢龙县委在廖黑石村召开农建兵团动工誓师大会，县委书记孟英讲了话，明确了工程任务。农建兵团第一期工程分三个战区，治理饮马河系刘黑石至后双庙段，饮马河支流万家河段和红花峪。修建杨山沟、廖黑石、马家沟、葛条港、红花峪水库5座，塘坝11座。开挖新河两条8000多米，重点工程18项，各种建筑物 175 处，动土石方 90 万立方米。1975 年，农建兵团扩大到 3000 人。兵分两路，在教场河系上游摆开了战场，修建了茆家沟、下枣园、丁家沟 7 座水库。1976 年，农建兵团重点治理骚龙河系。炮石岭沟等 4 座水库竣工蓄水。经过几年奋战，全县修建小水库 121 座，塘坝 180 座，大大改变了水利基本条件，促进了农业增产增收。

在县农建兵团承担骨干工程英勇奋战的同时，卢龙县各社队大搞农田水利基本建设的人民战争也摆开了战场。每年秋后，全县出动 7 万人投入农田基本建设。社社有工程，队队上项目，处处是战场。1976 年 5 月，在万贯各庄公社陈家营村南兴建“群井汇流”扬水工程，从 24 眼浅机井抽水，井与井的扬水用矩形渡槽连接，渡槽长 1000 米，分二级扬水，一级站扬程 13 米，安装 24 台机组，96 千瓦；二级站扬程 14 米，安装 4 台机组，40 千瓦。提水能力 0.22 立方米/秒。通过渡槽将水送至扬水站集水井，分两条送水线，西条为自流灌溉，东条再扬高 18.4 米，流量 0.7 立方米/秒。

第二节 “赤脚医生”与农村合作医疗的发展

“文化大革命”期间，在广大农村医疗战线，出现了一大批亦农亦医，农忙时务农，农闲时行医，或是白天务农，晚上送医送药的农村基层兼职医疗人员。他们没有编制，没有工资，没有“白大褂”，但在缓解农村缺医少药，解决农民群众“看病难”，普及爱国卫生知识，防病灭病方面发挥了至关重要的作用。广大人民群众亲切地称呼这一奔波于农村卫生第一线的特殊群体为“赤脚医生”。赤脚医生的大量出现，推动了农村合作医疗的实行，促进了农村医疗卫生事业健康发展。

1965年，卢龙县农村生产大队普遍建立了卫生室，试行合作医疗。村民看病挂号费3分钱，打一次针5分钱，吃药1~5角钱。1968年12月5日，《人民日报》发表了湖北省长阳县乐园公社《深受贫下中农欢迎的合作医疗制度》的报道和重要编者按后，在全县引起了强烈反响。毛泽东思想医疗宣传队迅速组织学习，立即向全县广大贫下中农进一步宣传推广合作医疗的意义和好处。这一段工作大体经过四个环节：第一步，大力宣传、学习，召开干部会、群众会宣传乐园公社实行医疗制度的经验，大办各种类型的毛泽东思想学习班（经常有病吃药的社员学习班、人口多不常有病社员学习班、半农半医学习班、医务人员学习班）；第二步，制定符合本地情况的切实可行的各种制度；第三步，建立合作医疗组织；第四步，召开庆祝大会。合理安排公社和大队合作医疗基金的比例，做到小病不出队，大病不出社。公社掌管15%的基金，大队掌管85%的基金。同时，对公社卫生所实行彻底改造。1969年2月，全县农村大队全部实行了合作医疗。生产大队、生产队、社员三方集资。社员治病免费或按一定比例报销。1974年春，实行合作医疗队办法，入冬又实行社队联办。全县35所工委卫生院、公社卫生所改称“公社卫生服务站”。1973年3月7日，又更名为“公社卫生院”，并逐渐分设内科、外科、妇产科、放射科等科室，有的还设有病房。

农村合作医疗实行后，遇到一个突出的问题就是医务人员严重不足。县委、县革委根据外地的经验，采取有力措施，加强了农村赤脚医生队伍建设，在农村第一线，积极选拔、培训赤脚医生。赤脚医生的来源主要有三部分：一是医学世家，二是经医护专业短期培训的学员，三是公认有一定医护能力的自学成才者。县集中培训了一大批农村赤脚医生。随着合作医疗的推广，卢龙县基本上村村都配备了赤脚医生。这些赤脚医生在各级卫生部门和公社党委、大队党支部的领导下，坚持“三土四自”（三土即土医生、土药材、土办法，四自即自采、自种、自制、自养）的方针，大办土药房的群众运动，不仅保证了防治用药，而且减轻了贫下中农负担，保障了人民群众身体健康，农村人口死亡率明显下降。

“赤脚医生”是“文化大革命”期间涌现出来的一个新生事物。作为农村合作医疗制度的主要实施者，“赤脚医生”为解决广大农民的求医看病做出了不可磨灭的贡献。随着医疗事业的发展和新农合的实行，赤脚医生退出了历史舞台。

第三节 民办教师与教育事业的发展

卢龙县中小学教职员工除国办教师外，还有一个特殊的群体——民办教师。它产生于1950年代，兴盛于“文化大革命”期间，是一支庞大的教师队伍。

1952年，教育部、河北省号召扶植和发展民办小学，其教师由村里选聘。1956年，全县有民办小学教师26名，全是由乡校长负责推荐，报县教育科批准。至1958年，民办教师队伍已经发展到91人。同年，初中教育发展，增加初中教师31名，（小学选拔28名，高中毕业生2名，在乡知识分子1名）。1964年，卢龙县办耕读小学、耕读中学。各大队选聘耕读小学民办教师122名，公社选聘耕读民办教师102名。1966年，“文化大革命”开始，耕读中小学处于停顿状态。

1968年11月4日，《人民日报》发表了山东省嘉祥县马集公社侯振民、王余庆的一封信，建议所有的农村小学下放到大队办，推广“不要工资要工分”等做法，国办小学教师被指令回原籍，于是打乱了教师队伍的布局，出现了平原地区教师集结、山区短缺的现象，师资队伍主渠道师范院校招生停止，公办教师来源中断。教育管理处于极度混乱状态，学校于是被迫开始任用一些民办教师，民办教师数量剧增。这时的民办教师队伍一般由村队自行选拔任用，生产队按同等劳力记工分，同时享受县文教行政部门发放的5元津贴补助。1968年12月，卢龙县开始公办小学队办，教师回本大队，改工资为记工分，吃农业粮。各公社都兴办了初级中学，造成教师缺额很大，于是，各公社、大队选聘了大批民办教师。至1970年，全县民办教师达1671人，占教师总数2452名的68%。这时的民办教师素质差，教学水平低，根本原因是招录的对象未经教育部门的严格考试和筛选，有的公社或大队干部以权谋私，把根本不适合做教育工作的子女或亲属安排到学校任教。使用的民办教师有下乡知青、复员军人，也有“文革”中的高小、初中、高中毕业生、农村社员等，文化程度参差不齐，初中毕业教初中，高中毕业教高中现象普遍存在。

1969年，卢龙县教育部门充实了一大批新生力量，把出身好、思想好，经过劳动锻炼的知识青年选拔到教师队伍中。社办中小学教师，由大队推荐，公社批准，文教局备案。1972年，全县中学教师总人数943人，高校肄业及专科以上135人，占教师总数的14.3%；中等学校毕业及以上人数808人，占教师总数的85.7%；小学教师总数1813人，其中中师、高中毕业以上人数461人，占小学教师总数的25.4%；初师、初中毕业以上1152人，占教师总数的63.5%；初师、初中毕业以下的200人，占小学教师总数的11.1%。截至1976年，中学教师1501人，小学教师1947人。其中，中师高中毕业以上的653人，占小学教师总数的33.5%；初师、初中毕业以上的798人，占总数的41%；初师、初中以下的496人，占总数的25.5%。

为巩固壮大教师队伍，转变公办教师少于民办教师的状况，县革委会从1972年起，通过补充自然减员、中师培训、专用指标转正等各种渠道，陆续将民办教师、长期代课教师转为公办教师。同时，对民办教师或代课教师进行审查、整顿、考试，合格者发给聘用或试用证书，不合格者予以辞退。

1974年1月3日，县革委下发了《卢龙县革命委员会民办教师管理办法（试行草案）》，提出："今后选用和调换民办教师，要由大队提名、公社审查，报县批准。"此项规定，对制止任意录用民办教师，保证教师队伍良好的素质起到了重要的作用。

1978年3月5日至26日，县文教局对全县中小学民办教师进行了全面审查和调整。经过考试、体检、政审，录用了2236名（其中原任2058名，社会青年178名），由县统一发给了《录用通知书》，辞退不合格者325名。

民办教师是特定历史时期应运而生的产物，虽然文化程度参差不齐，整体素质不高，但广大民办教师扎根基层，为补充师资，发展卢龙县教育事业做出了独特的历史贡献，在卢龙县教育史上占有一席之地。

第四节 上山下乡知识青年的安置、培养与就业

知识青年上山下乡是毛泽东主席倡导的震撼中华大地的一场大规模运动。进入1970年代，毛主席提出，知识青年到农村去，接受贫下中农的再教育，很有必要。大量的城市知识青年离开城市，到最广大的农村"插队落户"，参加劳动。卢龙县采取有力措施，积极稳妥地做好下乡知识青年的安置培养、提拔使用、就业回城等各方

面工作，保证了知识青年上山下乡运动的顺利进行。

1970年，知识青年上山下乡运动开始后，卢龙县革委会多次召开会议，首先从全局、全国的角度统一思想认识。一致认为，知识青年上山下乡运动，不仅仅是为了解决就业问题，也是为了消除数量巨大的无业青年对社会稳定构成的压力。县、社、村上下全力配合，做好知识青年上山下乡的动员、安置工作，是党对各级党组织，各级干部，广大共产党员的一场考验，必须不折不扣地贯彻执行。1969年1月28日，卢龙县革委会成立了知识青年安置办公室。各公社革命委员会、县直各有关单位，一把手直接抓好知识青年上山下乡工作。

一、领导带头，动员子女积极上山下乡

卢龙县城镇人口知识青年插队下乡是从1968年开始的。每年按照规定应下乡的知识青年人数大体在60~70人。动员他们离开家，离开父母，离开城镇，到条件艰苦的农村接受贫下中农的再教育，是一项艰巨的工作。为了做好这项工作，卢龙县除了广泛宣传发动，层层动员以外，还注意发挥各级领导的带头作用。领导干部的子女报名下乡了，就会影响一大片。

1974年，全县有1973届城镇人口高中毕业生89人，应上山下乡对象67人。为了带头做好知识青年上山下乡工作，县委常委县革委会副主任许文明、陈官屯工委书记曹尹生、民政局长刘国纯、县委组织部副部长孙连同、县委办公室副主任彭勃、农业局局长张奇峰、公安局局长王志刚、刘田各庄工委领导小组组长陈又新、陈官屯公社党委书记母广新等15名县、局级领导干部积极带头，动员子女报名下乡。陈官屯工委书记曹尹生，把两个孩子都送到了农村。领导带头做出了榜样，工作就好做了。十几天时间，应下乡的67名

知识青年中，就有 64 人报了名。

二、妥善安置知青的生产生活

1968 年以来，卢龙县陆续组织县内知识青年下乡，接收天津市、唐山市、秦皇岛市以及外省其他地区下乡知识青年达 3000 多人，安排在全县 35 个公社、218 个大队。

1974 年 8 月到 10 月，卢龙县委为了妥善做好下乡知识青年安置工作，解决知青生产、生活中存在的问题，抽调 48 名干部，组成 16 个调查组，列出提纲，对全县 35 个公社、218 个大队的知识青年点，逐村进行了调查走访，对 855 名下乡知识青年进行了面对面接触了解。同时，还分别召开了 457 次社队干部、贫下中农、知识青年代表参加的座谈会。参加座谈会的有知识青年 570 名，贫下中农代表 350 名，基层干部 280 名。针对走访和座谈会上发现的问题，各社队积极采取措施，果断加以解决。

为了妥善解决知识青年的吃住问题，各社队坚持从实际出发，本着让知识青年吃好、住好的原则，充分利用大队、生产队和贫下中农的闲置房屋，安排知识青年居住。全县有 34 个公社还为知识青年新建住房 468 间。此外，还加强与知识青年父母的单位对口联系，实行厂社挂钩，社、队、厂齐抓共管，解决知识青年的住房问题。从 1974 年起，卢龙县先后与秦皇岛市交通局、外贸局、城建局、河北省外贸局、山海关桥梁厂、唐山柴油机厂等单位挂了钩。在他们的有力配合下，全县建立了 36 个知识青年点，吃住用问题得到了妥善解决。刘田各庄公社知识青年点是县内较大的知青点，共有知青 93 人，多数是山海关桥梁厂的职工子女。刘田各庄公社党委与山海关桥梁厂取得联系，实行厂社挂钩，对口联系。在解决知识青年住房和知青点的建设上，得到了山海关桥梁厂的物资援助。公社革委会把新垫出来的100多亩河滩地作为知识青年的科学实验田。知识青年在实验田里参加劳动，科学种田，情绪高涨。当年获得了粮食亩产700斤的好收成。

对知识青年的吃饭问题，各社队高度重视，采取了集体食堂和单独起火两条腿走路的方针。居住比较集中的知青，根据自愿，可以单独起火，三五成群，自己做饭。许多大队还成立了知识青年集体食堂，专门为知青做饭。此外，还鼓励知识青年养猪、种菜，不断改善生活。

对知识青年生活中遇到的困难，县委、县革委认真贯彻落实中央和省委有关文件精神，积极采取措施加以解决。1974年，全县发放知识青年建房、修房、医疗和生活补助款76000元，越冬烤火煤206吨，布票9150尺，棉花915斤，有75%的知识青年得到了补助。

三、加强培养，促进知青健康成长

卢龙县委、县革委十分重视知识青年的培养教育，不断提高知识青年的思想觉悟和政治素质。各社队积极组织知识青年参加各种类型的毛泽东思想学习班，组织他们投入批林批孔运动，不断向优秀的知识青年压担子、给任务，让他们在实践中学知识，长才干。广大知识青年努力学习马列主义和毛主席著作，虚心接受贫下中农再教育，认真改造世界观，思想觉悟不断提高。

花台公社燕窝庄大队1968年唐山下乡女青年郑玉芬，在贫下中农的再教育下，热爱农村，热爱农民，勇于同旧传统观念决裂，果断与当地一位普通农民结了婚，决心扎根农村干革命。她坚持移风易俗，喜事新办，结婚不要彩礼，结婚当天就下地干活，受到贫下中农赞扬。

几年时间，卢龙县有38名知识青年光荣地加入了中国共产党，

75 人参加了中国人民解放军，有 4 人担任了大队党支部副书记，3 人被提拔到县、局级领导岗位。唐山市女知识青年寇秀萍由于表现突出，具有一定的领导能力，被提拔为四百户公社党委副书记。秦皇岛市女知识青年王素云，被提拔为卢龙县委常委。

四、广开渠道，解决知青就业问题

卢龙县委、县革委和各社队十分关心知识青年的就业问题，广开渠道，在招工、招生、征兵、回城等问题上，为知识青年提供优惠条件，给以优先照顾。几年间，全县有 380 名知识青年担任了民办教师、赤脚医生、公社广播员、农业技术员等职务，有 657 人在工矿企业参加了工作。1978 年以后，全国各地知识青年陆续回城。截至 1978 年底，全县共有知青 551 人，其中本县知青 36 人，天津、唐山、秦皇岛以及省外其他地区知青 515 人。对知青返城，卢龙县委、县革委和各社队大开绿灯，给予极大的方便。到 1979 年底，全县有 543 名知青返回城市。其余 8 名知青也于 1980 年返回城市，知识青年上山下乡至此告一段落。

第六章　唐山大地震与抗震救灾

1976年7月28日3时42分56秒，唐山—丰南一带发生了7.8级强烈地震，震中裂度为11度。

唐山大地震波及卢龙县。当天下午6时45分又发生了7.1级强烈余震，震中在离卢龙几十千米的滦县。许多在大震中被轻微破坏的房屋，发生了严重的破坏和倒塌。此后数日余震频繁。两次强烈地震给卢龙人民生命财产带来巨大损失。全县共倒塌和严重破坏房屋30.8万间，占原有住房的84%，全县死亡251人，重伤555人，轻伤6742人。

强烈地震发生以后，电讯中断，卢龙县与上级领导机关失去联系，中共卢龙县委立即召开紧急会议，组成抗震救灾指挥部，领导全县人民开展抗震救灾。7月28日上午，卢龙县委在电讯中断的情况下接到通知，28日下午6点左右，卢龙县一带会发生强烈余震。县委立即组织人力，逐单位、逐公社把这一消息通知到全县人民，号召全县人民远离房屋、建筑物，做好防震准备。下午6点50分，7.1级强烈余震发生了，震中就在卢龙。由于全县人民都接到了通知，有充分的思想准备，地震发生时，人员伤亡较少。1976年7月31日，中共卢龙县委发出《关于全党全民以阶级斗争为纲，抗震救灾夺丰收的几点意见》。号召各级党组织和全县人民看到光明，看到大好形势，看到战胜灾害的有利条件，鼓起革命士气，同震灾展开坚决的斗争。要树立全局观念，全力以赴支援灾区。发挥社会主义优越性，安排好群众生活。发动群众，自力更生，依靠集体的力量，重建家园，建设社会主义新农村。

一、驰援唐山，救治伤员

地震发生的第二天，中共卢龙县委、县革委、县直有关单位紧急行动起来，驰援唐山。县委组织县委办公室、组织部、宣传部、团县委等单位年轻干部参加的抢险小组，奔赴唐山，自带干粮，投入抢险工作。卫生局、县医院组织若干医疗队，兵分两路，一路奔赴唐山，一路深入社队，抢险救人。奔赴唐山的医疗队，在县医院党支部书记王润萱的带领下，克服了缺粮、缺水、高温等困难，昼夜坚持战斗，救治伤员。他们奋战 20 天，抢救伤员 2200 人。食品、饮食部门在县商业局的带领下，组织人力、物力，蒸馒头、烙大饼，源源不断地专车送往唐山。地震发生后，唐山市有大量伤员需要救治。卢龙县要承担救治伤员的重要任务。县医院周围的空旷地面，躺满了简易包扎，等待救治的伤员。县委领导、机关干部紧急出动，积极协调，妥善安置。县医院全体医护人员忘我工作，汗流浃背，积极救治伤员。紧张场面，不是战争，胜似战争。各工委、公社书记亲自挂帅，在物力严重缺乏的情况下搭起一个个帐篷，准备好被褥，组织好医护人员，投入伤员救治工作。20 天时间，全县抢救治疗伤员 18046 人。其中，赴唐山医疗队抢救伤员 2200 人，各级医疗单位抢救本县伤员 7408 人，共接收、转治县外伤员 1169 人。在物质严重缺乏的情况下，保证了伤员的吃、住、治。经过短期治疗，有 526 名轻伤员痊愈。对短期内不能治愈的重伤员，按照中央转运伤员的方案和省委、地委指示精神，要及时转运到外省治疗。卢龙县各级领导认真做好伤员转运工作。在较短的时间内，转出重伤员 638 人，其中本县重伤员 121 人。

二、检查灾情，抗震抢险

地震发生后，县委、县革委领导全部积极深入水、电、通信、交通等各单位和全县35个公社，重点大队查看灾情，慰问灾民，部署抗震救灾工作。很快，医疗、广播、通讯、供水、供电、食品、粮油、交通干线等全部恢复正常。农村社队也有条不紊地投入了抗震救灾工作。县直各单位、厂矿企业、各社队家家户户，因陋就简搭建了临时帐篷、简易棚。县直机关、人民公社全体干部坚守岗位，紧急投入抗震救灾。

县邮电局领导班子成员，震后立即赶到机关，召开党支部紧急会议，提出了“人在设备在，人在线路通”的响亮口号，他们始终和职工战斗在一起，顽强奋战，冒着余震及时抢出通信设备，使电话线路畅通无阻。县广播站的同志在7月28日下午的强余震中，冒着生命危险在室内播出了县委的紧急通知。城关粮库党支部在地震发生后，全体职工投入紧张的抗震救灾工作，仅仅两天就抢出压在库里的粮食16万斤，确保了存粮的安全。

地震发生以后，卢龙县广大干部英勇无畏，忘我工作，积极投身抗震救灾，涌现了一大批英雄模范人物。县委副书记李连璧，商业局副局长王升家在唐山，亲人伤的伤，亡的亡，但他们公而忘私，不离岗位，积极领导抗震救灾工作，给群众做出了榜样。陈官屯公社染庄大队生产队饲养员卢玉国，一天没有喝上一口水，没有吃上一口饭，把集体48头地震失散的猪全部找回来，被群众称为抗震救灾中的红色饲养员。县煤矿采煤一队带班员、共产党员白宝堂正在井下带领60名工人紧张施工，地震发生了。面对随时发生死亡的危险，他面不改色，立即迅速地组织工人有序外撤，安全地返回地面。到地面后，又立即投入到抢救阶级弟兄的战斗，抢救出被压的14名工人。石门公社孟石门大队共青团员、民兵副连长薛秀岐，忍着脚部的伤痛，立即召集了18名民兵，成立了抢险战斗队，抢救出被压在废墟中的14名农民群众。四百户公社阎深港大队党支部书记阎守田、六百户公社前上庄大队党支部书记阎岐、饮马河公社李仙河大队党支部书记李树山、庄坨公社尤庄坨大队党支部副书记尤凤池、双望公社二分村大队党支部副书记刘岳田、城关公社小刘庄大队共产党员刘继汗、“五七”大学团委书记李淑云，四百户公社梁深港大队赤脚医生范荣莲、万庄公社黄土营大队社员陈义福、邮电局陈官屯支局机线员孙琢、“五七”大学教师陆宝辉等，在抗震救灾斗争中都做出了突出的贡献，被评选为中央召开的唐山地震抗震救灾先进单位、模范人物代表会议的代表。

1976年9月1日，党中央在北京召开唐山地震抗震救灾先进单位、模范人物代表会议，抗震救灾先进单位、模范人物代表3505人参加了会议。卢龙县委副书记李连璧、富申庄大队党支部副书记张云生、县煤矿采煤一队带班员白宝堂等21名先进单位和个人代表参加了会议。

12月上旬，中共卢龙县委召开全县抗震救灾先进单位、模范人物代表会议，与会代表802人。富申庄等4个单位介绍了抗震救灾、重建家园的事迹，县委书记李连璧讲话，部署了进一步开展救灾度荒，深入开展“农业学大寨”“工业学大庆”运动，迅速把工农业生产搞上去等重要工作。

三、一方有难，八方支援

地震发生后，秦皇岛市委、鞍山市委市革委、隆尧县委县革委、北京市水利工程机械队、抚顺市“五七”干校、任丘县邮电局等单位发来了慰问信。中共河北省委、唐山地委、山海关桥梁厂、沈阳军区、81054 部队、52951 部队、52950 部队、52915 部队、81206 部队派来了慰问组。

全国各地从四面八方源源不断地给卢龙县人民送来 600 多种救灾物资，其中有马列著作和毛主席著作 11 万多册，各种衣物 10880 件，食品 25. 6 吨，各种药品折款 26 万多元，油毡 2 万多捆。杂木杆 30 多万根，苇席 100 多万片，苇苞 6000 多捆，塑料布 6 吨，饭碗 42880 只。还有汽车、拖拉机、化肥、农药等大批恢复工农业生产的物资。为保证全县安全越冬，上级拨冬救款 55 万元，棉布 115 万尺，棉花 16 万斤。中央军委还送给卢龙县军马 200 匹。

四、妥善安排群众生活

一场惊天动地的大地震，不仅给国家造成了巨大的经济损失，也给人民群众特别是农民带来了深重的灾难，人民群众的生活，特别是吃穿住用出现了严重困难。为了解决地震后的人民群众的生活问题，县委、县革委、各公社党委采取多项措施，克服重重困难，妥善解决人民群众的吃、穿、烧、住、治问题。

（一）及时合理发放救灾物资

县、社、队三级，对全国各地、四面八方支援灾区的救灾物资及生活用品搞好登统，不拖延、不积压，层层发放，力争把救灾物资及时、合理地发放到千家万户。让广大人民群众都能住上临时简易棚，做到有饭吃、有衣穿、有柴烧、有房住、伤病员能够及时治疗。全县各社队千家万户，每家每户都及时分到了外地支援的塑料布、油毡、杂木杆、衣物、粮食等救灾物资。家家盖起了能够住人的抗震简易棚。对个别有实际困难的农户，发动群众互相帮助，解决困难，不让一家一户掉队。

（二）抓好震后农村建房

在群众生活初步稳定的基础上，切实抓好农村建房工作。农民群众搭建的临时窝棚不抗风、不抗雨，更不能御寒。必须抢在入冬前搞好住房建设，保证人民群众安全越冬。河北省委、唐山地委和卢龙县委解决群众住房问题的指导思想：发动群众，依靠集体，就地取材，因陋就简，逐步完善，建设成社会主义新农村。卢龙县委根据本县的实际情况，确定首先以建设防震、防雨、防寒、防风的半永久性临时住房为当务之急。按照这一指导思想，卢龙县农村建房工作进展很快。建房的形式因地制宜，多种多样。一是利用原来的旧房山子和火炕，搭上棚盖。二是傍山的地方依坡就坎，搞半地下式住房。三是在国家支援下，依靠集体力量，建一些集体性、半永久性防寒窝棚。四是对一些地震破坏不严重的房屋，组织专业队维修。五是按照建设社会主义新农村的标准和要求，先打好地基，垒上矮墙，搭上窝棚、火炕防寒，来年续建。有条件的大队，可以组织专业队，按照社会主义新农村的标准，一步到位，在入冬前建成永久性住房。

为了推进农村建房工作，卢龙县委于1976年8月4日以中共卢龙县委文件的形式，批转了《四百户公社抗震救灾情况的报告》。1976年8月14日，又批转了石门公社党委《关于唱石门大队建设社会主义新农村的报告》，对震后农村建房工作，特别是建设社会主义新农村起到了重要的引领作用。石门公社唱石门大队，7月28日两次强烈地震，全村1387间房屋塌毁，388间房屋错位、走向。震后唱石门大队党支部经过广泛征求群众意见，确立了统一规划，发动群众，依靠集体，自力更生重建社会主义新农村的指导思想。物料合理作价，社员适当投资，逐年偿还，大队统一施工，物料统一使用。

（三）搞好环境卫生，防疫灭病工作

大灾之后必有大疫。为了避免大灾之后传染病的流行，卢龙县组建了由医院医护人员和赤脚医生组成的卫生工作队，驻村逐户检查卫生，迅速处理传染病患者，防止疫情蔓延。发动和教育群众搞好粪便管理，消灭蚊蝇滋生地。保护好水井，切断病毒源头。

第七章 伟大的历史性转折

1976年是中华人民共和国不幸和灾难的一年，也是转变中国历史的一年。周恩来、朱德、毛泽东三位伟人先后逝世。

1976年10月6日，以华国锋、叶剑英、李先念等为核心的中共中央政治局，执行党和人民的意志，采取断然措施，对江青、张春桥、姚文元、王洪文进行隔离审查，一举粉碎“四人帮”。

党中央一举粉碎“四人帮”后，长达十年之久的“文化大革命”宣告结束。卢龙县在中共河北省委、唐山地委的领导下，深入开展揭批“四人帮”反革命集团运动。以揭批“四人帮”入手，拨乱反正，肃清“四人帮”的影响，落实各项政策，平反冤假错案，加强党的组织、思想、作风建设，整顿政治经济秩序，破除“两个凡是”，开展真理标准问题的大讨论，充分调动了全县广大干部群众的社会主义积极性，为党的工作重点转移，进入新的历史时期创造了条件。1978年12月，中共十一届三中全会的召开，翻开了改革开放和社会主义现代化建设的新篇章，实现了历史性的伟大转折。

第一节 悼念毛泽东和粉碎“四人帮”

一、沉痛悼念毛泽东

1976年9月9日毛泽东主席逝世后，卢龙县全县人民陷入极度悲痛之中。县委、县革委在卢龙县中学操场搭起灵棚，组织全县全体干部分批到灵棚瞻仰毛主席遗容。9月18日下午，卢龙县委、县革委在卢龙县中学操场隆重举行毛主席逝世追悼大会。主会场设在中学操场，县委书记孟英带病主持了追悼大会。全县 35 个公社设立了分会场，收听了中央人民广播电台转播北京追悼大会实况和卢龙县追悼大会的实况。

二、一举粉碎“四人帮”

华国锋、叶剑英、李先念及时察觉了“四人帮”的野心，经过秘密研究部署，于 1976 年 10 月 6 日，拘捕了江青、张春桥、王洪文、姚文元四人，进行隔离审查，一举粉碎了“四人帮”篡党夺权的反革命计划。当晚 10 时到第二天凌晨 4 时，中央政治局召开紧急会议。华国锋和叶剑英做了报告，会议完全赞同处置“四人帮”的行动，通过华国锋为中共中央主席、中央军委主席。

粉碎“四人帮”，终结了绵延十年、祸及亿众的“文化大革命”。

卢龙县广大人民群众，举行了声势浩大的集会游行活动，坚决拥护华国锋任中国共产党中央委员会主席、中国共产党中央军事委员会主席，热烈庆祝以华国锋为首的党中央一举粉碎王洪文、张春桥、江青、姚文元反党集团篡党夺权阴谋的伟大胜利。

第二节　深入揭批“四人帮”，结束动乱局面

粉碎以江青为首的“四人帮”反革命集团后，1976 年 11 月，中共中央在北京召开全国宣传工作座谈会，提出要揭发批判“四人帮”的罪行。12 月中共中央将《王洪文、张春桥、江青、姚文元反党集团罪证》批转全党，系统地公布了“四人帮”篡党夺取的阴谋和罪行。全国迅速形成群众性的批判高潮。由于“四人帮”的残余

分子还在许多地区和部门大量存在，极大地阻碍了拨乱反正工作的正常开展，为此中共中央决定在全国范围内彻底清查“四人帮”帮派体系。各级有关领导遵照中央的指示，实施坚决有力的措施，为开展清查工作扫除障碍。通过揭批“四人帮”运动的深入开展，各个领域、各条战线不断拨乱反正，各项事业开始复苏，“四人帮”在组织和思想上的残余和影响基本被肃清，政朗风清的社会局面得以形成。

一、揭批“四人帮”运动

1976年10月24日，卢龙县广大人民群众冒雨再次举行盛大的集会游行，庆祝粉碎“四人帮”的伟大胜利。全县城乡参加集会游行的总人数达10万之多，充分体现了卢龙人民对“四人帮”的切齿痛恨以及揭批“四人帮”的坚定决心。

揭批“四人帮”运动开始后，卢龙县委成立了揭批“四人帮”领导小组和办公室，由一名县委副书记和一名县委常委、组织部部长主抓这项工作。县委领导和揭批“四人帮”办公室工作人员经常深入社队，巡回检查指导揭批“四人帮”运动的开展情况，并利用会议、简报等形式，推广先进经验，指导面上工作。

卢龙县揭批“四人帮”运动，分三个战役进行。第一战役，由党员到群众中层层学习和传达中共中央《王洪文、张春桥、江青、姚文元反党集团罪行（材料之一）》和中央下发的34份学习批判材料，发动广大干部群众，深刻认识“四人帮”妄图篡党夺权的罪行和严重危害。领导干部带头，党员带头，深入村村队队、家庭院落、车间班组，层层宣讲。

成立各种理论辅导站，开办政治夜校，积极培训理论骨干。全县机关厂矿、农村学校，到处设有大批判专栏，内容丰富、形式多样、生动活泼。城关公社群众发动的最广泛、最深入，男女老少都积极参加学习和批判，联户学习班、家庭批判会、理论骨干讨论会等搞得有声有色。文艺批判尤为突出，参加批判的既有六七岁的小孩，也有六七十岁的老人，采用快板、诗歌、对口词、三句半、表演唱等多种形式，内容丰富、深刻动人、效果显著。到12月底，县委全体常委在县广播大会、工厂、农村先后组织了12次宣讲，全县数百名公社党委委员，向群众作了500多次宣讲。大队党支部书记利用群众大会、政治夜校、田间学习班等，做了5000多次宣讲。另外，县、社两级还抽调了1500多人进行了培训，加上个各大队的6000多名骨干，在政治夜校、联户学习班、工地、饲养棚等场合，反复宣讲了21000多次，基本上达到了家喻户晓，人人皆知。全县各大队还召开座谈会、讨论会、批判会等3600多场次，认真讨论，深入批判，使广大群众真正了解了“四人帮”反革命集团的罪行以及开展这场斗争的性质、目的和意义。

1977年3月，中共中央《王、张、江、姚反党集团罪证（材料之二）》下发后，卢龙县开展了揭批“四人帮”反革命集团反党夺权阴谋和反动历史的第二战役。按照县委揭批“四人帮”领导小组的部署，各级党组织充分发挥各群众团体、理论队伍、学校师生的作用，运用各种宣传工具，进一步造声势，鼓士气。各单位、各条战线在集中揭批“四人帮”罪恶历史的同时，还把“四人帮”的罪行梳成辫子，列出专题，逐条批判，力争彻底肃清“四人帮”在本单位、本系统、本战线的流毒和影响。为了把运动不断引向深入，县委健全和加强了揭批“四人帮”办公室，定期召开会议，论危害、批实质、挖根源，不断分析运动的形势，研究解决存在的问题，及时总结推广了运动中的典型经验，纠正颠倒的理论是非、思想是非和路线是非，群众性的揭发批判“四人帮”反革命罪行的高潮进一步掀起。

1977 年 9 月，中共中央下发了关于《王洪文、张春桥、江青、姚文元反党集团罪证（材料之三）》，卢龙县开始了揭批“四人帮”的第三战役，集中批判“四人帮”反革命集团的反动路线和理论，主要围绕江青反革命修正主义路线实质及其在各方面的表现开展批判。半年多时间，全县召开各种类型的批判会 1 万多次，撰写批判文章 21 万多篇，编演文艺节目 2000 多个，培训骨干 11000 多名，在揭发批判中，紧密联系本战线、本部门、本单位的实际，查危害、批实质、肃流毒、立新章，进一步澄清了思想、分清了是非、提高了觉悟，在许多方面开始弄清了自己战线的具体工作路线、具体的方针、政策和方法，建立健全了必要的规章制度，改善了机关工作和企业管理，各行各业、各个部门都出现了崭新的气象。

二、开展“一批两打”斗争

1977 年 11 月 16 日，卢龙县遵照唐山地委通知精神，经县委研究决定，在揭批“四人帮”第三战役的同时，在全县放手发动群众，开展打击阶级敌人的破坏活动，打击贪污盗窃分子，投机倒把分子和各种资本主义非法活动的“一批两打”运动。中共卢龙县委在转发《中共唐山地委关于开展“一批两打”运动的安排意见》以后，发出了卢龙县《关于开展“一批两打”运动的意见》。

各工委、公社和县直各单位在“一批两打”运动中，注意紧密联系实际，狠抓大案要案，打击阶级敌人的破坏活动，打击贪污盗窃、投机倒把分子和各种资本主义的非法活动，批判和纠正资本主义的倾向。“一批两打”运动的开展，初步解决了一些社队存在的劳力外流，超支欠款，经营方向不正，副业单干等问题。对于保卫社会主义公有制，巩固发展集体经济，加强无产阶级专政，起了一定作用。在经济领域，全县查出贪污盗窃案件39起，贪污现款1080元，粮食4860斤，粮票2418斤，布票110尺。

按照地委的要求，“一批两打”运动，还存在很大差距。主要是各级领导上对开展这场运动的重要意义认识不足，抓得不力。有些单位的领导搞运动的决心不大，满足于一般号召，群众发动得不够充分，没有形成一个城乡、内外、上下结合的大规模的群众运动。这场“一批双打”运动只在少数一些单位进行，缺乏广度和深度，没有在全县全面推开。

三、开展清查工作

在开展揭批“四人帮”反革命集团三个战役的同时，河北省各级党组织根据中共中央指示开展了清查工作。在“文化大革命”中，全省各级组织中，一些“造反派”、打砸抢骨干分子、追随“四人帮”反革命集团造反起家的人，被作为“新生力量”混入各级领导班子中，把持了大大小小的权力。这些人一旦时机成熟，就会闻风而动，制造混乱，“左”的倾向就会死灰复燃。这个问题不解决，势必影响揭批“四人帮”运动的深入开展，影响拨乱反正、落实政策工作的顺利进行。从1976年粉碎“四人帮”反革命集团到1978年底，中共河北省委根据中共中央的指示，对参与“四人帮”反革命集团篡党夺权阴谋活动的骨干分子和有牵连的人和事，进行了认真的清查。

1977年10月，中共卢龙县委根据中共河北省委、中共唐山地委指示和部署，在深入开展“三大讲”之后，县委、县直机关开展整风工作的同时，进一步开展了清查工作。县委专门召开了清查工作会议，要求县直各单位、各工委、公社认真开展清查活动。一是把与“四人帮”阴谋活动有关的人和事彻底查清，彻底粉碎“四人帮”及其余党的资产阶级帮派体系。二是清查“四人帮”横行时，本单位一些人拉帮结派、造反夺权、肆意迫害党的各级领导干部和知识分子，制造冤假错案的帮派活动。三是清查在“批林批孔”运动中，四处活动，八方串联，煽动踢开党委闹革命，干扰党的领导的骨干分子。四是清查在“文化大革命”各个阶段有打砸抢特别是打人行为的不法分子。

全县在清查工作中，普遍开展了大揭发、大检举活动，鼓励干部群众公开和秘密举报。经过几个月时间的摸底、清查，取得了一定的成效。基本搞清了被清查对象的总体情况。对大清查中查出来的人和事，首先由本人说清楚，端正态度，深挖思想根源，做出深刻检查，争取取得群众谅解，特别是被害人的谅解。各单位召开说清楚会，在会上说清楚自己的问题，联系实际批判“四人帮”破坏党的集中统一领导，践踏党内生活准则的罪行。从县委到各级党组织对犯错误的人，做了许多深入细致的思想转化工作，为他们讲清自己的问题创造条件，使他们放下包袱，轻装上阵，积极投入揭批“四人帮”的伟大斗争中来。

1977年至1978年近两年的清查工作，把与“四人帮”反革命阴谋活动有牵连的人和事基本查清。在充分调查、核实、认定的基础上，逐级上报组织部门以致县委，根据干部管理权限，分别给予降职、免职处理，以后坚决不予提拔重用。一些追随“四人帮”反革命集团造反起家的人、迫害老干部和知识分子、制造冤假错案、大搞“闹而优则仕”、打砸抢骨干分子等被清除出各级领导班子。

第三节　修建“一渠百库”，创建北国水乡

一、群星落地

1970年12月，卢龙县召开第四次党代会，孟英当选为县委书记。历时几个月，孟英跑遍了全县的山山水水、沟沟坡坡，跑遍了革命老区，掌握了大量的第一手材料。卢龙贫穷落后，根子就在水上。合理布局，修建若干水库、塘坝，把水蓄存起来，既能防止洪涝灾害，也能利用水库之水耕作、灌溉农田。水库下面，还可以垫地造田。

为了统一广大干部群众的思想认识，孟英带领有关常委、县直有关单位负责人和各社队300多名干部，坐着几辆大卡车，日夜兼程，赴林县取经，到大寨参观。目的是寻求治水的大计。孟英带领水电局副局长彭占春、朱殿楼和水利工程技术员葛云亭、王一鸣、石新起、郑春元等，翻山岭、涉沟壑，像夸父丈量九州那样，丈量每一条河流，每一座库址。

1971年入冬，修水库的战斗打响了。卢龙的沟壑山川，从南到北、从东到西，到处是修库、建塘、改河、造田的建设工地，到处是红旗招展、热火朝天的施工场面。30多名县级干部全部奔赴水库工程建设第一线。实行包片、包工程、包重点。县委副书记张福分包修建水库、塘坝任务较重的燕窝庄村，他与村干部群众同吃同住同劳动。在雨季施工攻坚阶段，头顶塑料布，赤脚奋战，抢挖基槽。在检查施工时，头被撞破，血流不止，简单包扎后又返回工地。上百名人民公社主要领导进驻水库建设工地，公社党委书记既当指挥员又当战斗员。兴隆庄公社只有5个行政村，是全县贫水最严重的

公社。在公社党委书记王玉山的带领下，充分发动群众，修建了5座水库和3座塘坝。卸甲庄连续三任党委书记赵文昌、杨善、杨宝山带领公社党委一般人，奋战在水库工地第一线，短短几年就修建了9座水库和11座塘坝。

经过3个冬春的大干，全县20多座水库建成蓄水，当年受益。县委决定采取小流域治理的方法，一治一道川，一治一座坡。在施工方法上，坚持专业队与人民战争相结合。专业队负责承担跨社跨队的骨干工程，各社队承担本社范围内的小型工程。为了综合平衡，防止平调，坚持“统一规划，分期施工，先后受益，大体平衡”的16字方针，建一座，成一座，用一座。

1974年，2000人的农田基本建设专业队（简称农建兵团）成立了。他们在饮马河系奋战半年，拿下红花峪等5座水库，11座塘坝。1975年，农建兵团扩大到3000人，兵分两路，一路在教场河系上游摆开了战场，修建茆家沟、下枣园两座水库和高家沟、丁家沟、烟筒山三座水库。另一路在饮马河东支流修建沙河、魏家沟两座水库。7座水库同时开工，第二年汛期到来之前全部竣工。1976年，农建兵团重点治理骚龙河系。炮石岭沟等4座水库水到渠成。

卢龙县农田基本建设专业队奋战三年，基本完成了饮马河、教场河、营山河流域的综合治理，建成小水库14座，塘坝11座。垫地造田4500亩，扩大水浇地1.5万亩。与此同时，群众性的以建库整地为中心的农田建设在全县铺开。1975、1976年各社队新建小水库58座。其中小Ⅰ型水库9座，小Ⅱ型水库49座。到1976年底，全县共建成水库121座，塘坝180座。300多座水库、塘坝星罗棋布，遍及全县山川沟壑。夜晚，碧波粼粼，星光闪闪，如同群星落地。

1974年11月5日，《唐山劳动日报》头版头条，以通栏标题发表《群星落地》的通讯，报道了卢龙县修建小水库的经验。卢龙县修建小水库的经验，受到国家有关部门的高度重视。1975年，在国际大坝会议上，卢龙县作了书面发言。1975年，中华人民共和国农林部组成援外工作队，赴尼日尔，帮助兴修赛百里万由灌区的水利工程，历时4年。卢龙县的水利工程师胡万生，县委副书记李旭庚先后参加，把卢龙县治水的经验传播到了国外。

卢龙县共有蓄水量100万立方米以上的小Ⅰ型水库21座，10万立方米以上，100万立方米以下的小Ⅱ型水库100座，10万立方米以下的塘坝181座。小Ⅰ型水库21座，总库容2931.8万立方米，兴利库容1930.5万立方米，控制流域面积60平方千米，发展水浇地2.8万亩。小Ⅱ型水库100座，总库容2854万立方米，兴利库容1926万立方米，控制流域面积82.99平方千米，发展水浇地2.86万亩，5万亩果树浇水和抗旱播种用水得到了解决。塘坝181座，总蓄水量488.6万立方米，发展水浇地7900亩，解决抗旱用水1.8万亩。部分村的人畜饮水问题得到解决。

二、银河下凡

1976年7月28日，一场强烈的唐山大地震波及卢龙，卢龙县各项水利设施受到严重破坏。卢龙人民在县委书记李连璧的带领下，立下愚公志，重上跃进渠，从青龙河桃林口至木井公社康各庄，修建了一条纵贯全县南北的百里引青干渠和8条分干渠，被称为“银河下凡”。

1958年“大跃进”时期，县委、县人委为了改变县内缺水怕旱的落后面貌，在生产力水平较低的情况下，带领全县人民首次修建引青工程，当时称为“跃进渠”。

1958年3月21日，卢龙县成立跃进渠工程指挥部。4月2日北段工程动工，全县出动1.6万人。至1959年春，从秀各庄渠首至赵弓庄村北主干渠段，长28千米土石方开挖基本完成，并建成部分建筑物工程，总计完成工程量672万立方米。由于工程量大，开挖难，资金、物料缺乏而停工。1960年2月，唐山地委决定：卢龙跃进渠停工下马。

1976年7月8日，卢龙县委从县情和全县人民的迫切要求出发，做出“立下愚公志，重上跃进渠”的决定，组织技术人员进行勘测。7月28日唐山丰南一带发生7.8级强烈地震，全县遭受严重损失。在历史上罕见震灾面前，卢龙县委、县革委领导全县人民一面抗震救灾，一面抓紧重上跃进渠的准备工作。刚刚担任县委书记不久的李连壁，忍受着唐山大地震死伤妻子等3位亲人的巨大痛苦，毅然坚持在抗震救灾和筹建引青工程的第一线。他多次日夜兼程往返于石家庄、唐山等地，向省、地领导和有关部门汇报和研讨引青工程事宜，多次带领县委常委和工程技术人员北踏明长城，南抵北宁线，现场勘查渠线，确定工程位置，选择最佳施工方案。12月3日，卢龙县跃进渠修建工程指挥部成立，李连壁任总指挥，县委副书记谢文富、县委常委、县革委副主任陈会、县委常委、县武装部长赵淮任副总指挥。下设办公室、工程处、后勤处、政保处、机电处。指挥部各处室由县委、县革委及各部、委、办、局抽130名干部组成。施工队伍由当时全县6个工委、35个公社抽调4000名基干民兵，按军事建制组成营、连、排、班。12月24日，县委、县革委在渠首桃林口工地召开了跃进渠工程开工誓师动员大会，12月25日，跃进渠引青工程破土动工。

1977年6月8日，小黄崖引水隧洞告捷，28日，大坝合龙，整个渠首枢纽工程于讯前胜利竣工。接着，百里干渠开挖从北到南摆开了战场。刘营、卸甲庄、横河等7条分干工程也陆续开工。县长方宝枝，带领千军万马开入主干渠工地。县委除留一两名常委主持日常工作外，其余全部奔赴工地，县直机关5人工作1人干，腾出4人上前线。半年多时间，百里干渠全线挖通。继而，大岭、刘家沟、滤马庄等4座山洞凿通，大徐沟、东沟、马铁沟等5座扬水站建成，工业渡槽、商业渡槽、交通渡槽等4座大型渡槽凌入长空。到1979年春，沿渠180多座建筑物如风卷残云，竣工告捷。

1979年5月1日，百里干渠开闸放水，10个流量的青龙河水，穿过小黄崖隧洞，缓缓地流入百里干渠。它溅起珍珠般的浪花，歌唱着，雀跃着，流进农田，流进果园，流进卢龙县广大人民群众的心中。人们把百里干渠形象地比喻为银河下凡。

三、可歌可泣的“一渠百库”精神

一条引青渠，百座小水库，彻底改变了卢龙县的农业产业条件，扩大了水浇地面积，促进了粮食生产的迅速发展。卢龙县由一个十年九旱的半山区丘陵县变成了江南水乡，连续被评为全国粮食生产先进县、全国水利先进县。然而，更难得的是精神，卢龙人民忘我无私、拼搏奉献的一渠百库精神。它是一种强大的动力，一种翻江倒海的正能量，激励卢龙人民不忘初心，奋勇向上，在社会主义现代化建设的大道上勇往直前。

县委书记孟英骑着自行车，跑遍了全县的山山水水。然而又有谁会知道，他是带着十二指肠溃疡的病痛跋山涉水的。全县百座水库修完了，他也住进了上海市医院，而且久久没有痊愈。

大刘庄公社土山村戴荣，是个抗日战争时期入党的老党员，从1949~1966年担任村当支部书记。村里修建小水库时，他已经年过花甲，不再任大队书记了。但是他却一马当先，想在前头、干在前头。水库修成了，库区发展了养鸡、养蚕、养鱼等集体养殖。此时，戴荣已经积劳成疾了。病危之际，女婿送来10条鲜鱼，其中两条白鲢，8 条鲫鱼。他留下两条白鲢，把活蹦乱跳的 8 条鲫鱼放入水库中。

六百户公社前上庄大队党支部副书记闫岐，在修建前上庄水库时，他把全家搬到水库工地，吃在工地，住在工地，干在工地。工地施工急需木料，闫岐一咬牙，把儿子准备娶媳妇盖房子的木料拿出来，支援了工地建设。

县委书记李连璧，在唐山大地震妻子震亡、女儿重伤住院的巨大压力下，日夜奋战在跃进渠渠首工地。大坝砌筑到第五坝块时，按照工程设计，必须立即导流，让青龙河水顺导流洞流出坝区。这就需要用装满沙石的草袋在上游离坝 500 米处挡住河水，并把水引人导洞。这样，人必须在齐腰深的水中作业。李连璧率先跳入水中，副总指挥解文富、陈会、赵准也跳入水中，几十名民工跳入水中。他们咬着牙，装沙石，砌草袋，筑人墙。虽说阳春三月，乍暖还寒，河水冰凉彻骨。但这些总指挥、副总指挥们，依然和民工们一起中流击水。

四百户分干。应各庄乡上应各庄退伍军人李建忠，左腿因病截肢，安了一只木假腿，后来又做了胃切除手术。本来，村里没让他上工地，也没给他分配施工任务。但工地上如火如荼的施工场面感动了他。他一瘸一拐来到工地，投入到渠道开挖的紧张战斗中。

红花峪村主任于瑞福在施工抢险中头被石块砸伤，鲜血浸透了帽子。他到医院缝合了 3 针，就偷偷跑回工地参加施工。

沙河村主任刘成日夜奋战在工地，几天不回家。家里妻子一瓢一瓢喂养的一头母猪、10 个猪崽眼看要病死了，妻子急得哭红了眼睛，刘成却无暇顾及。猪死了，2000 多元钱不翼而飞了。刘成不动声色。当乡党委书记、乡长冒着大雪，顶着寒风来他家问候时，刘成的眼泪流了下来。

潘国栋、刘中江、何文学、张会茂、汪会彬、张明云、周兴礼、王彦秀、葛云廷……他们都是在一渠百库建设中涌现出来的英雄模范，他们都有一种精神，一种无私忘我，拼搏奉献的一渠百库精神。一渠百库精神，不仅他们有，别人也有，大家都有。一渠百库精神已经成为一种具有强大感染力、凝聚力的可歌可泣的卢龙精神。

第四节　拨乱反正

一、整党整风运动

在揭批江青反革命集团过程中，中共中央做出了在全党范围内进行一次整党整风运动的指示。中共河北省委根据中共中央指示，对整党整风做了安排部署。1977 年 10 月至 1978 年 3 月，中共卢龙县委根据中共河北省委关于整党整风的六条标准和中共唐山地委部署，进行了县直机关整党整风和社队整风。

参加这次整党整风的是局以上行政机关。首先召开动员大会，进行思想发动，明确这次整党整风运动的意义、目的、方针、政策和方法步骤，组织党员干部反复学习毛泽东关于党的建设的论述和中央有关整党文件，使全体人员深刻领会整党整风的重大意义。其次进入学习批判阶段。通过运用“一学三查”“三讲一评”“重点问题反复讲”等方法，紧紧围绕“三个不纯”深批“四人帮”，分清路线是非。在运动中领导带头讲、党员人人讲、群众自觉讲，联系实际，摆表现、亮思想、论危害、挖根源，肃清“四人帮”的流毒和影响。第三步，思想交锋，解决问题阶段。从“三讲一评”、总结工作入手，揭矛盾，摆表现。各级领导班子中存在的主要问题，进行思想交锋，带头开展批评与自我批评，达到弄清思想，团结同志的目的。第四步，组织建设和整改阶段。调整充实领导班子，发展新党员，制定领导班子和机关革命化措施，制定必要的规章制度。

在整风过程中，卢龙县召开三级干部会议，发动干部群众帮助县委常委总结经验教训，上下一起统一思想。采取三上三下的形式进行开门整风，深入工厂、大队分别召开座谈会，征求贫下中农和职工、干部的意见，把工委、公社书记、贫下中农和职工代表请到县委，听取常委们“三大讲”，并展开评论，帮助常委们整党整风。结合整风，县委召开批帮肃毒大会，深入揭批“四人帮”，联系实际，指出危害，澄清思想，肃清流毒。按照县委要求，大家进行了大总结、大评比、大表扬。逐人做思想鉴定，肯定成绩，并对犯错误的同志本着“思想批判从严，组织处理从宽”的原则进行了适当处理。

通过整党整风，县直单位全体人员的精神面貌发生了深刻变化，党的优良传统和作风得到初步恢复和发扬，老中青三结合的领导班子逐步建立起来。

公社整党整风和社队整党整风，参照县委和县直机关整党整风的路子，侧重领导班子思想建设和组织建设。县委下大力加强了领导，除包片常委挂帅外，所在工委确定专人抓，每个公社都组成了整风领导小组，帮助社队整风。

整党整风的开展，推动了中共中央重要文件的贯彻落实。整党整风运动中，各社队都从“一批双打”入手，清出了经济领域大量问题。农村社队整党整风收到良好效果，党员、干部受到了一次深刻的思想教育，各级领导班子成员的作风有了较大转变，对于深入认识“四人帮”的反动本质，带领广大群众发展农业生产起了重要作用。

二、文化、教育、科技、卫生领域的拨乱反正

“文化大革命”期间，教育、科技、文化、卫生领域是遭受“四人帮”严重摧残的领域，党的知识分子政策遭到了严重破坏。粉

碎“四人帮”后，对这些领域进行拨乱反正的任务十分繁重而迫切。卢龙县按照上级指示对教育系统进行了整顿，建立起正常的教学秩序，教学质量进一步提高。科技、卫生、文化事业经过拨乱反正也迎来了新的春天，得到了较大幅度的发展。

（一）文艺事业的复苏

粉碎“四人帮”后，迎来了文艺事业的春天。文艺工作者通过揭批“四人帮”散布的“文艺黑线专政论”等谬论，批判江青一伙强加在文艺工作者身上的种种罪名和否定17年文艺战线成就，扼杀文艺工作者社会主义积极性的罪行。随着揭批“四人帮”反革命集团群众运动的深入开展和知识分子政策的逐步落实，文艺事业重新活跃起来。在1977年召开的河北省文艺创作座谈会上，省委第一书记刘子厚在会上鼓励全省文艺工作者，要放开手写，放开手画，放开嗓子唱，放开手脚演，不要怕出错，错了就改。

1977年8月6日至10日，中共唐山地委召开文艺创作座谈会。各单位汇报交流文艺工作的情况和经验，围绕文艺战线如何揭批“四人帮”，大治快上问题讨论。

卢龙县文艺界通过揭批“四人帮”在文艺领域散布的种种谬论，批判“四人帮”在文艺界犯下的种种反革命罪行，明确文艺为工农兵服务的方向，认真贯彻执行“百花齐放，百家争鸣”的方针，调动各方面的积极因素，打破了“文化大革命”时期只能演“样板戏”和根据“样板戏”创作模式创作的戏剧，一些群众喜闻乐见的民间传统艺术形式重新与广大群众见面，文艺舞台逐步呈现出丰富多彩的局面。文艺工作者深入工农兵，深入农业第一线，为普及大寨县运动大造革命舆论，宣传好全国“农业学大寨”会议精神，歌颂普及大寨县运动中涌现出来的新人新事。文艺宣传把工作重点放在农村，做到“革命生产齐跃进，文化工作要紧跟，深入实际学工农，说写演唱为中心”，幻灯宣传、文艺演出、群众文化都取得了很大成绩。

1977年，县文艺宣传队正式入编，隶属县文教局。1979年改建县评剧团。在卢龙县境和唐山地区招收评剧演员。中国女高音歌唱家于文华曾应考到卢龙县评剧团工作，后调离。县评剧团由演《红灯记》《沙家浜》等革命样板戏向传统古装剧、现代剧转化，成功地排演了《卷席筒》《窦娥冤》《李三娘打水》《春草闯堂》《逼婚记》《李双双》等剧目，在县内演出100多场。“文革”中，冀东秧歌包括伦派秧歌被当成“四旧”禁锢，“文化大革命”宣告结束后得以复苏。1977年5月，县文化馆充分挖掘民间资源，改革创新了一批秧歌节目，在全县推广演出。1979年春天，卢龙县举行大规模秧歌会演。应各庄公社中学地秧歌、花台公社城角庄高跷秧歌等8支秧歌队会集卢龙中学操场表演了《庆丰收》《一枕黄粱梦》《三打白骨精》《“四人帮”出丑记》《跑驴》《扑蝶》等秧歌节目。卢龙中学操场鼓乐喧天，丰富多彩，你追我赶，盛况空前。广场会演结束后，又在卢龙县城的主要街道排成长龙大阵拉街表演，人山人海，欢天喜地，吸引1万多人观看了秧歌表演。1979年张艾曼、唐宝义合作的冀东秧歌《娶新郎》参加了北京国庆30周年文艺汇演，并获演出奖。

卢龙县电影事业也有了长足的发展。1977年，电影放映队已增至35个，并出现了厂办放映队10个，村办放映队5个，电影事业骨干达130人，每晚用35毫米放映机巡回放映，丰富了群众的业余文化生活。1979年5月，县财政拨款315000元，建成建筑面积1808平方米，拥有1026个座席的电影楼。卢龙县成立了电影发行放映公司，56个电影放映队，农民群众至少每月能看上一场电影，文化生活日益改善。

（二）教育事业的整顿和恢复

粉碎“四人帮”后，全国教育战线开始拨乱反正，通过召开各种形式的批判会，对“两个估计”反动谬论展开批判。1977 年 11 月 18 日，《人民日报》发表了教育部大批判组的重要文章《教育战线的一场大论战》，彻底揭露了“四人帮”炮制的“两个估计”的反动实质。揭批“两个估计”是揭批“四人帮”第三战役的重要组成部分。卢龙县教育战线广大群众采取各种形式，召开各种批判会，对“两个估计”开展批判，清除其影响。卢龙县各级各类学校放手发动群众，组织深受其害的干部、师生控诉“四人帮”罪行，联系教育战线实际，彻底砸碎“两个估计”的精神枷锁，弄清教育战线的路线是非、思想是非。卢龙县教育事业开始走上健康、协调、稳步发展的道路。1977 年 12 月，卢龙县各中小学的工宣队、贫下中农管校代表全部从学校撤出。从 1978 年开始，各学校撤销了革委会，整顿了领导班子，恢复了党支部领导下的校长负责制。

1978 年 4 月，卢龙县按照教育部发出《关于办好一批重点中小学的试行方案的通知》的要求，确定卢龙县中学为地区重点中学，刘田各庄中学、陈官屯中学被定为县重点中学，木井中学初中两个教学班被定为县重点班。西街、阎大岭店、刘田各庄、双望、燕河营、刘家营 6 所小学为县重点小学。为进一步稳定教学秩序，保证教育和教学的顺利进行，县委下大力调整了卢龙中学的领导班子，又从全县其他中学选调 17 名老中青骨干教师充实了卢龙县中学的教师队伍，其他各国办中学也相继进行了整顿。同时，县文教局根据省、地、县委的指示，针对本县社办中学设点过多，（当时花台公社高中点就有 4 个，刘家营公社 15 个大队，有 13 所学校，其中队办、联办七年制学校就有 11 处）学校布局分散的问题，分类指导，进行了统一调整。全县中学由 1977 年的 154 处减少到 93 处，初步解决了因布局分散，领导力量薄弱，干部配备不齐，班级容量小，浪费师资，教育经费和教学没备不足而影响教学质量的问题。同时，还调整了小学学校布局。全县小学由 1975 年的 376 所减至 358 所，各小学从暑假后春季始业恢复为秋季始业。认真贯彻执行《小学暂行工作条例》，动员 36 名已经改行的教师回归教师队伍。

8 月，各工委国办高级中学始招初中班，学制 3 年。在教学方面，大多数学校坚持“以教学为主”的原则，把提高教学质量作为工作中心，普遍狠抓了双基教学，因材施教。抓紧时间，千方百计为学生弥补损失。高中毕业班经全县统一考试，选拔了部分“尖子”集中到国办中学，由工委组织力量，搞集中辅导。初中毕业班由县统一编印了复习提纲，以校为单位组织复习。11 月 16 日，县文教局召开的教育工作公议，明确提出，为了快出人才，多出人才，可以为往届毕业生办高考补习班和搞各种形式的升学复习指导活动，可以从本年度高考初选下来的学生中择优挑选一部分入班学习。根据条件，采取扩大班容量、分散插班或集中指导复习等办法，准备来年再次参加高考。在思想政治教育方面，为使学生树立勤奋学习、遵守纪律、热爱劳动、助人为乐、艰苦奋斗的革命风尚，各校有计划地对学生进行了共产主义理想教育、革命传统教育、道德品质教育、劳动教育和纪律教育。

全县抓好教师的业务培训。按规划要求，全县按中师、专科编班，由专兼职辅导员讲课。采取在职学习和离职进修的方法，对教师进行行业业务培训，进一步提高教师业务素质。自 1978 年 3 月，县教师进修学校恢复，采取多种形式对中小学教师进行培训。进修学校还开办了英语培训班，培训英语教师，基本扭转了外语师资缺乏的状况。1978 年，县进修学校集中培训了小学教师 1733 人，中学教师 1749 人。

1978 年后社会上出现“文化热”。全县办起 4 所公社农民技术技校。全县各村业校以学习、推广农业技术为主，到 1979 年初全县 71 个村子业校先后开学，学员多达 1746 人。职工业校学习热情也非常高涨。职工积极参加中专、大专进修或脱职学习。1978 年后，全县组织“文化大革命”期间初、高中毕业的干部职工参加文化补课，共 9 届次，有 1310 人参加，占应补人数的 81.3%。经过文化补课考试的干部职工，绝大多数都获得了结业证书。

为了提高教师的政治地位和社会地位，调动教师的工作积极性，把具备党员条件的吸收到党内来。建立教师考核和晋升奖励制度，特别突出的授予“模范教师”或“模范教育工作者”的称号。关心教师的生活和福利问题，教师夫妇两地分居、教师住房等问题逐步得到解决。民办教师的工分实行按劳计酬、多劳多得的社会主义分配原则，县政府及时解决关于学校校舍被占用问题，县有关部门非常重视，逐步清理，在规定期限内退还被占用的校舍。在整顿中，还切实加强了民办教师队伍管理，对全县民办教师进行登记和考核，考核合格者发给任用证书，不合格者予以辞退。全县辞退考试不合格的民办教师 232 人。根据民办教师的业务能力、思想表现和贡献大小，享受不同的工分待遇。

卢龙县在教育工作中，认真贯彻德智体全面发展的方针，切实加强了体育工作。1970 年，卢龙县成立了体育委员会，与文教局共同领导教育系统体育工作。1975 年，各学校开始推行国家体委公布的“国家体育锻炼标准”。卢龙县成立了业余体育学校，从东街小学、西街小学招收学员。学生学籍关系不变，照常在本学校学习文化课，业余时间在县业余体校学习体育科目。业余体校开设了篮球、乒乓球两个教学班。业余体校乒乓球教练张奉先，一心扑在学生的乒乓球培训上，不辞辛苦、不厌其烦地对学生进行球技训练。业余体校还为河北省以及国家队输送乒乓球队员。1976 年 4 月，西街小学、业余体校学生耿丽娟被输送到国家乒乓球集训队。耿丽娟在国家乒乓球集训队，刻苦学习，不断进步。1980 年 10 月，在上海国际乒乓球邀请赛中，力克朝鲜民主主义人民共和国世界女子单打冠军朴英顺而一举成名。1985 年在三十八届世界乒乓球锦标赛中获女子双打冠军，1986 年获第十届亚运会乒乓球女子双打冠军，同年获第八届亚洲乒乓混合双打冠军，1987 年获第三十九届世界乒乓球锦标赛混合双打冠军。耿丽娟在世界乒乓球比赛中，先后 4 次获得女子双打和混合双打冠军，为国家，为她的家乡卢龙，也为辛辛苦苦培养她的启蒙教练争得了荣誉。1978 年 10 月，耿丽娟的启蒙教练、卢龙县业余体校乒乓球教练员张奉先，被国家体委授予“全国优秀教练员”称号。

1978 年，国家体委，教育部、卫生部联合发出《关于加强学校体育卫生工作的通知》，要求各地根据不同情况，积极推行（国家体育锻炼标准），广泛开展群众性体育活动，坚持“两课、两操、两活动”，建“国家体育锻炼标准”登记卡片并列入学籍。全县有 409 所中小学校，89024 名学生坚持“两课、两操、两活动”。

（三）卫生事业的不断加强

卢龙县的卫生事业也在拨乱反正中得到巩固加强。通过揭批“四人帮”，加强了卫生队伍建设和各级领导班子建设。1977 年 8 月 20 日，唐山地区昌黎医院陈官屯战备医院撤销。1977 年，卫生战线集中力量，打好以防疫灭病为中心的爱国卫生运动，培训赤脚医生，举办培训班，招收卫生院、分院医务人员，大力推广并总结针刺抗炎、腕踝针、对应点、头针疗法等新疗法。加强了赤脚医生队伍建设，年底前达到每个生产队有一名赤脚医生。加强了公社卫生院的思想、组织和业务建设，以卫生院为中心，开展常见病、多发病的普查普治，做到了在一个公社范围内实行计划免疫、计划治疗，并努力提高了卫生院人员的业务水平。搞好了医疗、预防、科研、教学四结合的试点，县医院以常见病、传染病、地方病为重点，摸索发病原因，落实预防措施，协同当地医务人员、赤脚医生进行了有计划地治疗。1978 年，石门公社张石门大队因食病马肉导致 5 人发病，其中 1 人因患肠炭疽经抢救无效死亡。为有效防止此病发生，县防疫部门及时对死畜尸体进行焚烧或深埋处理，严禁食用。同时对被死畜污染的场所进行严格消毒处理。对人、畜预防注射炭疽活菌苗。1978 年共接种 809 人，1979 后再无此病发生。1977 年，县发生狂犬病 6 例，病死率 100%。为防止此类病发生，县防疫部门采用及时注射人用狂犬疫苗的办法，有效进行防治。

认真抓好计划生育和妇幼保健工作，不断提高广大干部群众对计划生育的认识，做到思想、组织、措施三落实。健全了四级妇幼保健网，以大队合作医疗为基础，全县普遍建立妇幼保健室，普及新法接生，搞好以子宫脱垂为重点的妇女病和儿童病的普查普治。

三、落实政策，平反冤假错案

在中共河北省委、唐山地委领导下，中共卢龙县委非常重视落实政策，平凡冤假错案工作，县委成立了落实政策领导小组和落实政策办公室，加强对落实政策工作的领导。

（一）领导干部恢复职务

“文化大革命”中，卢龙县一大批县局级领导干部被打倒，解除了领导职务。这些干部多数德才兼备，具有丰富的工作经验，是开展各项工作，建设社会主义国家的中坚力量。县落实政策办公室的工作人员，在当时的历史环境下，冒着各种政治风险，力求实事求是，一一对“文革”中被打倒的干部进行审核，一一做出结论。并以中共卢龙县委的名义，写出平反决定，恢复同级领导职务。“文革”前担任县级领导职务“文革”中被夺权的许文明、王华、赵兴凯、曹尹生、杨存恕等都报请唐山地委批准，恢复了同等领导职务。大批领导干部重新走上工作岗位，对稳定局势，进一步抵制“左”的错误路线，推动全县各项工作的开展起到了重要作用。

（二）“右派”和“四类分子”摘帽

1978 年 4 月，卢龙县成立了“摘掉右派分子帽子工作办公室”，贯彻执行中共中央批转的中央统战部、公安部《关于全部摘掉右派分子帽子的请示报告》的通知，对错划“右派分子”，进行摘帽、改正和安置工作。全县“右派分子”131 人，其中 1959-1964 年摘掉帽子 70 人，余 61 人。这 61 人中，除反革命集团首犯阎炳烈 1960 年被政府处决外，其余全部摘掉“右派分子”帽子。

1979 年 3 月，全县完成对“四类分子”（地主分子、富农分子、反革命分子、坏分子）的摘帽工作，共摘掉“四类分子”帽子 786 名，地富分子改变为社员身份的 3956 名，地富子女改变家庭出身的 7110 名。

（三）冤假错案平反

“文化大革命”中，全县各条战线、各个领域有一大批干部、知识分子受到政治迫害，被打成死不改悔的“走资派”“右倾机会主义分子”“叛徒、特务”“国民党残渣余孽”“蓝旗分子”“反革命分子”等，酿成了一大批冤假错案，教育系统尤为严重。他们有的被开除党籍政籍，遣送回家，有的受到各种党政纪律处分，被撤职、留察、警告，蒙受了不白之冤。1978 年以后，县委落实政策办公室和县直各单位认真贯彻执行党的方针政策，排除一切思想干扰，积极、果断地落实政策，在充分调查核实的基础上，逐人给出结论，落实政策，属于冤假错案的，一律给予平反。被开除党籍的，恢复了党籍；被开除遣送回家的，重新回到了工作岗位。教育领域在拨乱反正、平反冤假错案中，对 1958 年反右斗争中的 82 名“右派”，1959 年的反右倾运动中 6 名“右倾机会主义分子”，“四清”运动中 25 名贪污分子，以及十年“文化大革命”运动中的 14 名“叛徒”、10 名“特务”、9 名顽固不化的“走资派”、57 名没有改造好的“地、富、反、坏、右”分子、24 名国民党“残造余孽”、22 名“反革命分子”、2 名“兰旗”分子一一予以平反，恢复了名誉。

（四）反革命案件改判

卢龙县人民法院本着“实事求是，有错必纠”的原则，依法对不同时期，特别是“文化大革命”时期，不同性质的刑事案件，有重点地进行复查，纠正冤、假、错案。“镇反”时期反革命案件中，列入复查的占 8.2%，依法改判的占 58.4%。“肃反”时期反革命案件中，列入复查的占 18.6%，依法改判的占 60%。对农业合作化时期的破坏案件全部进行复查，依法全部改判。对破坏统购、统销案件，列入复查的占 60%，依法改判的占 17%。“大跃进”时期的反革命案件中，列入复查的占 76.1%，依法改判的占 87%。“四清”中阶级报复案件全部复查改判。“文化大革命”中的反革命案件，全部复查改判，改判无罪的 77.8%。1976 年 10 月至 1979 年的反革命案件中，列入复查的 10%，改判无罪的占 80%。1980 年至 1983 年 7 月，在普通刑事案件中，列入复查的占 9%，依法改判的占 56.6%。

第四编 04

改革复兴

（1978年12月～2020年12月）

第一章 经济体制改革

卢龙县经济体制改革由农村起步。1982年，农村开始实行包干到户或家庭联产承包责任制。随着改革的深入，专业户、联合体开始出现，专业能手大量涌现，多种经营得到发展，城郊型经济逐步形成，贸工农一体化经营中体制和社会化服务体系逐渐完善，农业产业结构得到进一步调整。粮食、蔬菜、果品、养殖业结构发生变化，县内特色农业的档次和品位提升。木材、钢材、水泥等物资供应由计划供应走向市场调节，项目建设审批权逐级下放，粮食购销、蔬菜经营逐步走向市场调剂。1983年至2002年，全县企业管理体制改革不断深化。2002年，县属国营和集体企业基本完成产权制度改革，妥善安置了企业职工，置换了国有资产。商业流通领域、宏观调控系统财政、计划、金融领域的体制改革也不断深化。1986年，县政府成立了体制改革委员会，下设体制改革办公室，加强对全县经济体制改革的领导，保证了全县经济体制改革有序进行。

第一节 农村经济体制改革

1980年代初，全县农村普遍推行家庭联产承包责任制，并几经调整完善，使土地承包期延长到30年不变，这是继土地改革后又一次生产关系的重大变革。1990年代中后期，建立健全农业社会化服务体系，从而使统分结合的双层经营体制日趋完善。1990年代中期，随着社会主义市场经济体制的建立，农村经济体制改革不断深化，按照依法、有偿、自愿的原则，逐步实行土地流转经营，调整产业结构，发展农业产业化，使农村经济发展有新的增长点。1990 年代初开始，进行农村金融体制改革和农村税费改革，有效地缓解发展农村经济的资金困难，减轻农民负担，保护了农民的合法权益，增加了农民收入，促进了农村经济的发展。

一、建立双层经营体制

1979 年 9 月，中共中央《关于加快农业发展若干问题的决定》下发以后，全县农村劳动生产形式发生了变革。全县 18085 个生产队劳动管理的形式主要有 4 种，常年固定联系产量计算报酬的 153 个生产队，占 8.5%；田间管理责任到人的 1207 个队，占 67.5%；临时定额包干的 385 个队，占 21%；不划组，也不搞定额大包干的 63 个队，占 3.5%。1980 年，为进一步推进全县农业生产责任制的落实，县委总结了大横河大队的经验，印发了《大横河公社大横河大队实行农业生产责任制的经验》的小册子。全县进一步推行联产到劳、联产到组责任制。1981 年 2 月，县委印发了《几种主要生产责任制的概念》，统一了社队的认识，进一步加强和完善了农业生产责任制。1982 年，县委农工部印发了《关于落实包干责任制中一些具体问题的解决意见》及其补充意见，涉及责任田的承包、畜牧车辆的管理使用、农机水利的管理等，消除了部分群众“实行大包干就要卖车马拆仓库，先分财产后砍树，取消干部不要党支部”的认识，并进一步明确了生产队实行包干到户后，无论是低价易耗品还是大中型农机具都要认真清理登记造册，严防哄抢、私分、损毁和丢失。各生产队原有债权债务、积累和物资都要单独建账，单独核算。县委在全县普遍开展了建立健全双层经营体制的宣传教育活动，组织编写《怎样落实好大包干责任制的广播对话》11 讲，总结推广了已经实行大包干责任制的六百户公社前上庄大队和大刘庄公社桑家岭大队的典型经验。抽调110名干部组成41个落实责任制巡回检查小组，利用广播、电视、黑板报、党员联系户等多种形式，围绕如何建立健全双层经营体制以及农户各有什么责任等内容，对农村干部、群众进行广泛深入的宣传教育。到1983年5月底，99.9%的生产队落实了大包干责任制。1984年1月，县委下发《关于认真贯彻中央1号文件，继续稳定和完善家庭联产承包责任制的意见》，对搞好土地承包、完善各项责任制、支持专业户、做好承包服务、搞好财务管理、完善承包合同、减轻农民负担等提出具体要求。

1984年3月，县委制定《关于进一步稳定和完善联产承包责任制的意见》，开展建立健全双层经营体制的工作，建立健全村级合作经济组织，采取清理财务、终结账目、摸清底数、折算到户、过渡到村合作经济组织统一管理的办法，对社办企业和大队、生产队的固定财产、库存物资、现金往来、债权债务进行彻底清理，本着既不平调又不平分的原则妥善处理大队、生产队及其与各方面的财务关系，合理解决各核算单位之间公积金、公益金不平衡和合作化时社员入社股金等问题。最后将集体积累折算到户，作为农户在村集体内享受盈利分红分息的依据，并建立了相关制度。原核算单位集体财产转入村集体和折股到户后，其账目即为终结，同时建立起新的村集体账目，使前后账目融为一体。然后是进行组织落实和建章立制，通过民主选举产生村级合作经济组织的管理委员会，民主制定村合作经济组织章程，做到“四有三落实”（有章程、有账目、有公章、有办公地点，领导成员落实、组织机构落实、职能任务落实）。1985年，县委制定《关于卢龙县农村实行家庭联产承包责任制以后出现的新情况、新问题及稳定完善的措施》，进一步稳定和完善了家庭联产承包责任制。到1987年3月底，全县农村都健全了村级合作经济组织。

1990年10月，县委下发《关于今冬明春健全双层经营体制几项工作的安排意见》把深入开展双层经营体制，进一步完善土地、果树承包责任制。加强合同管理，搞好村级服务达标升级竞赛活动，完善积累机制，发展壮大集体经济，加强社会化服务等工作作为健全双层经营体制的主要内容并提出没有条件兴办工商企业的村，可以利用劳动积累，共同开发荒山、荒坡、荒滩等资源，兴办集体农场、林场、果园、养殖场、鱼塘等农业企业。同时推广“村有资金、账目由乡镇代管”的办法。

1994年开始，全县开展第二轮土地承包工作。1994年至1999年，中央先后下发了《关于进一步稳定和完善农村土地承包关系的通知》《关于贯彻中央文件精神，进一步稳定和完善农村土地承包关系的通知》《关于贯彻落实中共十五届三中全会精神进一步稳定和完善农村土地承包关系的实施意见》等文件，强调“在第一轮土地承包到期后，土地承包期再延长30年，认真整顿两田制，严格控制和管理机动地”。县政府及时修正了与中央政策不符的做法。1994年，各乡镇开展第二轮承包时规定各村可留20%的机动地，1998年，要求全县各村将机动地比例压缩到5%以内，超出部分全部均包到户。至1999年年底，全县第二轮土地延包基本完成，普遍实行了农村土地承包期30年不变和“增人不增地，减人不减地”政策，签订了土地承包合同，颁发了土地承包经营权证书，农村土地承包关系得到进一步稳定。

二、土地调整

1979年2月，县委在《关于贯彻执行新“六十条”中几个具体问题的解决意见》中规定，要以1979年年底实有自留地面积为基础，以1979年1月1日零时户口在农村，吃农业粮的实有人口为对象，重新分配自留地。1984 年，县委先后印发了《关于延长土地承包期，搞好土地调整的意见》及其补充意见，对延长土地承包期、土地调整的重要性、方法、范围及自留地的调整等内容做出规定。1985 年 3 月至 4 月，将 92000 本《土地承包使用证》全部发放到户，并建立承包使用证底账。1988 年 10 月县委印发《关于进一步稳定和完善土地承包制，搞好土地小调整的安排意见》，规定责任田以 1988 年 10 月 1 日零点在册农业人口为准，并对承包责任田的对象、机动地承包数量、流转等方面的问题提出具体意见。1989 年，县委、县政府印发的《关于完善双层经营体制，加强社会化服务的意见》规定，必须坚持和强化农村土地集体所有制，稳定土地承包经营格局，在相当长的时期内，对土地集体所有制保持稳定，不得随意变动。

1993 年，土地承包主要实行责任田和机动田形式，责任田一般占土地总面积的 80%，机动田一般占总土地面积的 20%。1998 年初，对机动地进行有效压减，到 2002 年年底，全县绝大部分机动地压减到耕地总面积的 5%之内。

三、土地流转

1982 年，《全国农村工作会议纪要》指出："社员承包的土地，不准买卖，不准出租，不准转让，不准荒废，否则，集体有权收回；社员无力经营或转营他业时应退还集体。"卢龙县农村没有公开进行土地流转的现象。随着农业生产责任制的深入落实，劳动生产率不断提高，农村剩余劳动力从土地上分离出来，转营他业的现象已经十分普遍。1983 年，全县共有农民工 1270 人，其中长期雇工 168 人，季节性雇工 632 人。一些农民转营他业后土地不能流转，只得粗放经营或以地下形式出租、转让，甚至弃耕。石门公社由于人均地少，商品经济有一定基础，部分农户将原承包土地转包给他人耕种。从报酬形式上，分为以牌价提供全年口粮、无偿提供部分口粮、协商定产按比例分成和无偿转包四种。县委农工部调查研究了石门公社的做法，总结出《土地转包是农业向专业化发展的必须过程》。1983年，县委提出："转营他业或无力耕种土地的户，可以少包或不分土地，由集体把一部分土地承包给种田能手，也可以允许不愿经营土地的户自找对象或集体给搭桥转包给劳动力多的户，对经营他业又不愿放弃土地而造成土地荒芜的户，集体有权收回耕地，或处以弃耕罚款。"是年，石门公社已有专业户20个，重点户178个，联合体138个。使用农村劳力1854名，占总劳力的18.7%。逐步形成了科学分工和专业化生产格局。县委于1984年3月制发的《关于进一步稳定完善联产承包制的意见》指出"鼓励土地向种田能手集中，允许经过集体同意，在个人之间协商转包，作为土地向种田能手集中的一种形式；允许全部或部分承包"，同时指出，土地向种田能手集中，实现规模经营是一个渐进过程。要注重明确方向，创造条件，因势利导，稳步前进。要把握发展规律，在条件尚不成热的单位，切不可操之过急；一旦条件成熟，又不可坐失良机。到2002年年底统计，全县土地流转总面积达1866公顷，占全县耕地总面积的4.6%；涉及农户4885户。土地流转的形式，主要有转包、互换、租赁、股份合作等形式，其中，土地转包面积1211公顷，土地互换面积524公顷，土地租赁面积112公顷，土地流转的主体，农户与农户之间的流转占流转总面积的30.6%；农户与集体之间的流转主要是农户承包村集体的机动地；农户与企业之间的流转是农户将承包的土地转租给企业或公司，并通过向企业提供劳务而增加收入。流转的范围，村内流转占流转总面积的75.5%，县内流转占流转总面积的15.8%，跨县流转约占8.7%，流转面积为几分或几亩的小地块比较常见，大面积适度集中的比较少。

四、农田水利设施产权制度改革

1970年代开始，历届县委、县政府接力治水，全县形成了较完善的水利设施网络。到1986年3月底，全县拥有引青主干渠1条，支干渠327条，扬水站7座，水库131座，机井3406限，塘坝181座，河防工程54处，拦河闸73座。随着农村经济体制改革的不断深入，落实了水利设施责任制，主要实行集体统一管理、以井划片，包井到人，建立服务公司（队组），实行单独核算，自负盈亏，并做到了统一领导，统一放水，统一维修，统一收缴水费。但由于产权关系不理顺，责、权、利不明确，工程设施由集体统管，费用由集体统包，受益农户只用不管，造成管理与使用脱节，效益不能充分发挥。1996年11月，县政府召开全县农田水利基本建设动员大会，下发了《小型水利设施改制意见》。规定，除引青渠所辖的国有水利工程由引青灌区管理处实行统管以外，库、塘、机井、渠道等各种水利设施宜卖则卖，宜租则租，宜包则包，不搞一刀切。至2002年底，全县已改制农用机井2849眼，其中拍卖1726眼，租赁310眼，承包493眼，实行股份合作制经营管理的120眼，完成改制任务的97%；改制机泵管带2156台（套），其中拍卖1700台（套）、租赁51台（套），承包405台（套），完成改制任务的97%；已改制地下节水管道5.5万米，其中拍卖9500米，租赁8600米，承包3.7万米；改制扬水点26处，其中拍卖7处，租赁8处，承包11处；改制水库、塘坝78座，其中水面承包64座，整体承包14座；改制水土保持工程138处，其中拍卖18处，租赁17处，承包102处，实行股份合作制1处。随着改制工作的深入推进，全县水利设施得到了有效管护和充分利用，促进了水利事业的进一步发展。

五、农村税费改革

2000年，中共中央国务院下发了《关于进行农村税费改革试点工作的通知》，全县农村税费改革正式启动，主要内容是“三取消、两调整、一改革”，即取消乡统筹费、农村教育集资等所有面向农民征收的行政事业性收费和政府性基金、集资，取消屠宰税，取消统一规定的劳动积累工和义务工；调整农业税，调整农业特产税；改革村提留征收使用办法（村级经费统一采取新的农业税附加方式收取，附加比例为20%）。同时建立建全村级“一事一议”筹资筹劳的管理制度。2002年7月，县委、县政府成立了“卢龙县农村税费改革领导小组”。此次农村税费改革涉及全县12各乡镇、548个行政村、农业人口38万人，计税土地4.2万公顷。是年8月，县农村税费改革领导小组组织县直、各乡镇相关人员及村干部进行有关税费改革政策方面的培训和在基层开展大规模的宣传活动。为摸清底数，县财政局印发了《按农业人口规模划分农村类别情况表》《2001年乡镇财政供养范围及支出情况表》《1998~1999年度乡统筹费收入情况表及征收标准情况表》《2001年县乡镇干部教师退休人员及开支情况》《乡镇机构改革人员定编表》《1998年乡镇财政供养范围及支出情况表》《1999年乡镇财政供养范围及支出情况表》《1998~1999年度乡财政收入情况表》8套报表。同年1月卢龙县政府根据秦皇岛市政府有关文件，下发了《卢龙县乡镇机构改革实施意见》《卢龙县教育局关于进一步调整中小学布局的实施方案》《卢龙县财政局关于实行农村税费改革完善县乡财政体制的实地意见》3个配套改革方案。至2002年年底，农民负担有所减轻。1999年至2002年全县年均农民负担总额为2789.98万元，其中乡镇收入1769.23万元，村提留收入1020.76万元，全县农民人均负担73.3

元。2002年，全县农民负担总额1485.37万元，其中乡镇农业税和农业特产税收入1237.48万元，村级农业税和农业特产税收入247.89万元，全县农民人均负担39.08元，比2001年减少了34.12元。

六、农民专业合作经济组织建设

农村实行家庭联产承包责任制以后，农民对种子、农药、化肥、技术、农机以及各生产环节的服务需求迫切，原有的合作经营组织的服务已无法满足其需要。1990年代初，部分农民开始自筹资金从事农业经营或服务活动，或称合作社，或称农民协会。是以家庭承包经营为基础。以农民为主要成员，围绕某一产业或产品组织起来，在技术、资金、购销、加工、储运等环节开展互助合作的经济技术组织。1995年10月，县委、县政府召开全县深化农村改革会议，提出“农民专业合作经济组织必须下力量发展，要努力实现‘四配套两增强’，即服务组织配套、服务内容配套、服务设施配套、服务制度配套，服务实力增强和服务能力增强”。此后，各乡镇建立了不同形式的农民专业合作经济组织。到2002年，全县共有专业合作经济组织20个。其中刘田各庄镇赵官庄村环增养殖公司建于1986年，由蛋鸡养殖大户魏连增、王枢环牵头，吸纳50多户农民筹资80万元兴办，为全村养殖户开展产、供、销一条龙服务。木井乡邸柏各庄村邸树军等3户农民1995年8月投资9万元养殖肉鸡，批次饲养1.4万只，取得显著效益。印庄乡榆林甸村几户农民联合，利用1公顷桃林口水库渠道汊进行流水养鱼，采用人工投喂的方式养殖草鱼、鲢鱼，每公顷产量在7500千克以上。

七、农业社会化服务体系建设

农村实行家庭联产承包责任制初期，农业社会化服务出现大面积空白。1983年，县委农工部通过对全县农业社会化服务工作进行调查，全县548个村中农户生产经营较好的仅占10.54。多数村农户耕作、浇水植保都有困难。县委、县政府开展以乡村服务为主，以联合体、个体服务为辅的服务组织。1986年，全县95%的乡镇，70%的村建立了乡、村级服务组织。有常年性、综合型、单一型、临时型、互助型等形式。农户在生产经营中出现浇地、脱粒、良种供应、果树管理等难题基本得以解决。

1988年，县委、县政府要求各乡镇党委和政府继续把建设农村社会化服务体系列为农村工作的重点。注意在实践中研究新情况，解决新问题，推进全县农村社会化服务进一步向广度和深度发展。各乡镇党委、政府把社会化服务作为保证农村第二步改革。推动农业生产和商品经济持续稳定发展的重要内容，每年列入干部年度考核、年终检查、年末总结交流。农林、畜牧、水利等农业主管部门由过去的行政管理向经济服务转变。是年，全县组建农、林、牧、渔技术服务组织18个。500多名技术人员下乡开展技术承包，全县初步形成多层次、多形式，多种所有制成分互相融合、互为补充的社会化服务网络。

1990年2月，县委下发《关于强化统一服务，完善家庭联产承包责任制的意见》，提出，乡村合作经济组织及其他服务实体，要为农户生产经营提供“五统一”（统一种植区划、统一农田水利基本建设规划、统一植保、统一机耕、统一排准）服务。有些村在“五统一”之外，还安排统一供应良种、统一购买生产资料、统一搞好好技术培训、统一脱粒、统一销售农副产品等多项服务。到2002

年，全县农村基本形成以国家经济技术部门服务为主导，以乡村合作经济组织为补充的社会化服务体系。各级各类服务实体发展到2387个，其中县级58个，乡镇级238个，个体2091个。县、乡、村普遍建立起农、林、牧、渔、水利等技术推广服务体系，形成“三级一户”的农技服务推广网络。乡、村两级农业试验场87个。95%的村建有农技服务站，每村有专、兼职农技人员3~5名，全县有科技示范户4384户，平均每村8户，农业产业化联系农户4万多户，占全县农户的34.2%，全县建成农产品批发市场5个，实现了物畅其流。

第二节 工业企业经济体制改革

工业企业改革作为全县工业经济体制改革的重点，实施国有企业的转向、搞活，企业制度的创新和机制的优化组合，国有企业的改组、改革和管理，建立产权明晰的现代企业制度，实施国有资本从一般竞争领域向优势竞争领域集中等重大举措。

一、国有、集体工业经营机制改革

（一）承包经营责任制

1978年，国有、集体企业在生产、销售、留成资金使用、干部任免、劳动用工等方面均无自主权。1983年，全县工业生产管理逐步推行不同形式的经济责任制。根据责、权、利相结合的原则，把产品产量、质量、利润、消耗等经济指标，采取承包经营、计件工资制、超额计件工资制等形式，层层分解到车间、班组和个人。1984年，在搞活经济、提高效益的前提下，兼顾国家、集体和职工三者利益，建立承包合同制。对亏损的集体企业，实行集体经营承包，对国有企业实行指标到车间、班组、个人的分解承包。国有、集体27个企业的69个车间，有51个车间实行各种经济责任制。其中车间承包17个，指标分解到车间、超额分成的24个，车间计件工资11个，定额加奖7个，其余18个车间，计划指标到车间，实行超额综合奖。县陶瓷厂、县搪瓷厂与县经济委员会实行建立四六分成办法，固定承包指标，完成指标时，税后盈利，四成留给企业。1985年，县纸箱厂、县锁厂、县五金厂实行经济承包责任制，承包期3年。

1987年，县政府出台了《企业租赁经营责任制的有关规定》《关于指标抵押承包经营责任制的实行办法》，采取先测算、后行动，先试点、后推广的办法，在工业企业中全面推行租赁制、股份制、技改和生产双包责任制、大中型企业的企业经营责任制、厂长任期目标责任制、政策性亏损的减亏责任制、基数超额分成责任制、工资总额与经济效益挂钩制、全额计件工资制、工资总额包干制、劳动与服务性部门的分成工资制、资产经营责任制12种不同形式的责任制，并引入竞争机制、实行风险抵押金制度、完善经济合同内容、克服短期行为。深化企业内部配套改革、推行劳动优化组合、搞活内部分配等。承包形式主要有“双保一挂”（保上缴国家利润、保技术改造任务，工资总额与经济效益挂钩），上缴利润递增包干（在企业核定上缴利润基础上，逐年按规定递增向财政上激缴利润），上缴利润基数包干超收分成、微利亏损、企业定额包干和亏损包干等。1987年年底，全县22个企业实现承包经营责任制，占企业总数的75%。1988年，全县完成29个企业第一轮承包，每3年为一个承包期。1990年，第一轮承包3年实现利润1921万元，超承包指标的49%。3年的承包上缴指标为624万元，实际完成781万元。有5个企业没有完成承包利润指标。

1990年，全县企业开展第二轮承包。针对第一轮企业承包存在的问题，进一步完善承包指标体系，签订第二轮承包合同，推出“低基数、高分成（财政）法”或“双基数法”，以及利税统算、进档达标等办法。承包指标体系一般由效益、管理、后勤3个指标组成。普遍强调企业是承包主体，在选好承包人的基础上，由领导班子集体承包。合同文本、签约程序比上一轮规范。承包合同的实施、承包资料的档案化管理、总结推广成功经验等方面管理更加严格。县选择一批国有重点大中型企业进行投入产出总承包，选择一批企业试行全员承包责任制。

（二）企业内部配套措施

从1984年开始，企业内部进行配套改革，部分企业试行厂长负责制。根据不同情况划出厂长兼书记、厂长负责不脱产专职书记、党政分设三种类型。确定企业县国营酒厂和集体企业县砂轮厂为试点单位，首先实行厂长负责制。年底，10个单位推行厂长负责制。1986年，推行厂长任期责任制，首先在县水泥厂、县棉纺厂进行试点，年底在全县推行厂长4年任期目标责任制。1988年，全县多数企业实行厂长负责制，建立起党委保证监督、厂长负责、职工民主管理的新体制。在劳动用工方面，对国有企业和集体企业新招工人普遍实行劳动合同制；在人事制度方面，厂长有对行政副职的提名权、对基层干部的任免权；在分配制度方面，先在部分国有大中型企业实行工效挂钩，而后在90%的国有工业企业和集体企业实行各种形式的工效挂钩；在内部分配万面，打破原八级工资制，采用计件工资、定额工资、岗位工资、浮动工资、承包工资、提成工资、结构工资及岗位技能工资等形式的内部分配制度。

（三）转换企业经营机制

1992年，卢龙县围绕增加县、乡工业企业经济效益，做到产值、效益和后劲三个同步。县委、县政府制定了《关于进一步深化体制改革的决定》，各级各类企业根据社会主义有计划商品经济的新体制和计划经济与市场调节相结合运行机制的要求，培养企业驾驭市场、参与市场竞争的能力，逐步实行“两分”（政企职责分开，所有权与经营权适当分离），“四自”（自主经营、自负盈亏、自我发展、自我约束），“两者”（社会主义商品生产者和经营者）的目标。并逐步落实企业的机构设置权，企业内部管理干部的选拔、聘用、管理权，工人录用辞退的决定权，在不突破工资总额的原则下，内部分配权和生产经营自主权等方面的企业自主权。破除“三铁一平一大”（铁饭碗、铁工资、铁交椅，平均主义，大锅饭），推行干部聘任制，将竞争机制列入企业干部选拔管理之中。县第一机械厂、县陶瓷厂、县第二机械厂实行生产经营自主、产品定价自主、内部分配自主、劳动用工自主、技术改造自主、机构设置自主为主要内容的放开经营试点，开展多种经营，除国家和省价权产品外，产品价格全部由企业自主。秦皇岛武山水泥厂为投入产出总承包试点。

（四）建立现代企业制度

1994年，县政府坚持把转换企业经营机制，建立现代企业制度作为全县企业经营工作的重点，使企业真正成为市场竞争的主体和独立承担民事责任的主体。卢龙县陶瓷厂列为建立现代企业制度试点单位。1995年，根据中央《关于建立社会主义市场经济体制的决定》精神，县委、县政府制定了《推进产权制度改革，激活乡镇企业》的政策，年底，县第一水泥厂、潘庄造纸厂、大刘庄海洋化工厂、大李佃子乡冷面厂等乡镇企业实行租赁经营；刘家营涂料厂、大李佃子乡面粉厂进行拍卖；花台乡编织厂与燕窝庄村编织厂实行兼并经营；卢龙站乡对22家乡镇企业实行租赁、兼并、股份合作等不同形式的产权制度改革。1996年6月，原国有企业卢龙县陶瓷厂、集体企业工艺美术陶瓷厂、镇办企业卢龙县第三陶瓷厂组建为秦皇岛市卢龙陶瓷集团有限责任公司。9月，经市政府批准卢龙县化肥厂划归秦皇岛市化工集团有限公司。

二、股份制改革

1994年年底，确定国有企业化肥厂为股份制试点。县五金厂、县锁厂、县砂轮厂3家集体企业相继进行股份制改革，改组为企业集体股、量化股、职工个人配股的股份合作制企业。1995年，国有、集体企业陆续进行股份制、产权制度、兼并破产等不同形式的改革。1996年，在保证国有资产安全、防止国有资产流失；保证银行贷款安全、防止贷款悬空逃废；保障职工合法权益，防止强迫职工入股的前提下，县印刷厂、县石门化学厂、县石粉厂3家国有企业改组为全民持股的股份有限责任公司，即卢龙北方印刷有限责任公司、卢龙颖佳化学有限责任公司及卢龙县渤海龙石粉有限责任公司。同年8月，县联营煤矿所属卢龙县长城劳务输出大队与昌黎县朱各庄乡村民李洪荣共同投资，组建卢龙县龙海化工有限责任公司。1997年10月，卢龙县磷肥厂改组为卢龙县曙光化工有限责任公司，1999年更名为卢龙县双益磷化有限责任公司。

2002年年底，国有、集体企业股份制改制成功的有12家，其中私营股份有限企业6家、股份有限企业1家、私营有限责任企业2家、股份合作企业3家。

三、国有、集体企业战略性改组

（一）国有集体企业产权制度改革

1996年，县委提出对国有工业企业，择优确定股份制或股份合作制，出售企业产权、租赁经营、嫁接改造、破产、兼并重组、委托经营、组建集团等八种企业改制模式。1999年9月，中共十五届四中全会做出了《关于国有企业改制和发展若干重大问题的决定》，明确提出推进国有企业战略性改组。坚持“抓大放小”总方针。同年12月，秦皇岛市委、市政府颁布《关于规范国有企业产权出售若干问题的意见》，坚持“有进有退、有所为有所不为”的方针，以“两个置换”为主要形式，并采取重组、兼并、破产等多种形式，“两个置换”主要是国有资本退出竞争领域，国有职工身份转换，出售资产、转换股权。破产重组是以国有企业资本退出的主要形式，自谋职业、解除劳动合同，承诺等，离岗退养是职工转换身份的主要形式；股份制和股份合作制是资产重组的主体方式。

（二）出售资产、转换股权

1995年12月，县第二汤粉厂首家实施资产整体出售。1996年，县第二机械厂、县武水服装厂、县供销公司实施资产出售，秦皇岛武山水泥总公司第四水泥厂、卢龙液化气站实施资产转让。截至2002年底，又有秦皇岛惠民制药厂、卢龙县铁矿有限公司、秦皇岛陶瓷集团有限公司第三分厂3家实施产权整体出售。卢龙县汽车大修厂、卢龙县永佳纸箱厂2家实施产权部分拍卖。卢龙县武山矿业有限公司、秦皇岛武山水泥总公司第三水泥厂、卢龙县搪瓷厂3家实施转让。

（三）企业破产出售

1997年5月，秦皇岛乳酸厂依法破产，资产拍卖给秦皇岛华新生物饲料有限公司，成立秦皇岛海威生物化工有限公司。1999年9月，卢龙县木器厂依法破产，卢龙县刘田各庄镇村民朱学礼竞标购买企业资产，成立卢龙县凯达工贸公司。2000年5月，秦皇岛五金工具厂依法破产，资产拍卖给秦皇岛野力酒业集团公司。同年12月，卢龙县砂轮油石厂依法破产，职工张巧玲竞买企业资产成立卢龙县北龙砂轮厂。2001年3月，秦皇岛市利源天然饮料总公司依法破产，4月，秦皇岛市卢龙陶瓷集团有限公司依法破产，2002年10月，秦皇岛北方印刷有限责任公司依法破产。

第三节　流通领域经济体制改革

一、商业供销购销体制改革

1978年，农副产品、日用品、工业品、农业生产资料购销实行统购统销政策。农副产品由商业局下设的土产公司、食品公司统一购销。农业生产资料由供销社系统的生产自交公司和基层供销社购销。农业“三站”（农技推广站、土肥站、植保站）只负责试验用肥的推广。1980年，部分日用品、工业品购销政策开始放开，自行车、缝纫机、家电等大件商品仍实行统购统销。1983年，农副产品购销进一步放开，取消统购统销。1984年，农业生产资料统购统销政策逐步取消，经营企业可以到生产企业直接采购。1985年，日用品、工业品购销开始实行计划分配与自行采购相结合的办法。鲜蛋、家禽经营全面放开，自由购销。1990年以后，随着市场经济的不断发展，日用品、工业品市场购销全部放开。1994年，国务院出台了《国务院关于改革化肥等农业生产资料流通体制的通知》明确县级供销社的农贸公司为批发机构，基层供销社必须从农贸公司进货。1998年，国务院出台了《关于进一步深化流通体制的改革》的文件，个体私营企业进入化肥等农业生产资料销售市场。从此，农业生产资料销售形成供销社系统经营企业、农业“三站”、个体经营大户并存的格局，但市场主渠道仍以供销系统为主。

二、国有、集体商业经营体制改革

1984年，卢龙县国营和集体企业打破计划经济时期的干与不干一个样，干多干少一个样的“大锅饭”的管理体制。1987年，开始推行承包经营责任制，企业所有权和经营权分离，承包经营者使用企业的流动资金进行经营，在上缴承包的税后利润后，对盈余利润进行支配，承包期3年。是年，承包利润指标为57万元，完成100万元，超82.49%。1988年承包指标为89.2万元，完成181.2万元，超103%。1989年，为93.8万元，完成79万元，下降17.7%。

1990年，进行第二轮承包。对生产经营比较稳定的企业，采取“包死基数、确保上缴、逐年递增、超收分成”的办法，微利企业采取上缴利润定额包干的办法，亏损企业采取减亏加专营包干的办法，对生产经营较稳定、前景难以预测的企业实行滚动承包的办法。超利分成的企业，按4∶6或3∶7分成，企业留大头。承包经营企业不论采取哪种形式，其歉收部分一律由企业自补，承包期因企业情况而定，不搞一刀切。对符合产业政策，生产经营比较稳定并且需要加快发展的企业，承包期较长些。对比较稳定的百万元利税大户，承包期为5年。对于经济效益较好，但中长期发展预测没有把握的，承包期为3年。对于生产经营前景预测困难较大的企业，承包期可短一些，或逐年滚动承包。1992 年，县委、县政府制定了《关于进一步深化体制改革的决定》，强调加大流通体制改革力度，促进市场体系建设，继续坚持三多一少（多种经营成分、多种经营方式、多种渠道，少环节）的改革方向，充分发挥国合商业主渠道作用。按照国家放宽、企业管严，放而有度、治而有序的原则，在全县国合商业系统力争年内 30%以上的企业有计划、有步骤地推行放开经营、价格、分配和用工为主要内容的“四放开”改革，同时搞好企业内部的“转、租、包”等配套改革。

1993 年后，在承包经营责任制的基础上，企业实行了承包租赁的经营模式，承包经营者不再占用企业的流动资金，由承包经营者自筹资金、自主经营、自负盈亏。1994 年，商业供销系统对所属企业发包，实行领导干部任期目标责任制。根据各企业近年来的经营情况，分别核定利润和上缴税金主要经济指标，年终审核，根据完成情况兑现奖惩。各企业所属部组、门店，采取灵活多样的改革方式，实行二级承包。供销系统 19 个企业的 197 个经营部组中，实行公有民营的 70 个、租赁经营的 31 个、利润定额超利分成的 5 个、四定一挂的 69 个，计件工资的 4 个、其他形式 2 个，没有落实的 16 个，收回流动资金 20 万元，风险抵押金 50 万元。商业系统 9 个企业 55 个部组中实行国有民营的 8 个，利润定额超售分成的 26 个，包定利润超收全留的 3 个、四定一挂的 13 个、其他形式 5 个。1998 年底，商业供销系统 26 家企业，除 4 家专营企业外，其余全部完成租壳卖瓤（把企业商品一次性作价卖给职工，由职工承包租赁经营场地或经营设施，自筹资金，自主经营，自负盈亏），国有民营的全部改制。

三、粮食流通体制改革

1978 年，国家允许农村统购后的余粮进入集贸市场。允许粮食部门在完成国家征购任务的前提下开展粮油议购议销。是年，全县粮食征购为 2300 万千克。1982 年，实行粮食征购包干，一定 3 年不变的政策，鼓励农民增产的余粮进入市场调节。1983 年，根据中共中央《关于印发当前农村经济政策的若干问题的通知》精神，允许国营商业和集体、个体开展粮油多渠道经营。1985 年，中共中央国务院发布《关于进一步活跃农村经济的十项政策》，取消粮食统购政策，改为合同订购。粮食流通领域实行平价、议价“双轨制”，并陆续放开部分粮食品种，形成议价经营体制。国有粮食企业建立权责相结合的企业经营责任制，粮油加工企业也相继下放管理。1990 年，粮食合同定购改为国家定购。1991 年 4 月，国务院下发《关于调整粮油统销价格的决定》，从当年 5 月 1 日起，调整粮油统销价格。1992 年，全县粮食、食油购销价格放开，取消城镇非农业人口成品粮定量供应和粮票流通，粮食部门开始政策性业务和商业性经营“两条线”运行。

1993 年，省政府下发《关于加快粮食流通体制改革的通知》，提出改进粮食定购“三挂钩”兑现办法。将粮食挂钩，化肥、柴油奖售实物改为平议差价补贴，实行价外加价。实行粮食保价制度。为了保护生产者、经营者和消费者的利益，当市场粮价暴涨暴跌时，实行最低保护价和销售最高限价。为确保这一制度的落实，建立省级粮食风险金制度，试行产销区粮油供销合同的办法，继续实行并改进粮食包干办法。是年，县粮食局实行了粮食包干与财政包干脱钩的办法，建立中央、地方和农户三级粮食储备体系，允许和支持多种经济成分，多种流通渠道参与市场粮食经营。

1995 年，国务院下发《关于粮食部门深化改革实行两条线运行的通知》，加强了对粮食市场的宏观调控，搞好总量平衡，保持粮油价格的基本稳定，用好国家对粮食企业的财政补贴，保证政策性资金不被商业性经营业务占用。全县初步建立起统一领导、明确职责、分别核算、稳定市场、搞活经营的两条线运行体制。

1998 年 5 月，开展粮食流通体制改革。改革的原则是“四分开，一完善”（实行政企分开、中央与地方责任分开、储备与经营分开、新老财务挂账分开，完善粮食价格机制），其核心是按保护价敞开收购农民余粮，粮食收储企业实行顺价销售，粮食收购资金封闭运行，加快国有粮食企业的改革。对 13 个库站的收储任务进行重新划分，确定陈官屯粮库、燕河营粮库、潘庄粮库、双望粮库、刘田各庄粮库、直属库、蛤泊粮库、石门粮库 8 个单位为购销企业，其余 5 个划转为附营企业。1998~2001 年，全县每年按保护价收购农民出售的余粮达 2 万吨以上，做到常年、常时按保护价收购。各购销企业落实收购资金封闭运行政策，确保专款专用，销售粮食的贷款及时足额地归还农行，归还率 100%。2001 年，国家储备粮实行了垂直管理。省级储备粮出口。2002 年，定购粮和保护价粮进行划转，政策性业务全部取消，粮食企业真正走向市场。

第二章 经济开放

1978年，中共十一届三中全会决定把工作重心转移到社会主义现代化建设上来，中国进入改革开放和社会主义现代化建设的新时期。1981~1987年，卢龙县主要进行了以多种经营为主的商品生产，并与国内各友好县区进行经济技术协作与横向联合。1988年，卢龙县被确定为全国对外开放县，并列入河北省秦（秦皇岛）—唐（唐山）—沧（沧州）环渤海湾开放序列，全县从此进入经济开放的快车道。在经济开放中，县委、县政府确定了“一年起步、两年突破、三年大发展”的发展战略，制定了对外开放优惠政策，优化投资环境，全县经济开放工作取得了显著成果。

第一节 招商引资

一、招商引资形式

改革开放后，卢龙摸索出会议招商、委托招商、外资企业增资招商、以商招商、企业招商和顾问招商等形式，其中会议招商是最主要的招商形式。

（一）会议招商

1988年3月，县委、县政府制定了“一年起步，两年突破，三年大发展”建设开放县的战略部署，成立了县对外开放领导小组和对外开放办公室，制定、落实优惠政策。5月在北京丰台区设立秦皇岛驻京办事处卢龙接待科。1988 年到 2001 年，先后在秦皇岛、北戴河、北京、青岛、石家庄、厦门、沈阳等地召开经济恳谈会、项目发布会、座谈会 20 多次，利用会议广泛招商。

（二）委托招商

卢龙县先后委托沈阳、深圳、北京等办事机构和卢龙籍有能力的人士为卢龙县招商引资的代理，共同搞好卢龙县招商引资工作。

（三）外资企业增资招商

秦皇岛龙泉食品有限公司 1995 年落户卢龙县，由韩国贵日农产社投资 80 万美元独资兴建粉丝加工企业。开始仅仅是收购淀粉，用于加工粉丝出口，1999 年外商又投入 200 万元增上了一条淀粉生产线，收购甘薯加工淀粉，不仅降低了成本，也扩大了生产能力。

（四）以商招商

秦皇岛天然食品有限公司是 1991 年成立的第一家外资企业，由香港速令有限公司投资 20.07 万美元与卢龙县第一汤粉厂合资兴建，产品主要出口韩国。2000 年，经天然食品有限公司的外商介绍，由韩国崔璨奎投资 6.17 万美元与卢龙县富源粉丝厂合资 12.07 万美元兴建秦皇岛大天龙食品有限公司，其产品也主要出口韩国。

（五）顾问招商

2002 年，在北京聘请国家各部委有关人员 18 人为县招商引资的经济顾问，他们在为卢龙经济建设招商引资方面提出了较好的建议。每年暑期，在北京或秦皇岛召集这些经济顾问，倾听顾问的意见和建议，对促进县城经济建设发挥了较好的作用。

二、招商引资政策

1988 年实行对外开放以来，卢龙县委、县政府制定一系列招商引资优惠政策和招商服务措施。

1990年，县政府制定了《关于加速外向型经济发展的有关规定》，1994年县政府下发了《关于进一步加强对外开放工作的意见》《关于招商引资的奖励办法》和《关于对经济发展做出突出贡献人员的若干奖励办法》；2002年县政府印发《关于实施奖励引进中外商投资中介人的暂行规定》《关于实施招商引资责任制的暂行规定》，对外商来卢投资的优惠政策做出了明确具体的规定。1986年，县政府制定了《发展横向经济技术联合的奖励办法》；2000年，县委、县政府制定《关于进一步优化投资软环境的若干规定》；2002年，县政府印发《卢龙县关于聘请经济顾问工作暂行办法的通知》，对利用内资政策做出了明确的规定。

三、招商管理和服务

1988年，县政府建立县对外开放领导小组和县政府对外开放办公室。负责全县对外开放工作的指导、协调、督导、检查。研究制定优惠政策和措施，协调解决乡镇之间、部门之间在利用外资方面的有关问题；组织县有关部门联合办公，对县审批权限内利用外资项目进行审批；组织指导有关单位发展外向型经济规划实施。1994年4月，成立卢龙县招商局。2002年，成立“卢龙县招商引资工作领导小组”，负责全县招商引资工作的协调督导及情况的综合反馈等各项日常工作；与外商投资相关的工作部门，全部实行行政公示制度和服务承诺制度，公开办事内容、程序、标准和时限，实行一个窗口对外，简化手续，提高效率，急事急办，特事特办，建立一整套服务制度。同时，对外商直接投资50万美元以上的项目，实行项目联系人制度，项目联系人在项目实施过程中进行全程跟踪服务。

四、招商引资成果

随着对外经济开放的不断深化，卢龙县招商引资工作取得了明显成效。1987~2002 年，卢龙县共引进并建成项目 157 个，其中三资项目 31 个，外资企业 9 家，中外合资企业 8 家。引进国内资金 75037 万元，引进外资 1472 万美元，引进技术 142 项，引进各类人才 631 人。

第二节　经济协作

一、区域经济合作

卢龙县通过“求贤拜能”“让利让惠，提供方便”等多种方法与省内外、县内外，进行了广泛的区域经济合作。

1986 年，全县有关部门和企业与北京、天津、唐山和东北地区加强横向经济联系，引进资金 2000 万元，引进新技术 190 项，引进技术人才 60 多名；新建不同形式的联合企业 60 个，向企业提供经济信息 1600 条；协调各类物资 1512 吨，价值 90 万元；接待、拜访专家、学者和工程技术人员 70 多人次；向全国各地发出联合意向书及县政策 450 份；与外地达成实质性意向协议 42 份。

二、经济技术协作

1985 年，卢龙县调整充实了县经济技术开发办公室。先后采取“发广告，印指南”“走出去，请进来”“托亲靠友”“求贤拜能”等多种方法，印发以“敞开大门，真诚协作”为题的开发指南，并以《经济信息报》的形式与全国 210 个市县科研单位、大专院校建立信息交换关系。

1987 年，与锦州葫芦岛区、鞍山旧堡区、阜新细河区和清河门区、承德鹰手营子矿区、天津塘沽区、沈阳铁西区签订引进技术和物资协议，建立长期协作关系。

1989 年，共引进项目 8 项，技术 14 项，资金 142 万元。

1990 年全县引进技术 11 项，引资资金 187.6 万元。在巩固过去已有 35 个单位的基础上，又与北京市科学技术研究院、广东省科学院、黑龙江省科学院、河北省科学院、沈阳科学技术总院等 12 个科研单位建立了合作关系。

1999 年，全县共签约内联项目 46 个，总投资 13971 万元，引进技术项目 25 个。引进县外资金 8243.8 万元，完成县下达指标的 144.6%。

2000 年，引进技术项目 24 个，引进县外资金 9534 万元，引进省外资金 8191 万元。

2001 年，全县引进省外经济技术合作项目 27 个，引进资金 5898 万元，其中经济合作项目 9 个，总投资 19245 万元；技术合作项目 18 个，总投资 14069 万元。

2002 年，全社会固定资产投资 62609 万元，社会消费品零售总额 72101 万元。

第三节　农村产业结构调整

十一届三中全会以来，卢龙县坚持以经济建设为中心，坚持不断改革开放，县域经济步入了良性发展的快车道，各项社会事业全面发展，人民生活水平不断提高。

卢龙县是传统农业县，农业和农村经济一直占据主导地位。农村经济体制的改革，使农业生产力得到全面释放。农业产业结构逐步向高产、高效、优质方向转化。卢龙县传统产业也是特色产业的甘薯产业化建设取得显著成果。酿酒葡萄产业化建设迅猛发展，产业化生产、经营的格局全面形成。

1978年十一届三中全会以后，国家鼓励多种经济形式并存，重视专业户和重点户，发展社队企业。到1980年代中后期，卢龙县农村经济开始摆脱自给半自给性生产，向专业化、社会化方向发展，种植业比重逐年减少，其他各业及非农产业比重逐年加大，农村产业结构不断调整、优化。

1978年，第一产业总产值5980万元；1985年，第一产业总产值12615万元；1990年，第一产业总产41119万元；到2002年，第一产业总产值达到151978万元。

一、种植面积结构调整

1978年，全县农作物总播种面积5.39万公顷，主要品种有粮食、棉花、油料和蔬菜。1982年，农民注重发展产量、产值较高的粮食作物，棉花、油料作物受当地气候、土壤及技术水平的限制，产量、产值较低而少有种植。1985年以后，科技含量增加，经济作物产值不断提高，使其在农作物中的比重越来越大。1990年，全县农作物种植面积4.79万公顷。县委、县政府根据市场需求，调整种植业结构，小麦、水稻等低效益农作物种植面积继续压缩，蔬菜、甘薯等优势产业拓展放大，牧草、杂粮、食用菌等作物进一步增加。2002年，全县农作物播种面积4.66万公顷，粮食、棉花、油料、蔬菜及其他作物的比重为84.9∶0.7∶7.9∶6.5。

二、种植品种结构调整

1978 年以前，农村经济“以粮为纲”。农业经济以种植业为主，种植业以粮为主，粮食以玉米、小麦、高粱、大豆为主。品种多为当地品种，农民自留自繁。林业牧业、渔业更是几十年一贯制，品种严重老化。1982 年后，卢龙县把优种引进、试验示范、推广作为发展农业生产的重点。至 1990 年，第一产业引进优种 68 项，其中种植业 39 项、林业 14 项、牧业 15 项。至 2002 年，第一产业引进优种 229 项，其中种植业 128 项、林业 43 项、牧业 56 项、渔业 2 项。玉米、小麦优种统供率分别达到 80%和 160%。玉米品种重点推广“丹玉 26”“东单 60”“农大 84”等，小麦推广品种以“京东 8 号”为主，甘薯品种重点推广卢选 1 号、“868”等。林业引进优种果品主要有巨峰葡萄、富士苹果、水蜜桃等。畜牧业重点推广三元杂交猪、新疆细毛羊等。

三、种植区域结构调整

1978 年，全县蔬菜、鲜果、水产、备产品产量较小。十一届三中全会以后，县委、县政府贯彻中共中央“宜农则农、宜林则林、宜牧则牧、宜渔则渔”的指导思想，提出卢龙北部山地建设林果、牧、杂粮区，林果以苹果、板栗为主，畜牧以绒山羊、基础母牛和养兔生产为主；中部林果以酿酒葡萄、桃、梨为主，粮食以玉米、甘薯、杂粮为主，畜牧以肉牛、肉羊、生猪和肉鸡、蛋鸡为主；南部平原区重点发展蔬菜、特种养殖、食用葡萄等。参照市场导向，引导农民发展适合当地实际的特色农业。至 2002 年，全县甘薯种植面积 2.26 万公顷，总产量 5.7 亿千克；酿酒葡萄种植面积 1200 公顷，总产量 2.6 万吨，肉鸡存栏 900 万只。

第四章 决胜全面小康，实现伟大复兴

中共十八大、十九大以来，卢龙县在习近平建设中国特色社会主义思想的指引下，全面决胜小康建设，大力发展特色产业，生态环境建设、文明县城建设、老区乡村建设，并采取过硬措施，下大决心，花大力气，真金白银，背水作战，全覆盖搞好脱贫攻坚，不让一户一人掉队。

第一节 特色产业和文化产业建设

一、甘薯产业化建设

甘薯产业是卢龙县第一大主导产业，河北省22个重点龙头产业之一。1996年卢龙县被命名为“中国甘薯之乡”。1999年被河北省确定为首批农业产业化建设示范县。2002年再次被命名为“河北甘薯之乡”。

为了加强对甘薯产业化建设的领导和管理，1988年，卢龙县成立了甘薯基地县建设领导小组，1993年成立了甘薯研究中心，1996年经市政府批准更名为秦皇岛甘薯研究开发中心。

1986年，卢龙县委、县政府指定的“挖三宝，聚四财”的经济发展战略，把甘薯产业发展作为三宝之首。1987年卢龙县人大常委会做出《发挥甘薯优势，建设甘薯基地县的决议》，甘薯产业发展步入高潮。“九五”以来，全县甘薯产业布局日趋合理。1987年，全县甘薯种植面积19500公顷，鲜薯总产量544820吨。1998年甘薯种植面积20300公顷，鲜薯总产量675350吨。2002年，鲜薯种植面积达到22600公顷，占耕地面积的54%，鲜薯总产量570285吨。

（一）优选甘薯栽培品种

甘薯原产北美洲中部南美洲西北部的热带地区，明代传入国内，清代咸丰年间传入卢龙，首栽于蛤泊、木井一带，后遍布全县。1980年代末，卢龙县甘薯主栽品种为“徐州一窝红”，占甘薯种植面积的80%。此外，还栽培了“提纯一窝红”“徐薯18”“丰薯1号”“北京553”等。1990年代后，相机继引进了“一窝红原种”“868”“徐引2号”“豫薯7号”“丰产1号”等品种。经过试种，有的品种不宜推广，逐渐被淘汰。全县仍以种植“徐州一窝红”和自选自育的“卢选1号”为主栽品种。

刘田各庄镇马时各庄村村民李秀祥1981年夏剪蔓栽夏薯时，从“丰薯1号”中发现一变异株，薯秧黄绿色，扒开土已结较大薯块，就将这一薯秧单独繁殖种薯。1982年，将此种栽植于大田，当年秋季收获时，观察该株系结薯集中、皮浅红色、薯肉白黄色、薯形纺锤形。因此把它作为新品系繁殖保留下来。1987年与“一窝红”栽培作了对比试验，收获时调查，比“一窝红”增产18.6%，出淀粉率高达23.6%，比“一窝红”高3.1个百分点。到1990年，除满足自家9亩地用秧外，还向社会提供薯秧20万株。1991年至1993年，通过品比试验，均表现比“一窝红”增产，群众也一致反映，该品系产量高、淀粉率高、收获省工、不丢失等优点。以后逐步试验、示范，逐步在南半县扩大面积，命名“卢选1号”。到1995年，全县“卢选1号”种植面积达到4000公顷。群众称它为“腾飞”。1996年，县科技局在省科委立项，对“卢选1号”甘薯新品系进行品比试验。边试验、边示范，到1999年，全县示范25万亩。“卢选

1号”的特点，适应性强，耐旱耐瘠薄，生长势壮，结薯集中，整齐，易于收获，丰产性好，田间测产平均亩产2000千克。是年，多点区域试验结果，平均亩产比“一窝红”和“徐薯18”分别增产18%和12.2%，淀粉产量比“一窝红”增产20%以上。2000年4月，改品系经河北省农作物品种审定委员会认定为“冀审薯200001号”品种。

（二）革新栽培技术

1980年代后期，卢龙县在推广甘薯5项常规技术的同时，还总结推广了系列甘薯综合增产技术，促进了甘薯产量的提高。主要采取了测土配方施肥、地膜覆盖、化学除草等措施，增产效果十分明显。2002年，全县推广甘薯测土配方施肥技术14万亩，地膜甘薯5.3万亩。设立甘薯高产攻关示范点5个，示范田195亩。地膜覆盖栽种的甘薯，一般亩产在3000千克左右，最高地块亩产可达5000千克以上。

（三）病虫害防治

病虫害防治是甘薯生产的重要环节。卢龙县境内甘薯病虫害主要有茎线虫病、黑斑病、软腐病、天蛾、金针虫、蛴螬等等。其中甘薯茎线虫病、黑斑病是影响产量和品质的主要危害种类。

甘薯茎线虫病是一种毁灭性性病害，县南部各乡镇发病较重。甘薯茎线虫病可为害地下薯块和地上茎蔓，造成烂种死苗，一般可减产10%~50%，严重的可造成绝产。防治方法。加强检疫、保护无病区。严禁从病区调运种薯、种苗。对引进的可疑薯苗，进行消毒处理。建立无病留种地，培育无病壮苗。收获后及时清除病残体，以减少虫源。实行轮作或改制。重病地实行5年以上的轮作，改种小麦、玉米、棉花、芝麻等作物。种薯上床前，进行精选，用51~

54℃温水浸种10分钟，取出后剔除变色薯块，上床后，加强管理，培育无病壮苗、高剪苗，种薯处理和土壤处理是防治茎线虫病的关键措施。苗床用净土，以培育无病壮苗。栽插时土壤处理，可用0.5%阿维菌素颗粒剂每亩2~3千克；2.5%甲基异柳磷颗粒剂每亩2.5千克；10%灭线磷颗粒剂每亩0.61~1.5千克；10%丙溴磷颗粒剂每亩3千克；1.5%丁硫克百威颗粒剂每亩3千克；375~450千克细土拌匀穴施，先浇水插秧，后施药土再覆土。或用40%甲基异柳磷乳油或50%平硫磷乳油2000~2500倍液灌穴，每穴灌0.5千克；或用2%阿维菌素乳油1500倍液每穴灌100毫升。薯苗消毒处理，严格挑选，汰除病苗、弱苗，然后用50%辛硫磷乳油100~150倍液，40%甲基异柳磷乳油500倍液浸泡基部10分钟，效果较好。

卢龙县除了严加防治甘薯茎线虫病外，还成功防治了甘薯黑斑病、软腐病、天蛾、金针虫和蛴螬等甘薯病虫害，积极推广甘薯脱毒化栽培技术，保证了甘薯正常生长，促进了甘薯产业化的发展。

（四）甘薯加工

卢龙县甘薯淀粉、粉条、粉丝、粉皮加工始于1930年代，1978年以后，农村经济得到恢复和发展，粮食产量不断提高，促使甘薯生产向深加工迈进。1980年代后，实现了加工生产机械化，加工效率迅速提高，粉条加工逐渐形成规模，以其品种多样，质地上乘，闻名周边县市及东北地区。在全县初步形成小规模、大群体，以农户加工为主的加工格局基础上，粉条加工企业由小到大，由弱到强，向规模化、产业化方向迈进。

淀粉加工

卢龙县加工淀粉历史悠久，加工规模和产量逐年增加，至2002年，全县甘薯产量的90%加工成淀粉，淀粉产量达11.29万吨。加工技术不断提高，优质品率达95%以上。

粉制品加工

卢龙县粉制品加工产品主要有粉条、粉丝、粉皮等。卢龙加工粉条、粉丝历史悠久，早在1850~1860年代，民间就已经开始生产粉条、粉丝，以手工作坊形式的生产一直延续到20世纪末。1996年，卢龙县为卢龙粉丝注册了“一奇”牌商标，连续6次被河北省评为省优质产品称号。1999年被国家评为“中国国际农业博览会名牌产品”称号。20世纪末，卢龙县广泛对外招商引资，光友薯业、鑫马腾祥等一批规模较大的加工企业相继在卢龙县安家落户。到2002年底，薯制品增加到精制淀粉、粉条、粉丝、粉皮等10多个品种，年产量达6万吨以上。

其他产品加工

卢龙县甘薯其他产品加工主要有食用品薯脯、薯香酥、薯干、薯制糖、粉渣酿酒等。化工产品主要有乳酸、柠檬酸钙、酒精等产品。通过粉渣酿酒，产值提高3~4倍；薯制糖后再用糖渣酿酒可增加产值7~8倍；乳酸、柠檬酸钙可提高效益20~30倍。

甘薯加工企业

1978年后，卢龙县甘薯加工企业雨后春笋般迅速兴起，至1980年代末，年加工量1000吨以上的加工企业40家，年加工量4.3万吨。年产500吨以上的农民个体企业35家，年加工量1.8万吨。全县年加工总量约6万吨。全县规模较大，有注册商标的企业9家，包括鑫盛食品有限公司、鸿运粉丝厂、华雨粉丝厂、吉昌粉丝厂、京源粉丝厂、卢龙兴奇粉丝厂、卢龙兴军粉丝厂、双利粉丝厂、龙峰粉丝厂等。出口企业有天龙食品有限公司、龙泉食品有限公司、高成食品有限公司、继增淀粉厂。进入1990年代，随着甘薯种植面积的扩大，群众性淀粉、粉条加工日渐兴起。到1994年，全县淀粉加工机械6.5万台套，加工专业村115个，加工大户19500户、各类贸易货栈1000余家、规模加工企业8家。在收获季节，全县可在一个月时间内将90%以上的鲜薯加工成淀粉，淀粉向粉制品的转化率达到了80%以上，形成了“小规模、大群体”的甘薯加工格局。1990年代到21世纪初，规模加工企业逐步兴起，群众性粉条加工日渐消退。到2002年，全县有规模加工企业47家，甘薯制品专用品牌7个，总产达到7万吨，其中外商、独资企业1家、合资企业2家。

2013年，总投资2.5亿元，占地67亩的河北中薯农业科技集团股份有限公司建成投产。该公司是一家致力于甘薯产业综合性发展，集甘薯种苗繁育、甘薯种植、鲜薯集中加工、甘薯产品研发和生产、销售、甘薯生态旅游和文化科普于一体的甘薯产业化龙头企业。年加工鲜薯10万吨，年产“十八里”牌淀粉2万吨、粉条1万吨。公司下设秦皇岛申龙生态农业开发有限公司、秦皇岛十八里食品有限公司、秦皇岛丰薯农业发展有限公司、秦皇岛腾骥商贸有限公司、秦皇岛丰源生态保护有限公司、秦皇岛丰和种业科技有限公司六家子公司。该公司先后获得“国家高新技术企业”“河北省重点龙头企业”“国家科技型中小企业”和中国食品协会颁发的唯一“中国红薯粉条标准化生产基地”等荣誉。通过了ISO9001认证、食品安全管理体系认证、HACCP认证，并获得“绿色食品证书”。拥有发明专利1项、实用新型专利7项、外观设计专利22项、注册商标40个。

甘薯制品销售

卢龙县甘薯制品销售主要有三大渠道。一是通过多年销售形成的产地市场销售。全县建有各种类型的贸易货栈300多个，其中经营额在百万元以上的占一半。进入流通领域的农民近万人，长年往来于产地和销售地之间的农民经纪人2000多人，依靠这些贸易货栈和经纪人，形成了覆盖东北、华北和南方地区的销售网。二是依靠龙头企业远销、外销。全县生产的粉制品不仅打入了全国各地50多个大中城市，而且还远销美国、韩国、日本、加拿大等国家。三是在北京、天津、石家庄、长春、吉林、哈尔滨和长沙7个城市设立了总经销和代理商，全力推销卢龙县的甘薯制品。

卢龙县甘薯制品的销售方式主要是厂商直销、区域代理、省级直销与市县代理结合，跨区域综合市场批发、区域代理与市场批发结合、买断包销等方式。渠道分销取决于甘薯加工企业的经营模式、资金实力、产品结构、品牌影响力等诸多因素，根据实际情况采取不同的销售方式。

二、酿酒葡萄产业化建设

（一）酿酒葡萄生产的基础条件

卢龙县位于河北省东北部，地处世界公认的酿酒葡萄黄金种植带内，纬度、气候和土壤均与法国波尔多地区相似。境内地形以低山、丘陵为主，属暖温带大陆性季风气候。年均气温1.1℃，年均降水量654.2毫米，相对湿度59%，平均日照2717小时，无霜期186天，昼夜温差较大。2条水系24条河流形成了良好的灌溉条件，且自然灾害较轻。土质多为褐色砾质或沙质壤土，通透性好，酸碱度中性偏酸，含有丰富的钙、磷、钾、铁、锌等矿物质，形成了非常适宜酒葡萄生长的独特条件。县城东南的柳河圈地处北纬39°48′，东经119°，属燕山余脉东南隅，为浅山丘陵区，大陆性半湿润季风性气候。圈内多雨水冲击山体岩石而形成沙壤土。柳河圈小气候独特，春季气温回升较快，圈内的酿酒葡萄要比圈外早萌芽10天左右，生长期相对延长，有利于酿酒葡萄糖分和其他有机物的积累；

夏季气温不高，有利于色素和芳香物质的生成；秋季昼夜温差可达15℃，使酿酒葡萄的平均含糖量比周边地区高 20 克/升，最高可达230 克/升。

（二）酿酒葡萄的引进

酿酒葡萄于 1980 年代末从法国引入卢龙县，葡萄品种以赤霞珠为主，辅之以品丽珠、蛇龙珠。1989 年，刘田各庄镇后下庄村与昌黎酒厂合作，直接从法国引入赤霞珠酿酒葡萄。1990 年代初传入曹柳河村。初栽面积 5 公顷。由于酒葡萄售价逐年攀升，栽植面积随之扩大，至 1996 年，县境内以曹柳河村、后下庄村为中心，辐射栽植面积为 37 万公顷。县委、县政府经过充分调研、论证后，确认柳河圈是种植以赤霞珠为主的优质酿酒葡萄的绝佳之地，决定把大力发展酿酒葡萄生产，建设酿酒葡萄生产基地，把实施酿酒葡萄产业化，作为富民强县的重点工程。

（三）酿酒葡萄生产基地的培育与发展

1997 年 1 月，卢龙县与天津王朝葡萄酒有限公司达成合作协议，利用 3 年时间为王朝公司建设酿酒葡萄基地 400 公顷，达到双方议定标准，王朝公司按照栽植面积给予一定补助。9 月，县酿酒葡萄基地建设项目立项。确定卢龙镇、下寨乡、双望镇和陈官屯乡作为王朝公司酿酒原料生产基地，当年，栽植 140 公顷。同时刘田各庄镇、蛤泊乡也分别与昌黎酒厂达成协议，栽植酿酒葡萄 150 公顷。到年底全县栽植酿酒葡萄面积达到 373. 3 公顷。是年，县政府拿出100 万元，用于补助栽植户购买优良种条。

1998 年 3 月，卢龙县成立酿酒葡萄产业化建设领导小组。1998~1999 年，坚持以品种好、质量优、规模大为目标，以效益驱动、政策推动、服务促动的原则，采取抓典型、树样板、以点带面的工作方法，全面推进酿酒葡萄基地建设。全县共栽植酿酒葡萄 1800 公顷，酿酒葡萄基地规模基本形成。基地建设注重集中连片开发，在落实地块时，各地通过集体统一调地、户与户串换土地等方法，变零星栽植为集中连片发展，建成具有一定规模的葡萄园。

1998 年，卢龙县政府拨 100 万元专款对购买种苗户实行补助并制定《关于酿酒葡萄基地建设的奖励办法》，乡、村两级也分别在资金、土地等方面给予扶持。在技术服务上，县林业局抽调 37 名技术人员与乡镇的 44 名技术人员一起承包酿酒葡萄种植技术，逐村培训、入户指导，从种条贮藏、催根育苗、栽植管理等全部生产环节提供全程服务。适时召开现场会，讲授育苗、栽植、管理等方面技术，并由县电视台录制成专题片进行播放；印发《酿酒葡萄栽植管理技术》《酿酒葡萄管理》3.8 万册。1992~2002 年，县、乡、村累计办技术培训班 3500 场次，培训果农 15.8 万人次。县广播电视局负责播放酿酒葡萄栽培管理技术专题讲座，交通、电力、水务等部门负责配套服务，先后新打、更新机井 892 眼，维修硬渠 18530 米，新修渠道 3540 米，铺设地下节水管道 9.67 万米，修建油路 8 千米。2000 年，县委、县政府组成 6 个小组，赴全国 10 多个省市的 40 多家酒厂考察。同年，县政府提出酿酒葡萄基地建设以提质增效为中心，以“稳定面积、降低成本、控制产量、防治病害、确保质量、提高效益”为建设原则。县林业局、县技术监督局联合制定《卢龙县酿酒葡萄栽培管理技术规程》，使全县酿酒葡萄生产步入科学化、规范化管理轨道。2000 年 8 月，卢龙县被国家命名为“中国酿酒葡萄生产基地县”。至 2002 年前，全县种植酿酒葡萄面积达 17167.5 亩。分布于刘田各庄镇、蛤泊镇、卢龙镇、石门镇 4 个乡镇 357 个村，全县有酿酒葡萄种植合作社、种植公司 15 家。形成了沿 102 国道、205 国道、“三横一环”的布局，成为全国酿酒葡萄种植面积最大的县份之一。

（四）葡萄酒生产

1997年以前，县内酿酒葡萄全部靠外销。1997年2月，县政府决定眼睛向外，“借鸡生蛋”，从优化环境、开放项目、招商引资人手，建设县内的葡萄酒生产企业，开拓葡萄酒市场，带动基地联结农户，形成“企业加基地、基地联农户”的酿酒葡萄产业化经营格局。形成了县级领导共同抓，乡（镇）、村一起招商引资建厂的局面。县乡领导主动接触和走访国内知名的葡萄酒生产企业和有意投资建设葡萄酒厂的各界人士，宣传卢龙酿酒葡萄基地建设情况。同年，卢龙县委、县政府把酒葡萄产业列入县域经济四大产业集群之一，对利用酿酒葡萄资源上项目的规模企业从用地、税收、服务等各个方面制定了更加优惠的政策措施，努力为投资者提供广阔的发展空间，并以优惠的政策、优化的环境吸引客户。同年9月，红堡（秦皇岛）葡萄酿酒有限公司建成投产，由法国保罗分析中心独资注册。这是卢龙县第一家外商独资的干红葡萄酒加工企业，占地面积2.34公顷，建筑面积1.58万平方米，酿酒葡萄基地400公顷，横跨卢龙、昌黎两县。从业人员102人，其中，工程技术人员28人，年生产能力6000吨，产品主要销往法国，瑞士、泰国等国家。1998年4月，县果树场、县东风林场、县棋盘山果树场联合成立卢龙强龙酿酒葡萄开发总公司，与江苏太仓市中机电力设备制造有限公司、河北奇宏贸易有限公司、海南盛大物业投资有限公司签订合作协议，四方共同投资组建秦皇岛御龙葡萄酒有限公司，当年9月，一期工程建成年产1200吨干红酒生产线，10月投入生产，加工酿酒葡萄800吨。2001年8月，秦皇岛市卢龙澳胜工贸有限公司建成投户。占地面积299公顷，建筑面积168万平方米。公司设备80%以上采用进口设备。有意大利进口榨汁机 3 台，进口灌装线两条，储酒罐 220 个，酒罐容积 1 万吨。从业人员 60 人，主要生产“安德里雅”干红酒，年生产能力 5000 吨，产品主要销往北京，上海、广州、深圳、江苏、广东等地。2004 年 12 月，香格里拉（秦皇岛）葡萄酒有限公司建成投产。该公司是由香格里拉酒业股份有限公司和金六福投资有限公司共同投资兴建的中外合资企业，公司总占地面积 6 万平方米，注册资本 4000 万元人民币，拥有 25000 平方米的现代化生产厂房及国内一流的葡萄酒生产设备，公司主要经营干红、干白葡萄酒的生产和销售业务，年生产能力 5000 吨。卢龙县陆续有红堡（秦皇岛）葡萄酒有限公司、华夏葡萄酿酒有限公司、丘比特红葡萄酒业有限公司、龙府酒业有限公司，洪胜工贸有限公司、香格里拉（秦皇岛）葡萄酒有限公司等 22 家葡萄酒加工企业建成投产。香格里拉（秦皇岛）葡萄酒有限公司、红堡（秦皇岛）葡萄酿酒有限公司、卢龙县超跃葡萄酿酒有限公司、卢龙县鼎泰丰葡萄酒业有限公司、秦皇岛金樽酒业有限公司 5 家葡萄酒企业纳税在全县企业纳税中排在前 100 名。

2009~2011 年，国际葡萄及葡萄酒组织主席伊维斯·贝纳先生先后三次来柳河山谷。对柳河山谷的规划和发展给予了高度评价，并试图把柳河山谷产区列入国际葡萄与葡萄酒组织在中国的首个观察员产区。两位国际顶级专家多次亲临卢龙，对卢龙葡萄酒产业发展现场指导，为卢龙打造高端葡萄酒产区提出了宝贵意见和建议。2017 年春，法国葡萄酒专家品鉴委员会主席布什先生来到卢龙，对柳河山庄、恺雨、香格里拉等多款葡萄给予品评，给予了很高的评价。同时指出，卢龙产区比较适合种植马瑟兰品种。在各级领导和国内外专家的支持下，卢龙县葡萄酒产业基地建设、项目建设和品牌培育等方面实现了较大突破。在中国各产区中具有较高的潜力优势。

三、文化产业化建设

中共十一届三中全会以来，随着社会主义精神文明建设的深入开展，卢龙县作为社会主义精神文明建设重要一环的文化建设得到长足发展。卢龙县委、县政府在继承和发扬中华民族优秀传统文化的同时，大力挖掘、研究、传承具有地域特色的孤竹文化，成立中国孤竹文化研究中心，召开全国孤竹文化研讨会，出版关于孤竹文化的学术著作，全力打造中国孤竹文化之乡。此外，卢龙县委、县政府十分注重红色文化的传承，县内建成了李大钊纪念馆、冀东抗战纪念馆，还利用书刊、报纸、史志、影视等形式大力弘扬老区精神，传承红色文化。卢龙县历史悠久，境内文物古迹很多。其中全国文物保护单位就有两处。文物保护工作受到高度重视。他们建立了孤竹文物馆，强化了馆藏文物的保护和展示。对陀罗尼经幢、永平府古城墙、境内明长城等不可移动文物切实加强了保护和管理。卢龙县文艺创作呈现繁荣发展的势头，农民写诗，在这里司空见惯。不少普普通通的庄稼汉，劳动之余，提笔写诗，而且是写作难度很高的格律诗。卢龙县先后被命名为中华诗词之乡、河北省散曲创作基地。长篇小说、散文、报告文学创作成绩斐然，有的作者跻身于中国作家协会会员的行列，夺得河北省文艺振兴奖、五个一工程奖的桂冠。他们还积极贯彻“百花齐放，百家争鸣”的社会主义文艺方针，推陈出新，不断繁荣发展评剧、皮影、秧歌、舞狮、剪纸、葫芦烙画等民间传统文化。

（一）挖掘孤竹文化，打造中国孤竹文化之乡

东方德源

卢龙县历史悠久，3600 年前是商时期孤竹国所在地。孤竹君死

后两个儿子伯夷、叔齐逊让君位，让国相去。后力谏武王伐纣，耻食周粟，采薇而食，饿死在首阳山上。伯夷、叔齐让国全仁、谏伐存义、采薇守节的高风亮节，多次被孔子所赞扬。据专家考证，孔子儒家思想体系的形成，是受了伯夷、叔齐道德文化的影响。伯夷、叔齐的思想修为，是孔子儒家思想的渊源，也是世界东方道德源头。源远流长的孤竹玄水文化、农耕文化、青铜文化、道德文化构成了誉满中华的中国孤竹文化。2009 年 6 月，卢龙县被中国文学艺术界联合会、中国民间文艺家协会命名为“中国孤竹文化之乡”。命名仪式，盛况空前，中国民间文艺家协会副主席、河北省副省长、秦皇岛市委书记、市长亲临大会。

中国孤竹文化研究中心

1996 年，为了深入研究、挖掘孤竹文化，卢龙县自发成立了孤竹文化研究会，后更名为秦皇岛孤竹文化研究会，会员涉及唐秦二市。2009 年，中国民间文艺家协会根据卢龙县孤竹文化研究队伍的阵容以及研究成果，批准秦皇岛孤竹文化研究会升格为中国孤竹文化研究中心，在 2009 年 6 月中国孤竹文化之乡命名大会上同时命名。为了使研究中心的工作纳入正确的轨道，取得更多更好的学术成果，中国孤竹文化研究中心还聘请了中国民间艺术家协会副主席、河北省民间艺术家协会主席郑一民为中国孤竹文化研究中心顾问，欧阳健、葛英会、马卫东等 20 多名专家学者为中国孤竹文化研究中心研究员。

2012 年，卢龙县委、县政府为了深入研究、挖掘孤竹文化，打造中国孤竹文化之乡，成立了中国孤竹文化研究中心办事机构，聘用多名专职工作人员驻会办公，并经过县编委发文列入编制。十几年来，特别是中国孤竹文化研究中心成立以来，卢龙县在孤竹文化研究上取得了重要学术成果。先后出版了《卢龙记忆》《东方德源》

《夷齐梦》《走近孤竹》《朝圣孤竹》《中国孤竹文化》《京东第一府》《诗话孤竹》《孤竹儿女》等一系列孤竹文化专著。先后获得秦皇岛市社会科学奖、文艺繁荣奖、对外宣传奖。《中国孤竹文化》还被收录河北省大型文化工程《燕赵文库》。

为了深入研究、挖掘孤竹文化，用中华民族优秀传统文化推动县域经济和社会各项事业的发展，2010 年 9 月 16 日，在卢龙县委、县政府的积极筹备下，中国孤竹文化研讨会暨第二届孤竹风情商务节在卢龙县行政中心广场举行。中国民间文艺家协会、河北省、秦皇岛市的有关领导以及来自北京大学、吉林大学、中央民族大学、《求是》杂志社等有关单位的专家、学者，县内干部职工 2000 多人参加了开幕式。上午 10 点，演出了浓缩孤竹文化精髓的大型历史舞蹈剧《孤竹浩歌》。下午，20 多名专家学者就中国孤竹文化展开了认真的研讨交流。

中国孤竹文化研究中心为了打造伯夷、叔齐的具象化形象，决定“为百世之师扬德，迎古圣先贤回家”，与秦皇岛夷齐投资有限公司联合，以南宋李唐《采薇图》为蓝本，雕刻了高 6 米的伯夷、叔齐汉白玉坐姿雕像。2018 年 9 月 27 日上午 10 点，伯夷、叔齐雕像揭幕典礼在卢龙县桃林口村清圣山隆重举行。来自河北沧州、河南信阳的申姓、竹姓伯夷后裔代表专程赶来参加了伯夷、叔齐雕像落成典礼。高大的伯夷、叔齐雕像从此矗立在清圣山之巅，弥补了孤竹文化的具象化缺失，同时也使孤竹后裔从此有了拜祭祖先的永久固定场所。这对于传承中华优秀传统文化，培育践行社会主义核心价值观具有重要的现实意义。

千年古县

2009 年，卢龙县抓住申报千年古县的良好契机，开展了逐级申报千年古县的各项准备工作。经过国家专家组考核验收、评委会集中评审，卢龙县被评为千年古县，成为全国100个千年古县之一，秦皇岛市唯一的千年古县。随后，由中央电视台科学教育频道拍摄的大型电视文献片《千年古县—卢龙》正式开机。长40分钟的《千年古县——卢龙》电视文献片，在中央电视台10套《探索与发现》、中央电视台教育频道、香港凤凰卫视、香港阳光卫视陆续播出。

（二）弘扬红色文化，秉承红色基因

红色文化是革命实践孕育的文化，是中国共产党和中国人民在革命、建设和改革开放各个历史时期形成的精神追求、精神品格、精神力量，既传承了中华优秀传统文化，又引领和发展了社会主义先进文化，是中华民族最为独特的文化支撑和精神标识。它承载了党和人民对国家独立、民族解放、人民幸福的时代诉求和革命行动，传承和升华了中华优秀传统文化，积淀了社会主义先进文化的底蕴，是文化自信的重要源头。卢龙县采取多种形式，积极挖掘红色文化，宣传弘扬红色文化，传承红色基因。

李大钊纪念馆

1994年，卢龙县中学建立了李大钊纪念馆，在校园矗立李大钊塑像。纪念馆面积70平方米，展牌23块，展牌面积53平方米，内容包括前言、青少年时期和早期革命活动、传播马克思主义领导五四运动、创建中国共产党、开展工人运动、建立革命统一战线、领导北方革命斗争、英勇就义永垂不朽等八部分。每年9月份，学校都要组织新生参观，还以“弘扬大钊精神，做新时代青年”为主题，开展演讲比赛、诗歌朗诵会、讨论会等活动，弘扬大钊同志爱国主义精神和崇尚民主、追求真理的革命精神。近年，李大钊纪念馆被卢龙县委确定为爱国主义教育基地。卢龙县中学先后被确定为河北省重点中学和河北省示范性高中。教学质量不断提升，学生高考成绩连创辉煌，在秦皇岛市一路领先。

冀东抗战纪念馆

2007 年，卢龙县委、县政府为了弘扬革命文化，传承红色基因，由财政投资在抗日战争时期滦东革命根据地柳河北山建立了冀东抗战纪念馆。这是一座全面反映冀东抗日武装同日本侵略者英勇奋战的光辉业绩的纪念馆，2007 年 9 月 29 日举行开馆仪式并正式对外开放。

冀东抗战纪念馆占地 4 亩，依山而建，内设序厅和 3 个展室。序厅正面墙上是一幅再现冀东抗战场面的大型浮雕，左上角为毛泽东主席“全国解放没有冀东不行，冀东没有李运昌不行”的题词。展厅分别陈列 60 多年前冀东八路军用过的子弹袋、手榴弹、刺刀、电话机以及军服等实物，特别是征集到了冀东军区司令员李运昌、冀东十二团团长曾克林等人不少宝贵的图片和实物资料。一张张照片、一件件实物，仿佛又把人们带入那战火纷飞的年代，更加激发起人们的爱国热情及对革命前辈的敬仰。纪念馆外，陈列着一座座当年参加冀东抗战的老八路、老首长为纪念馆的题词石碑，格外庄严肃穆。

孤竹夜校

近年来，卢龙县委为了加强局乡级领导干部和后备干部在新时代举什么旗、走什么路、以什么样的精神状态、担负什么样的历史使命、实现什么样的奋斗目标等培养教育，为了在干部队伍中普及革命文化，秉承红色基因，开办了为期 3 年的“孤竹夜校”，每年组织 2 期，每期 3 个月，周一、三、五晚上集中授课，提高干部的综合素质特别是政治素质。每期的 100 名学员划分为 5 个党小组，课前开展小组讨论，实现“课上集中听、课后谈体会”。孤竹夜校组织干部赴井冈山等地学习考察，把秉承红色文化基因与发展乡村振兴战略结合起来。孤竹夜校还组织学员徒步百里干渠，继承一渠百库精神。

多措并举，传承红色文化

卢龙县委、县政府把弘扬革命文化，传承红色基因作为社会主义精神文明建设的重要内容，坚持多措并举，齐抓共管，收到显著效果。河北人民出版社1990年出版的《卢龙通览》、天津人民出版社1994年出版的《卢龙县志》、方志出版社2014年出版的《卢龙县志》都把弘扬卢龙县红色文化作为收录的重点。卢龙县创办的《卢龙导报》《今日卢龙》报，不定期报道卢龙县弘扬红色文化的重要信息。卢龙县党史办公室编纂了《古城风云》《红色山村——柳河北山》，县政协编纂了《烽火卢龙人》、县老干部局编纂了《晚霞金灿灿》，中国孤竹文化研究中心编纂了《冀东抗战》《孤竹儿女》等红色文化图书。

（三）繁荣群众文化，振奋时代精神

党的十八大以来，卢龙县群众文化蓬勃发展。县委、县政府坚持做到财政小县，办文化大事，把文化馆、图书馆两馆建设列入决胜全面小康的重要内容，努力为广大人民群众打造群众文化的平台，满足人民群众日益增长的文化生活的需要。

卢龙县文化馆

卢龙县文化馆成立于1949年。2014年，卢龙县委、县政府把修建高标准、现代化的文化馆、图书馆硬件建设列入年内20件实事组织实施。2015年12月，文化馆建成投入使用，新修建的文化馆建筑面积5391平方米，远远超过了县级图书馆小康标准。2016年被国家文化部命名为国家一级馆。文化馆内设小剧场、美术展厅、非遗展厅、多功能培训教室、排练室、办公室等。近年来始终坚持以活跃全县群众文化生活为宗旨，致力打造特色文化活动品牌，坚持文化惠民。常年面向全县各年龄阶层基层文艺团队、文艺爱好者开展免费开放服务，2016 年以来累计培训辅导超过 25000 人次；打造了一支 350 人的文化志愿服务团队；注重挖掘本土文艺人才、培育文化能人，建立农村文艺辅导基地 41 个，重点扶持文艺团队 20 余支，累计培训超 10 万人次。积极打造非遗品牌，助力脱贫攻坚。成功申报省级非遗项目 8 个、市级项目 18 个、县级项目 32 个，利用非遗保护传承体系推进非遗培训进乡村、进校园、进社区。先后荣获秦皇岛市文化工作先进集体、秦皇岛市宣传思想工作先进单位、市“三八”红旗集体等荣誉称号。创作的文艺精品获全国民间舞蹈精品展演银奖，全国民俗影像作品评比银奖，河北省第十届、十一届、十二届燕赵群星奖，秦皇岛市文艺精品创作年暨“文艺繁荣奖”评比一等奖。

卢龙县文化馆始终坚持以“兴文化，满足美好生活新期待”建设文化卢龙、繁荣群众文化为目标，扎实工作，创新思路，依托志愿服务团队组织开展各类主题性群众文化活动，将习近平新时代中国特色社会主义思想传递到千家万户。在新时期文明实践活动中，卢龙县文化馆开展了京津冀龙狮邀请赛、“群众大舞台，才艺秀起来”暑期文化活动、“艺润孤竹，根植沃土”文化下乡活动、“我们的节日”系列活动、“辉煌七十年　筑梦新征程”文化艺术节等一系列文化活动。此外，还常年面向全县不同年龄阶段、社会群体开展舞蹈、器乐、声乐、美术等公益性艺术培训。让文化真正为群众服务，让群众共享文化生活，扩大全民艺术普及的覆盖面，让更多的群众都能参与到公共文化活动中来，增强文化自信。

卢龙县图书馆

卢龙县图书馆成立于 1991 年，与文化馆合署办公。1996 年建成新的办公楼，馆舍面积不足 1000 平方米。2014 年，县委、县政府投资修建了新时期现代化标准的图书馆，2015年投入使用。新馆建筑面积5501平方米，图书总藏量约15万册，阅览座席304个，年订阅报刊130余种。内设儿童借阅室、成人借阅室、报刊阅览室、视障阅览室、信息资源共享电子阅览室、地方文献阅览室、采编辅导室、学术报告厅等。馆内设有歌德借阅机和电子阅报屏各一台，电子阅览室终端25台。2010年办理借书证1300余个。2018年被国家文化和旅游部命名为二级图书馆。先后获河北省文化厅“品读乡情乡味 爱我大美燕赵”燕赵少年读书系列活动优秀组织奖；秦皇岛市文广新局“文化惠民暨公共图书馆系统暑期阅读推广工作”先进集体；秦皇岛市“走进诗词天地，感悟经典之美”燕赵少年读书系列活动特色活动创意奖等荣誉称号。

卢龙县图书馆开拓创新，奋力进取，致力打造特色文化活动品牌，精心打造节日系列活动、燕赵少年读书系列活动、服务宣传周、文化下乡、公益大讲堂、阅读推广系列活动等6个品牌活动。丰富群众文化活动、打造科普教育基地、培育阅读推广人、加强志愿服务团队建设、弘扬传统文化，更好地服务广大群众。

党的十九大以来，卢龙县图书馆不忘初心、牢记使命，围绕提高人民群众的文化素质，改善文化生活，开展了节日读书活动、燕赵少年读书系列活动、服务宣传周、文化下乡、公益大讲堂、阅读推广等一系列新时期文明实践读书活动。

（四）加强文物保护，继承民族精神

卢龙县历史悠久，文物古迹众多。加强文物保护，对继承和发扬中华民族优秀传统文化，振奋民族精神，凝聚社会主义正能量至关重要。

1996年，卢龙县成立了文物保管所，加强了对馆藏文物和不可移动文物的保护与管理。2019 年，卢龙县建成博物馆。卢龙县博物馆位于县原规划展馆内，馆内面积约 400 平方米，展出从远古时期到民国时期的文物展品 200 余件。该展厅是集史料、科普、教育、观光为一体，深刻展示卢龙地区文化并独具地域特色现代化展馆。陈列方式以王朝更替为主要脉络，分为文明曙光、孤竹遗珍、古塞烽烟、盛世华光、京东首府、峥嵘岁月六个单元，以各个时期的文物为主要见证，全面展示了古代卢龙不同历史时期在政治、经济、文化、社会生活等方面的发展状况，突出展示了孤竹文化、永平府文化、红色文化和一渠百库文化，全方位展示了卢龙跨越数千年的文明积淀和地域风情。

卢龙县还切实加强了对不可移动文物的保护与管理。卢龙县境内有东起燕河营镇白家房村的西大炕，西至刘家营乡刘家口村西山一 1.5 千米处的明长城 22.3 千米，重峪口、桃林口和刘家口关口 3 个，敌楼 86 座及墩台若干。近年来，卢龙县成立了长城沿线保护组织，明确了若干长城保护员，发布公告，制定规章制度，加强了明长城的保护与管理。还在上级长城保护主管部门的指导下，修复了明代长城遗存白衣庵，修复了桃林口城东城墙。此外，对全国重点文物保护单位陀罗尼经幢、永平府古城墙也进行了保护性修复。

（五）繁荣文艺创作，实施精品工程

1988 年，卢龙县成立了文学艺术界联合会，团结和带领全县文学艺术工作者努力奋斗，繁荣发展文艺创作，实施文艺精品工程，取得了显著成效。文艺创作硕果累累，五彩缤纷。

县文联成立后，创办了文学艺术刊物《孤竹风》，30 多年来风生水起，生生不息，至今还在延续。《孤竹风》培养了文学新人，衍生了文艺精品。县文联成立以来，有 8 名作者加入河北省作家协会，

有1名作者加入中国作家协会。县内公开出版《园丁恋情》《喇叭声声》《旱海游龙》《河戒》《佛耳山歌》《采薇歌》等长篇小说多部。中国作家协会会员席立新的长篇小说《河戒》还获得河北省五个一工程奖。河北省作家协会会员宋坤发表在《人民日报·海外版》上的3篇乡土杂文获得河北省文艺振兴奖。

卢龙出诗人，出好诗。20多年来，在卢龙这片诗情画意的沃土上，一大批诗人特别是农民诗人脱颖而出，以格律诗词为主的创作队伍异军突起。卢龙县成立了诗词学会，成立了蕨薇诗社、红叶诗社、龙城诗社、阳山诗社、秋韵诗社、烛光诗社、双望诗社等诗词社团。卢龙的诗词家们在《诗刊》《中华诗词》《长白山诗词》《昆仑诗词》《燕赵诗词》《诗选刊》等数十家专业杂志上发表了数以千计的诗词作品，并有更多的诗词曲作品被收入省、全国编著的专业著作。同时，几十人次获得在市级以上大赛获奖。县内有中华诗词协会会员41人，8名诗家出版诗集。然而，谁会知道，有些获大奖，出诗集的诗人，竟然是地地道道、普普通通的农民。2010年，卢龙县被中华诗词学会命名为“中华诗词之乡”。2020年，卢龙县又被命名为河北省散曲创作基地。

（六）紧跟新时代文明实践步伐，繁荣发展民间艺术

卢龙县传统民间艺术丰富多彩，种类繁多。著名剧种评剧就是清代晚期在京东第一府永平府试演成功而得名。后冲出永平府，走向唐山，走向东北，走向全国。新中国成立后，全国的评剧发展呈现了前所未有的繁荣景象。

清代，皮影传入卢龙。清末民初，县内有影班30余家。新中国成立以后，卢龙县皮影社坚持不懈，一直在保持活动。

高跷秧歌在卢龙也俗称“高脚”，是一种广泛流传于卢龙北半县、长城脚下的民间舞蹈，十八大以来高跷秧歌在卢龙县北部迅速兴起。舞狮也是卢龙城乡的一种风俗，逐渐发展成为一种具有独特民族风格的民间艺术活动，并以它绚丽的色彩和千姿百态的动作，而深受老百姓的喜爱。双望镇石羊虎舞狮队是卢龙县众多舞狮队伍中的佼佼者，经过舞狮艺人的代代相传，全村上至古稀老者，下到垂稚小童，人人披挂，个个练习。石羊虎舞狮队有规模、有技术、有特色，村里几乎人人都成了舞狮的行家里手。

第二节　加强老区建设，实施脱贫攻坚行动

卢龙县革命老区在全县分布面广、地理位置偏僻、区域优势相对薄弱，是全县贫困人口分布的重点地区。“十三五”期间，县委、县政府把加强老区基础设施建设和脱贫攻坚行动作为全县的重点工作，认真抓紧抓好，取得明显成效。到 2019 年底，全县脱贫攻坚行动圆满完成。全年脱贫 1295 户 2410 人。全县 5867 户 10036 名建档立卡贫困人口全部实现脱贫。

一、精准识别、建档立卡，确定扶贫对象

在脱贫攻坚行动过程中，卢龙县根据省市要求，结合本地实际情况，做到精准识别、建档立卡，确定扶贫对象，实行动态管理，逐步建立起了扶贫对象的“回头看”和退出机制。

在贫困人口识别中，卢龙县坚持实事求是、统筹兼顾、公开公正的识别原则，制定识别标准和相关政策，有效地完成了贫困人口的精准识别。贫困人口、低保对象、特困人员和住危房户同步识别认定、相互有效衔接。精准识别、精准帮扶和精准退出“三位一体”统筹开展、有序进行。坚持做到政策、标准、程序、结果“四公

开”，全程接受群众监督，确保结果公正、群众认可、社会稳定。

为了使精准识别扶贫对象工作扎实有效，不让一户一人掉队，卢龙县委县政府成立了以县委书记、县长为组长，县直相关单位负责人为成员的农村贫困人口建档立卡工作领导小组，各乡镇也成立了相应的领导小组。通过动员培训，贫困户申请、精准识别，各乡镇确定了扶贫对象。在村级评议公示、乡镇审核公示的基础上，县扶贫开发领导小组组织财政、公安、民政、不动产、建设、市场监管、残联、金融机构等单位认真进行数据比对。对拟定的贫困户和其他农户抽取一定比例进行核查，确保不漏评、不错评。核查结束后，将确定的贫困户名单在各行政村公告。然后建档立卡录入信息系统。2019 年，全县建档立卡贫困户 5867 户，贫困人口 10036 人。

二、确定目标任务、明确工作重点

在精准识别扶贫对象的基础上，卢龙县制定了脱贫攻坚战三年行动。总的指导思想是，坚持以习近平新时代中国特色社会主义思想为指导，深入贯彻党的十九大精神，严格落实中央和省、市委决策部署，坚持精准扶贫精准脱贫基本方略，坚持大扶贫工作格局，坚持脱贫攻坚目标和现行扶贫标准，聚焦建档立卡贫困群体，突出问题导向，优化政策供给。着力激发贫困人口内生动力，夯实贫困人口稳定脱贫基础，确保到 2020 年贫困群众同全县一道进入全面小康社会。

同时，卢龙县按照“一年集中攻坚、两年稳定脱贫、三年巩固提升”的要求，确定了脱贫攻坚战三年行动的目标任务：2018 年全力攻坚，确保 4670 人力争 6000 人实现稳定脱贫；2019 年，实现现行标准下农村贫困人口全部脱贫，消除绝对贫困；2020 年，巩固提升，按照“脱贫攻坚期内，脱贫不脱政策，脱贫不脱帮扶”的原则，确保建档立卡贫困户稳定脱贫不返贫。全面解决贫困人口住房和饮水安全问题，义务教育阶段无因贫失学辍学学生，基本养老保险和基本医疗保险、大病保险实现贫困人口全覆盖，最低生活保障实现应保尽保。

为了实现三年脱贫攻坚的目标任务，卢龙县多措并举，打响了全县脱贫攻坚的总体战。

（一）强化政策扶贫

健康扶贫政策。将贫困人口全部纳入城乡居民基本医疗保险、大病保险和医疗救助保障范围。全面落实贫困人口参加城乡居民基本医疗保险个人缴费财政补贴政策。落实县域内住院先诊疗后付费和“一站式”报销制度。实行“三重保障”后合规医疗费政府全额补助，对“三重保障”后仍有困难的贫困患者，加大其他保障政策的帮扶力度。推进县乡村医疗卫生机构标准化建设，构建三级联动的县域医疗服务体系。开展健康扶贫防病先行专项行动，加强地方病、常见病、慢性病、重大传染病防控。落实艾滋病免费筛查、治疗、母婴阻断措施，加强肺结核筛查，为贫困患者免费提供一线抗结核药品。开展建档立卡贫困户签约医生活动，重点加强高血压、糖尿病、结核病、严重精神障碍等慢性病患者的规范化管理与服务。

教育扶贫政策。以保障义务教育为核心，全面落实“两免一补”“三免一助”“雨露计划”、大学生助学贷款、新生入学资助等教育扶贫政策，实现从学前教育至大学教育建档立卡贫困家庭学生资助全覆盖。全面推进义务教育薄弱学校改造，加强乡镇寄宿制学校和乡村小规模学校建设。实施教育信息化 2.0 行动计划，加强学校网络教学环境建设，共享优质教育资源。改善乡村教师待遇，落实生活补助政策，均衡配置城乡教师资源。实施好农村义务教育学生营养改善计划。

综合保障扶贫政策。统筹各类保障措施，建立以社会保险、社会救助、社会福利制度为主体，以社会帮扶、社工助力为辅助的综合保障体系。认真落实城乡居民基本养老保险政策、城乡低保政策、特困供养人员救助政策，针对不同贫困群体采取分层扶助、差别保障措施。通过提高农村低保标准，实现低保线与扶贫线“两线合一”，全力做好建档立卡贫困人口兜底保障工作。

生态扶贫政策。结合创建国家级文明县城加大造林绿化力度。加大新一轮退耕还林支持力度，在确保耕地保有量和基本农田保护任务前提下，将25度以上坡耕地、水源地15~25度坡耕地、陡坡梯田等纳入新一轮退耕还林工程范围，对符合退耕政策的贫困户实现全覆盖。优先聘用有劳动能力的贫困人口为生态护林员，增加工资性收入。深化集体林权制度改革，鼓励贫困人口将林地经营权入股造林合作社，增加资产性收入。

贫困残疾人脱贫政策。对生活困难、靠家庭供养的成年无业重度残疾人，单独纳入城乡居民最低生活保障范围。符合特困人员救助供养条件的贫困重度残疾人纳入特困人员救助供养；不符合救助供养条件的，鼓励通过政府补贴、购买服务、设立公益岗位、集中托养等多种方式，提供集中照料或日间照料、邻里照护服务。按照不低于省定残疾人两项补贴制度标准和不低于当地平均生活水平的原则，合理确定残疾人补贴标准并建立自然增长机制。深入实施残疾人精准康复服务项目，实现有康复需求的贫困残疾人康复服务全覆盖、基本型辅助器具适配全覆盖。

（二）实施产业就业扶贫

发展资产收益项目。在全县范围内择优筛选经济实力强，社会信誉好，并自愿承担带贫责任的农业产业龙头企业或合作社作为实施主体，按照相关程序，将专项扶贫资金以入股形式注入经济实体形成物化资产，通过“保底收益+入股分红”模式对无劳动能力建档立卡贫困户进行帮扶，持续稳定增收促其脱贫。

发展特色种植产业项目。立足农业县实际，大力发展新品种淀粉型甘薯、鲜食甘薯、绿色有机小米、绿色蔬菜等特色种植业，依托优势农业龙头企业或合作社，引导贫困户与其签订协议，建立利益联结机制，促进建档立卡贫困户增收脱贫。

发展特色养殖产业项目。大力发展生猪、肉羊、肉牛、奶牛、水产、珍禽等特色养殖项目，充分发挥优势畜牧龙头企业、专业合作社扶贫带贫作用，采取入企入社、托管、托养等方式构建龙头企业或合作社帮扶贫困户机制，通过规模化养殖、标准化管理、一体化销售，提高畜禽产品质量，拓宽销售渠道，提升市场竞争能力，促使建档立卡贫困户持续稳定增收。

发展就业扶贫项目。开发环卫保洁、护林防火、地质灾害监测、塘坝看护等公益就业岗位，优先安排建档立卡贫困户就近就地就业，稳定增加收入。深入开展“百企帮千户”活动，引导企业结合自身优势，设立扶贫专岗，开展各具特色帮扶。扶持创业带动就业，优先安排带动当地贫困劳动力就业的返乡下乡创业人员和自主创业贫困劳动力入驻创业孵化基地，落实租金、物业等补贴政策。

（三）整合扶贫项目资金

为了打好扶贫攻坚总体战，卢龙县加大了扶贫资金的投入和监管。加大财政扶贫资金投入力度，健全与脱贫攻坚任务相适应的投入保障机制，进一步加强统筹整合财政涉农资金管理，确保扶贫投入与脱贫攻坚任务相适应。建立扶贫资金使用绩效目标指标体系，实施全过程绩效管理。落实资金使用部门的绩效管理主体责任，加强执行监控，强化结果运用，促进财政扶贫资金发挥最大效益。建立健全财政扶贫资金监管体系，强化主管部门监管责任，完善县、乡、村、贫困群众四级联签的资金拨付机制和“谁拨钱、谁监管”的跟踪管理机制，确保财政扶贫资金尤其是到户到人资金落到实处。全面推行公告公示制度，国家、省、市、县扶贫资金分配结果一律公开，乡村两级扶贫项目安排、资金使用结果及绩效一律公告公示。开展财政扶贫资金监督检查，重点查处闲置浪费、挤占挪用、虚报冒领、贪污侵占等问题。

构建保险助脱贫机制。鼓励保险机构开展保险产品创新。支持开发特色农业险种，扩大涉农保险保障范围，开发物流仓储、设施农业、“互联网+”等险种。大力发展商业医疗补充保险、疾病保险等产品。

大力发展扶贫小额信贷业务。构建覆盖全县的金融扶贫三级服务网络，完善金融扶贫小额信贷审核机制，建立银行与乡镇金融服务部、村金融服务站联合审批制度，有效防范金融风险，帮助有贷款意愿、有就业创业潜质和一定还款能力的贫困户发展增收致富产业。

2019 年卢龙县共安排扶贫资金 3433. 63 万元。其中中央少数民族发展资金 38 万元，省级专项扶贫资金 995 万元，市级专项扶贫资金 180 万元，县财政安排扶贫资金 2200 万元，2018 年结转结余扶贫资金 20. 63 万元。按照《中央财政专项扶贫资金管理办法》《卢龙县财政专项扶贫资金管理办法》的要求，利用少数民族发展资金 38 万元支持青龙河村发展蔬菜大棚种植项目，安排扶贫资金 1340 万元用于实施资产收益项目；安排扶贫资金 2055. 63 万元用于扶持龙头企业（合作社）带动建档立卡贫困户发展特色种养殖产业扶贫项目、鼓励建档立卡残疾人、退伍军人发展创业项目、鼓励有劳动能力贫困人口就业奖补项目、雨露计划项目、公益岗项目、建档立卡贫困户住房改善项目、建档立卡贫困户饮水安全巩固提升项目。

（四）聚集攻坚合力

支持社会组织参与脱贫攻坚。加快建立社会组织帮扶项目与贫困户需求信息对接机制，确保贫困人口发展需求与社会帮扶有效对接。充分发挥社会组织在扶贫资金募集、项目实施、教育培训、政策宣传、生态保护等方面的专业优势，帮助贫困群众转变思路、获得脱贫致富技能。利用社会组织与各类基金会联系渠道广泛的特点，多渠道募集社会、民间闲散资金参与助贫、助学、助医和新技术新产品推广、产业开发等项目建设。

县委、县政府充分整合各种社会资源，组织全县党员干部职工深入开展“攀穷亲、送温暖、强党建、助脱贫”志愿服务活动。围绕小年、春节、元宵、端午、中秋等节日节点，组织全县党员干部开展开展了谈心交流、清洁家园、生产培训、爱心投入等丰富多彩、务实有效的扶志扶智行动，用爱心、诚心、真心，点燃贫困户摆脱贫困追求美好生活的信心。据不完全统计，全县为贫困家庭提供慰问金 191 万元，衣物 3800 余件，大米、面粉 13000 余袋，油 3000 桶，猪肉 2200 斤，春联 6134 幅，包饺子 13000 人次，参与打扫卫生人员 6 万人次，清扫垃圾 1531 吨。

实施“强党建助脱贫工程”，开展“脱贫攻坚党旗红”活动。充分发挥党建工作组的作用，大力整顿农村软弱涣散党组织，坚决撤换不胜任、不合格、不尽职的村党组织书记。注重把农村致富带头人、外出务工有成人员、优秀大学生村官、优秀退役军人等充实到村“两委”班子。加强农村“两委”班子成员培养对象的发现储备，为每个村储备1-2名“两委”班子成员培养对象。加大在农村青年农民、外出务工青年中发展党员的力度。

（五）强化基础工作提升

推进基层基础工作规范提升。加强扶贫档案收集整理、规范归档工作。组织乡镇、村、党建小组、帮扶责任人，对档案资料逐村逐户、逐页逐项核查完善，确保档案资料齐全、程序环节完备、逻辑关系正确、填写内容工整、识别认定精准、退出结果真实，实现工作精准度和群众满意度双提升。

落实动态管理服务机制。以户为单位，按照国家标准，建立贫困户收入登记制度。按月登记、年度汇总，实行痕迹化管理，确保收入数字真实、群众认可。建立健全扶贫脱贫工作台账，以村为单位建立贫困户花名册和统计表，建立健全县乡贫困人口统计表，构建信息化平台和网络体系。

三、加强领导，压实责任，合力攻坚

（一）加强组织领导，压实脱贫责任

进一步压实脱贫攻坚领导责任。各级各部门要把打赢脱贫攻坚战作为重大政治任务，落实三级书记脱贫攻坚主体责任，层层传导压力，要结合本乡镇、本部门工作实际，实化细化三年行动方案，并抓好具体组织实施，推动脱贫攻坚各项任务落地生根。

进一步压实行业部门责任。县扶贫开发和脱贫工作领导小组要对脱贫目标任务进行分解，细化到年，落实到人。领导小组成员单位要按照脱贫攻坚决策部署完善配套政策，实行清单管理，落实责任清单、任务清单、目标清单，每年向县扶贫开发和脱贫工作领导小组报告脱贫攻坚工作情况。

进一步完善扶贫考核评估工作。要实行最严格的考核评估和监督问责，认真落实《卢龙县脱贫攻坚责任制实施办法》和《卢龙县脱贫攻坚工作考核问责办法》，将任务落实情况纳入年终脱贫攻坚工作考核内容。

（二）严格培训考核，打造过硬队伍

打造过硬的脱贫攻坚干部队伍。脱贫攻坚期内，尽量保持乡镇领导班子稳定，确需调整的，必须符合相关规定。县扶贫开发和脱贫工作领导小组成员以及扶贫办工作人员、帮扶干部要按政策规定保持稳定，不能胜任的要及时更换，弄虚作假的要坚决问责。

提高干部攻坚能力。分级分类培训扶贫干部。对县乡领导干部，重点通过培训提高思想认识，引导树立正确政绩观，掌握精准脱贫方法论，提升研究攻坚问题、解决攻坚难题能力。对各级干部，采取案例教学、现场教学等培训方法，提高实战能力，增强精准扶贫工作本领。加大农村干部培训力度，每年对村党组织书记集中轮训一次，着重提高落实党的扶贫政策、团结带领贫困群众脱贫致富的本领。加强党建小组管理，落实保障支持措施，激励干部人在心在、履职尽责。

建立完善脱贫攻坚工作制度。县乡两级党委政府每月至少召开一次会议研究脱贫攻坚工作。健全完善领导干部包联制度、县乡领导贫困户大走访制度、入户调研制度，县委书记遍访脱贫攻坚任务重的贫困村，乡镇党委书记和村党组织书记遍访贫困户，以遍访贫困对象行动带头转变作风。健全完善“擂台赛”制度，脱贫攻坚期内，县级层面每月举办脱贫攻坚“擂台赛”，乡镇层面定期召开“双户见面会”，营造比学赶超的浓厚氛围。

（三）完善督考机制，加强作风建设

完善督查机制。县扶贫开发和脱贫工作领导小组每年组织脱贫

攻坚督查巡查，纪检监察机关和审计、扶贫等部门按照职能开展监督工作。对各类考核检查督查等进行统筹整合，进行综合督考，切实减轻基层负担。

建立健全激励机制。注重在脱贫攻坚一线培养锻炼、检验识别干部，大胆选拔使用经过实践考验的优秀年轻干部。对脱贫攻坚工作中出于公心、不谋私利，经过规定程序的工作失误错误大胆容错，旗帜鲜明地为敢于担当的干部担当，对敢于负责的干部负责，激发和保护干部干事创业的积极性、主动性、创造性。

开展扶贫领域腐败问题专项治理。把扶贫领域腐败和作风问题作为巡察重点，对扶贫领域腐败问题“零容忍”，严肃查处贪污挪用、截留私分、虚报冒领、强占掠夺等行为。

强化农村基层党建工作责任制落实。将抓党建促脱贫情况作为乡村书记抓党建工作述职评议考核的重要内容。对不重视扶贫工作、组织不力、措施不实的党组织，要及时约谈提醒相关责任人，后果严重的要追责问责。

严格落实责任追究制度。对责任不落实、工作不扎实、贻误脱贫攻坚工作、造成严重后果的，依纪依规追责问责。县扶贫成效考核结果和问责情况要在全县公开通报，倒逼责任落实和工作落实。

（四）防范矛盾隐患，健全处置预案

做好脱贫攻坚风险防范工作。防范产业扶贫市场风险，制定防范和处置风险的应对措施，防止产业项目盲目跟风、一哄而上导致失败。防范扶贫小额信贷还贷风险，防止户贷企用、违规用款等问题。防范政府以脱贫攻坚名义盲目举债，防止金融机构借支持脱贫攻坚名义违法违规提供融资，坚决遏制地方政府隐性债务增量。防范社会风险，防止贫困户和其他农户因享受政策利益失衡引发矛盾，做好群众疏导工作。加强对脱贫攻坚舆情监测，及时引导社会舆论，防止不良炒作意外重大事件干扰脱贫攻坚大局。

（五）加强政策宣传，营造脱贫氛围

营造良好的舆论氛围。深入宣传习近平总书记关于扶贫开发重要论述，宣传党中央、国务院和省委、省政府关于精准扶贫、精准脱贫的重大决策部署，宣传脱贫攻坚典型经验，宣传脱贫攻坚取得的成就，为打赢脱贫攻坚战注入强大精神动力。积极利用网站、微博、微信、移动客户端等新媒体平台开展精准扶贫政策宣传。组织一报两台、卢龙发布等县内媒体推出一批脱贫攻坚重点新闻报道。

加强扶贫典型培树。在全县选树一批脱贫攻坚先进典型，推广一批脱贫攻坚典型事例。组织报告团，逐乡镇巡回宣讲脱贫先进典型，弘扬脱贫攻坚精神。

四、不断提高城乡居民低保标准

1990 年代以来，卢龙县对家庭人均收入低于城乡居民最低生活保障标准的城市居民和家庭年人均纯收入低于当地最低生活保障标准的农村居民实行了最低生活保障制度。申请低保以家庭为单位，由户主或者其代理人以户主的名义向户籍所在地乡镇政府、经济开发区管委或者受乡镇政府、经济开发区管委委托的村民委员会提出书面申请。乡镇政府、经济开发区管委在收到申请材料后，依次完成材料审查、调查核实、民主评议、公开公示等工作。县民政局在收到乡镇政府、经济开发区管委上报材料后进行信息核对、入户抽查和审批工作。在审批工作中，卢龙县坚持做到严把低保入口关、档案审核关、抽查关、部门联审关、公开公示关，接受群众监督，确保低保工作的公开、公平、公正。2016 年，共审批城镇低保户 88

户 185 人，审批农村低保户 663 户 1120 人。

随着县域经济的不断发展，城乡居民生活水平的不断提高，卢龙县城乡居民最低生活保障标准也相应提高。自 2010 年 10 月起，卢龙县城镇居民最低生活保障标准由原来的每人每月 225 元提高到每人每月 290 元，农村居民最低生活保障标准由原来的每人每年 900 元提高到每人每年 1600 元。自 2014 年 1 月 1 日起，我县城镇居民最低生活保障标准为每人每月 450 元，农村居民最低生活保障标准为每人每年 2500 元。2016 年，城镇居民最低生活保障标准为每人每月 500 元，农村居民最低生活保障标准为 3000 元。2018 年，全县城镇居民最低生活保障标准为每人每月 600 元。农村最低生活保障标准为每人每年 4000 元。2020 年，城镇居民最低生活保障标准提高到每人每月 726 元；农村居民最低生活保障标准提高到每人每年 5000 元。

第三节　夯实基础，稳步推进，创建文明县城

2016 年以来，卢龙县在省委、省政府的坚强领导下，认真贯彻习近平新时代中国特色社会主义思想，大力开展以文明城市创建为龙头的群众性精神文明创建活动，着力建设崇德向善、文化厚重、和谐宜居的文明县城。2017 年，卢龙县坚持全民创建、全域创建，全县 80 余家创城责任单位、8000 余名机关干部、3 万余名中小学生、5 万余名城市居民以及各类从业人员全身心投入创城大潮中，经过近一年的苦干实干，高质量完成了省级文明县城创建各项任务，并以全省第五名的好成绩摘得了河北省第一届文明县城的桂冠，并获第六届全国文明县城提名资格。

一、由表及里打造城市形象

2016年以来，卢龙以创建省级文明县城为抓手，开展最洁净城市、最安静城市、交通秩序最好城市、无“双违”城市、无烟城市创建活动，由表及里打造城市形象，努力建设环境优美、秩序优良的省级文明城市。

（一）打造最洁净城市

创建省级文明县城活动开展以来，县财政每年投资3500万元，用于城市卫生保洁。对县城主要街道，积极推广机械化清扫，县城区机械化清扫率达到78%，城乡垃圾做到日产日清，无害率达到100%。每天组织11辆清扫车、4辆洒水车对城区道路清扫保洁、洒水降尘。环卫公司对33辆垃圾清运车安装GPS定位系统，对具有运营资质的渣土车安装GPS定位系统，做到行驶路线、倾倒地点24小时实时监管。

为进一步改善城市面貌，提升城市品位，卢龙县聚焦城中村、背街小巷、集贸市场等市容环境薄弱环节，祛除城市顽疾。2016年以来，新铺设人行道4.3万平方米，清理雨水收水井865个，新安装路灯500余基，完成孤竹公园、体育场等11处景观节点亮化，栽植花卉20余万株，设置景观石40余组。在文明县城创建过程中，卢龙县开展创城集中行动27次。共清理垃圾5125吨，清除小广告5.85万处，并组织80多个单位对老旧小区的楼道墙面进行粉刷，粉刷面积32万平方米。

（二）打造最安静城市

县委、县政府和县直各职能部门多措并举，切实加强了对餐饮、文化娱乐、室内装修、商业推销、烟花爆竹等场所的噪音整顿，严格建筑施工申报审批制度，加强夜间施工管理，合理限定禁鸣区域，设置禁鸣标志。开展建筑噪声、社会生活噪声、交通噪声三大攻坚运动，打造安静和谐的城市环境。

（三）打造交通秩序最好城市

根据创建要求和群众需求，卢龙县投资600万元在城区新增红绿灯、电子眼5处，安装隔离护栏8000多延长米。施划停车位3516个，查出违法停车3200起，岔口“三车”188辆，对164处交通安全隐患进行了整改。有效规范了集贸市场、学校周边停车秩序、乱穿马路乱停车行为，一系列老大难问题得到了有效解决。另外，把城内各路段分包给各单位，并按照路长制管理办法，由县领导担任路长，负责路段的整体环境卫生和交通秩序整治。

（四）打造无“双违”城市

违法用地、违法建筑是城市建设的“顽症”，是创建文明县城的“拦路虎”。历史遗留问题很多，有的非常棘手。在“双违”整治行动中，卢龙县站在维护群众利益、扫除发展障碍的高度，向“双违”叫板，下狠心、出重拳，以零容忍、零让步、零遗留的“三零”态度和原则，大力推行吹风、造势、亮剑“三步走”工作法，掀起创建无“双违”县乡村热潮。在整治过程中，有理、有据、有序、有节，扎实做好前期工作，争取了群众的广泛理解和支持，实现了从“强拆”到“自拆”的顺利转变。各部门牢固树立全县“一盘棋”思想，协调联动、强势出击、露头就打。每月至少进行一次大规模集中拆除行动，连续组织开展了15次大规模集中执法行动。在“双违”整治中，卢龙县把高速公路沿线违规广告牌匾拆除作为工作重点，先后组织8次集中拆除行动，出动执法人员900多人次，执法车200辆次，累计拆除违法广告牌匾95块，仅用20天就彻底解决了三年来未根治的“顽疾”。据不完全统计，到 2018 年，全县累计拆除“双违”1434 处，“双违”面积 784995 平方米。

（五）打造无烟城市

从 2017 年 4 月开始，卢龙县开展了无烟县城创建活动。在县城开展了 10 次大型集中活动。500 名志愿者走向广场、公园、商场等人员密集场所，广泛宣传文明县城创建的重要意义，发放禁烟倡议书 16000 份，劝导烟民 3000 多人，捡拾烟头 30000 多个。在活动中，县委书记、县长、县直单位主要领导亲临现场，广泛做好禁烟宣传动员。

二、统一调度，协调联动，稳步推进文明县城创建

卢龙县全面启动省级文明县城创建工作以后，成立了以县委书记为第一指挥长，县长任指挥长的创建省级文明县城指挥部，全面推进创建省级文明县城工作。创建指挥部下设办公室和市民素质提升、诚信建设创建、窗口行业创建、市政设施和市容市貌整治等 13 个创建工作领导小组，每个工作组由一位县领导牵头负责。对创建任务进行细化分解，明确了创建标准，夯实了责任主体，凝聚了部门合力，形成“全县上下一盘棋”的创建格局。实施网格化管理，重点推进全县省级文明县城创建工作。全县共划分创城网格 408 个，把创城责任细化到每个点位，分解到每个人头。县委、县政府根据文明县城创建的进展情况，多次召开创建省级文明县城推进会。坚持理念导向、目标导向、问题导向和结果导向，形成了“全县上下一盘棋”的格局。卢龙县还开展了“千人大会战、共创文明城”十项行动。十项行动包括访千楼万家志愿服务、打造无烟县城、教场河清污、关爱未成年人、“创城”义诊、清洁家园、文明交通、联合

执法、基础设施提升、单位入小区志愿服务。通过各种宣传和实践活动，充分调动广大群众参与“创城”的积极性和创造性，全面激发群众投身“创城”的热情。同时，全县上下着力为群众提供优质公共服务，特别是与人民群众生产生活密切相关的行政执法部门，不断健全服务网络，加强资源整合，提高服务质量。深入基层，全面了解和准确把握群众文化生活需求，发挥文化服务平台、产品及项目优势，不断丰富和改善群众文化生活。卢龙县委、县政府还坚持以人为本，着力改善民生，结合县域实际情况，在创建文明县城的同时，推进文明家庭创建，广泛开展全民节约活动和善美家风活动，培育践行社会主义核心价值观。维护社会秩序，加强全民安全意识教育，切实保障广大群众的人身和财产安全。

三、以惠及民生为根本，增强居民的获得感

卢龙县在创建省级文明县城工作中，坚持以利民、惠民为出发点，围绕改善城市民生条件，完善城市基础设施，提升城市品位开展文明县城创建，让城市居民的获得感更真切、更踏实、更稳定。县文明县城创建指挥部和13个领导小组，由县领导牵头，以创建中遇到的问题为导向完善整改，及时解决遇到的问题。同时，及时向社会公布创城热线电话，及时听取广大群主的意见和呼声，做到事事有回音、有结果，提高群众对创城工作的满意度。

（一）建立创城问题清单制度，提高人民群众的满意度

为了更好地惠及民生，吸取广大人民群众的合理化意见和建议，卢龙县及时向社会公布了创城热线电话。对群众反映的创城问题，拉出问题清单，明确责任单位、责任人和整改时限，督促相关单位及时进行整改，并及时将办理情况向群众反馈，向社会公开。今年

以来，共接到群众电话 1328 个，解决城区卫生、人居环境等热点问题 410 余件，做到了事事有回音、事事有结果，提高了群众对创城工作的满意度。

（二）开展创城志愿服务活动，形成全民共建的强大合力

卢龙县在省级文明县城创建总体战中，为了调动广大人民群众的积极性，实现全民参与，合力创建，还广泛组织发动广大志愿者积极参与文明县城创建活动，开展了各种形式的惠民生，创新城志愿服务活动，不断整合创城动力。

居民住宅小区是城市面貌的重要方面，也是创城工作的重要环节。2017 年 7 月，卢龙县组织县直 56 个单位的 520 名机关干部，开展“访千楼万家，创文明城市”的志愿服务活动。志愿者服务队入户 20000 多户次，发放创城宣传资料和倡议书 30000 多份，帮助小区清理垃圾 325 吨，清除小广告 15500 个，受到小区居民的支持、拥护和好评。同时，连续组织近万名志愿者，开展了 27 次集中宣传、入户帮扶、爱心传递、文明服务、市场环境整治、全民大扫除等集中行动，共清理垃圾 5125 吨、清除小广告 5.85 万处。此外，还组织县直各单位对老旧居民小区楼道进行全面粉刷，掀起了一场声势浩大的“楼道革命”。县城内 80 个创城单位投入资金 2809344 元，对分包的 115 个住宅小区 407 栋住宅楼道进行了粉刷，粉刷面积 320819 平方米。

为了打造最好交通秩序，组织开展了文明交通志愿服务活动。全县 56 个单位 521 名志愿者，利用早晚上下班时间，在县城内各主要交通路口协助交警开展文明交通志愿服务，引导机动车、非机动车和行人遵守交通规则，制止不文明交通行为。

此外，还组织开展了“全民大扫除”志愿服务活动。全县各单

位所有工作人员，定期深入分包路段、分包小区，对路面、楼道、墙体等部位进行彻底清扫、清理。据初步统计，清扫路面 68 万余平方米，清理垃圾 225 吨，清除小广告 8500 余个。

（三）围绕惠及民生，加强城乡基础设施建设

卢龙县在创建省级文明县城过程中，把民生工程建设、城市基础设施建设作为关键环节做实做好。在完成卢龙县文化馆、图书馆、体育馆精品工程的基础上，又相继完成了卢龙县医院、中医院、妇幼保健院、泰和医院的搬迁。医改工作顺利推进，纳入国家县级公立医院综合改革试点县，引进瑞德医养结合项目，有效改善了群众就医环境。2017 年，县财政累计投资 1.3 亿元，对县城内主次街道实施了提档升级，新铺设道路彩砖 4.34 万平方米，改造城区公交站亭 63 个，安装维修路灯 507 基，维修改造外立面夜景亮化 50 多处，维修、铺设污水管道 600 多处，检查清理污水井 1015 个，对城区 15 个节点进行了绿化改造，栽植、补种花草 10 万平方米，树木 3600 棵。对永平大街等主要路段及开发区园区等 28 处损坏路面和 12 处路缘石进行了维修、更换，完成了政府广场破损部位维修。完成永平大街两侧部分路段外立面改造，建设局外立面改造完工。同时对两侧 5 家企事业单位外立面进行了改造。此外，还完成了县城禁煤区 2475 户“光热+”清洁取暖项目。通过技术改造，县城新增供热面积 14.6 万平方米。10 万亩甘薯全部实现企业加工，实现了粉浆水无害化处理，根治了粉浆水污染的顽症。坚持绿水青山就是金山银山的发展理念，实施绿水青山、蓝天白云的生态立县战略。严格落实“河长制”，以饮马河、龙凤河治理为重点，全力整治河湖“四乱”和县城饮用水源地周边环境。完成 92 个沿河村庄工业污染、粉浆水污染、畜禽养殖污染治理，确保流域生态环境彻底改善。在治理大气污染中，坚持重点施策，打赢大气污染防治攻坚战、持久战，坚持科学治霾，摸清各类工业企业、餐饮油烟、建筑施工、裸露地面等涉气污染源。各级各部门建立沟通协调机制，协调联动。广泛发动全民参与，强化奖惩问责。建设大气污染热点网格监测监管平台，落实每日研判制度，取缔“散乱污”企业 8 家，淘汰燃煤锅炉 39 台，空气质量大大提高。

切实加强城乡交通建设。十一届三中全会以后，卢龙县基本形成了以国省干线为骨架，公路、铁路、高速公路纵横贯通的交通网。县境大秦、京秦、京哈铁路建成通车，境内总里程 57.6 千米。京沈高速公路、102 国道、205 国道、三抚公路穿境而过。截至目前，卢龙县境内公路总里程达 1603.317 千米，国道 53.607 千米，其中，高速公路 19.637 千米，省道 73.049 千米，县道 94.332 千米，乡道 318.134 千米，专用公路 13.619 千米，村道 1050.576 千米。农村道路建设不断得到加强，早在 2005 年在全县范围内实施村村通油路（水泥路）工程，基本上实现了村村通油路。党的十八大以来，卢龙县积极搞好县、乡、村三级道路大修、改造、升级、危桥改造、连村路、村村通路网改造工程，不断改善城乡交通环境。

2020 年，卢龙县重点完成了 G102 线卢龙城关至十八里铺全长 11.389 千米的改线工程。采用双向四车道一级公路标准建设，设计速度 80 千米/小时，全线共有大桥 2 座 539 米，中桥 8 座 520 米，涵洞 19 道，施工图批复总投资 48337 万元。国家、省补助资金 18236 万元，县政府配套资金 30101 万元，其中包括征拆资金 12111 万元、建设资金 17990 万元。

施工单位于 2018 年 9 月 30 日正式施工。截至 2020 年 10 月，征地拆迁、路基工程、涵洞工程基本完成，桥梁工程完成 50%。

四、坚持以上率下，“头雁”引领，共同发力

县委、县政府主要领导率先垂范，不舍昼夜，带领所有县级干部深入一线办公，积极开展“走遍卢龙”活动，真正用脚板丈量文明，用党员干部的辛苦指数换取人民群众的幸福指数。通过踏查督导、破解难题，将文明的理念深植于党员干部和每个市民心中。县委书记鞠世闻率先垂范，以上率下，加强调度，保证了文明县城创建工作的稳步推进。他坚持每周定期调度创城工作进展情况。在鞠世闻的作息时间表里，从来没有星期日、节假日，不分昼夜。他利用中午和晚上时间，对创城工作进行了20多次实地踏查，检查创建点位100多个，对发现的11类问题逐一进行整改。城管局局长杨文达在妻子身患重病期间仍坚守在创城岗位上，妻子离世后，又带着伤感匆匆地行走在创城的路上；交警大队大队长刘振波既当指挥员，又当战斗员，白天带领工作人员到路上踏查、设计隔离护栏、交通信号灯、停车位的安装与施画等，晚上又带领交警到路上执法夜查。

五、乘胜前进，创建全国文明县城

2017年12月25日，经省文明委审核、省委、省政府批准，卢龙县荣膺“第一届河北省文明县城”光荣称号。

第一届河北省文明城市（城区、县城）评选工作是省文明办委托第三方，按照从严把关、公平公正、确保质量的原则，以实地暗访考察、入户问卷调查和网上材料审核三种方式对参评设区市、县级市辖区、建制县进行综合测评。在此基础上，严格依据参评城市（城区、县城）的2016年、2017年两年测评成绩，通过职能部门把关、听取市民意见、进行综合计分、媒体集中公示等评选程序，最终经省文明委审核、省委、省政府批准确定。2018年2月23日春节

后上班的第一天，卢龙县召开创建全国文明县城动员大会，吹响创建全国文明县城“冲锋号”。

2018 年以来，各责任单位对照创建标准要求，科学谋划，周密部署，统筹推进，创建全国文明县城工作取得了明显成效。

（一）强力部署

县委、县政府先后 10 次召开创建全国文明县城动员部署会等全县规模会议，9 次问题通报会，30 多次调度会，印发了《卢龙县创城网格化管理攻坚组织机构图》《卢龙县创城单位分包小区网格化管理组织机构图》以及《县领导分包点位分解表》，按照小区和创城点位将区域合理划分为 39 个大网格 420 个小网格，由各级主要负责人担任网格长，每一个点位都有人管，每一项任务都有人抓。创城督导组对 32 类固定点位和 8 类随机点位进行全方位督导，下发督导专报 33 期呈报交办给各创建组，督促相关责任单位及时进行整改。

（二）全力推进

针对基础设施、老旧小区、农贸市场、背街小巷等群众关心的热点难点问题，2020 年投入 4000 余万元，全力推进“十大工程”，补齐创城的短板弱项，让城市管理更精细，群众生活更舒心。维修 7 条主次干道及背街小巷两侧人行道、场前区 2.95 万平方米，更换路灯线缆 660 余米，维修路灯 300 余基，新安背街小巷路灯 52 盏，粉刷老旧墙体 4800 余平方米，安装更新隔离护栏 520 余米，补划 5400 余个，共查处交通违法行为 9884 起。设置景观小品 23 个，对东环新村小区、永平小区等老旧小区进行改造，修复破损路面 500 余平方米，绿化 5000 余平方米，安装路灯 12 基，对 68 小区地面改造 4470 平方米。对龙城市场、冀东市场、滨河市场进行改造提升，新建水冲式厕所 3 个。完成龙城市场楼内外的柜台翻新 300 余延长米，滨河市场维修柜台400余延长米，路面硬化700余延长米。重点对网吧、娱乐场所、出版物门店进行专项整治，出动执法人员110人次，检查校园周边食品经营户121户次，规范台账8户。全面启动村庄清洁行动，清理柴草堆、粪土堆2.6万余处，清理残垣断壁420余处，粉刷墙壁15万平方米，设立和修复宣传展牌3000平方米，打造环境整治示范村270个。在全县范围内开展洁净城乡环境、“攀送聚促”“文明祭祀 绿色清明”、新时代文明实践等志愿服务活动150余场次，组织各县直各单位干部职工开展“访千楼万家，创文明县城”志愿服务活动，发放市民手册、调查问卷、创建文明县城应知应会测评试卷等资料6万余份，征求意见6835条，建议2153条。

（三）点位督导

2020年5月份，市创城办对卢龙县出入境大厅、文化馆、广缘超市、龙城市场、汇文书店、公园、永平宾馆等30多个创城点位进行了暗访测评，对创城工作予以肯定，在全市创建全国文明城市测评中取得第二名的成绩。创城办组成两个督导组，对县城公园广场、社区小区、商场超市、公交车站、主次干道、饭店宾馆等38类点位240多个具体点位进行了实地指导，针对创城点位发现的问题，下发督导专报3期，并呈报各创建工作组长同时交办各责任单位，督促相关单位及时进行整改。发现点位问题186个，全部进行了整改。

（四）长效创建

各创城责任单位狠抓薄弱环节的常态化创建，对建成区开展全覆盖巡查，对7个老旧小区提升改造，增画非机动车停车位720余个，修复破损路面900余平方米，维修路灯330基，新增楼体亮化1000余延长米。加大集贸市场的监管力度，推进文明诚信经营，修复破损公益广告19处。加强交通违章查处力度，共查处机动车乱停乱放，非机动车、行人逆行闯灯23起，施画标识标线1700余米，城市形象持续提升。

第四节　以城带乡，城乡联动，加强乡村精神文明建设

改革开放以来，特别是十八大以来，随着精神文明建设的深入开展，卢龙县不论是城市还是农村，文明的程度都有了极大的提高。然而，由于历史和现实的种种原因，农村的精神文明建设水平与城市相比始终存在着一定差距，从而使精神文明建设在总体上呈现出发展不平衡的状态。统筹城乡精神文明建设，坚持以城带乡，城乡联动，统筹城乡精神文明建设的新体系，对于推动城乡资源的有效整合，增强城乡统筹发展的软实力，特别是加强乡村的精神文明建设，决胜全面小康建设，具有十分重要的意义。

一、持续抓好文明村、文明乡镇建设

党的十八大以来，卢龙县委、县政府始终把文明村、文明乡镇的创建作为精神文明建设的重要抓手，积极开展了十星级文明户、文明家庭以及文明村、文明乡镇的评选活动。不断培养典型，推广典型经验，进一步强化模范示范引领作用。

卢龙县委、县政府在文明村镇创建中，把移风易俗、培养农民新观念、倡导文明新风尚，作为文明村镇创建的重要内容，先后召开3次移风易俗工作推进会、调度会，听取各乡镇情况汇报，对下步工作进行安排部署。县委宣传部、文明办连续深入燕河营、石门、双望、潘镇、陈官屯、蛤泊等镇，对移风易俗进行调研，指导各乡

镇结合本地实际合理制定移风易俗工作方案。全县548个行政村健全完善了《村规民约》《村民议事会》《道德评议会》《红白理事会》《禁毒禁赌会》等有关配套制度和措施，进一步规范了村级干部群众的日常行为，加强监督监管，严禁攀比风和铺张浪费行为，引导农民养成科学文明健康的生活方式。清明节期间，在蛤泊镇王深港、双望镇银洞峪、燕河营镇大新庄率先推行植树祭祀、鲜花（绢花）祭祀，同时在全县85个有林村建立十二生肖文明祭祀点92个。在全县548个行政村建立善行功德榜391个，大力宣传历届道德模范的典型事迹，弘扬真善美，传播正能量。引导各乡镇、村在公路沿线、村内主次街道高标准建设乡风文明示范一条街和文化墙活动，宣传社会主义核心价值观、移风易俗、孝老爱亲、新时期卢龙精神。

2017年，卢龙县评选出县级文明村312个，占比56.3%，文明乡镇13个，占比100%。其中刘田各庄镇孙田各庄村连续四届被评为全国文明村荣誉称号。潘庄镇获得第四届全国文明乡镇、河北省移风易俗示范镇荣誉称号。刘田各庄等3个镇、开发区郑各庄等7个村获得省级文明村镇荣誉称号。蛤泊镇鲍子沟村、青龙河村、石门镇东阚各庄村先后被评为河北省美丽乡村，卢龙县被评为美丽乡村建设工作先进县。卢龙镇夹河滩等14个村被确定为省级移风易俗示范村。

二、宣传践行社会主义核心价值观

习近平同志在十九大报告中指出，要培育和践行社会主义核心价值观。要以培养担当民族复兴大任的时代新人为着眼点，强化教育引导、实践养成、制度保障，发挥社会主义核心价值观对国民教育、精神文明创建、精神文化产品创作生产传播的引领作用，把社会主义核心价值观融入社会发展各方面，转化为人们的情感认同和行为习惯。

卢龙县委、县政府采取多种形式，加强了社会主义核心价值观的宣传教育。县电视台、电台、《今日卢龙》《卢龙微信》、卢龙在线等媒体和网络平台都设立了社会主义核心价值观的专题、专栏，广泛宣传社会主义核心价值观。2018 年以来，在高速公路沿线、高速出口、体育馆、标志龙等地设立 8 块大型广告宣传牌，在县城主次街道设立异形、刀旗等公益广告 2246 块。在广泛宣传的基础上，卢龙县还积极推进社会主义核心价值观涵育基地建设。经省文明办批准，卢龙县桃林口清圣山和石门镇东阚各庄为省社会主义核心价值观涵育基地。在清圣山矗立起伯夷、叔齐汉白玉雕像，让群众在休闲娱乐中潜移默化受到社会主义核心价值观的熏陶，提升群众对核心价值观的认知、认同，增强全社会学习、宣传、践行社会主义核心价值观的浓厚氛围。为了提升践行社会主义核心价值观的主流价值，卢龙县开展了第四届“凡人善举·感动卢龙”典型人物评选活动，评选出各类典型人物 10 名。积极向上推荐“河北好人”，卢龙县申宏、李金柱、刘江、李宝全等四人荣登河北好人榜。2018 年 7 月 31 日，在卢龙会堂举办了“河北好人榜”暨首批“新时代好少年”发布活动，来自县外的省、市、县领导 100 多人参加，此次发布仪式办出了卢龙特色，对弘扬向善向上时代新风、提升卢龙的知名度、美誉度起到了积极的作用。

三、开展新时代文明实践活动

县委、县政府高度重视新时代文明实践工作，将其作为一项政治任务，周密安排，精心部署、狠抓落实。县委主要领导先后 7 次主持召开县委常委会、党政联席会，16 次协调会、调度会、现场会、推进会进行研究、安排、部署、推进新时代文明实践工作。同时制定出台了《卢龙县新时代文明实践中心建设试点工作方案》《卢龙县新时代文明实践中心建设试点工作推进方案》《卢龙县关于开展新时代文明实践站建设攻坚月活动实施方案》《卢龙县关于开展新时代文明实践站建设规范提升攻坚月活动实施方案》等相关文件，在全县范围内形成了上下联动、同向同力的良好局面。

2019 年，卢龙县建成县级新时代文明实践活动中心 1 个，各乡镇以乡镇史馆为主要形式的文明实践活动所 13 个，村级文明实践活动站 438 个，其中有村史馆的先进村 72 个。为了建立新时代文明实践活动中心（所、站），县、乡、村三级共投入资金 983.6 万元。其中县中心硬件投入 150 万元，乡镇所投入 259.7 万元，村级站投入 545.35 万元（含县直帮建单位投入 28.55 万元）。同时充分发挥"讲、评、帮、兴、树"五条路径功能，让新时代文明实践工作更富活力、更具成效。

一是"讲"理论政策，引导群众"听党话、跟党走"。投资 800 多万元建立县乡村三级互联互通的智慧党务平台，定期开展理论宣讲、技能培训等实践活动。在全县开展新时代文明实践理论大宣讲活动，县级领导干部带头，党建工作组、孤竹夜校学员、乡镇班子成员、各村党支部书记、新时代文明实践志愿者，围绕习近平新时代中国特色社会主义思想和党的十九大精神，扶贫攻坚、粉浆水治理、散煤治理、信访稳定、扫黑除恶、移风易俗等内容，深入农村开展宣讲 520 余场次，受益群众近 5 万人。

二是"评"先进典型，促进群众"见贤思齐"。立足文化禀赋和淳朴民风，开展道德模范、身边好人、优秀志愿者、美丽家庭、脱贫攻坚"三花"（县花、乡花、村花）评选活动，树立先进典型 766 个。通过宣传典型、示范引领，年内涌现出十星级文明户 2100

户、好媳妇好婆婆等“身边好人”156人，李志均、刘江获得市第七届道德模范荣誉称号，崇德向善的氛围越来越浓厚。结合诚信卢龙建设，开展环保诚信企业、机关和个人创建活动，评选出环保诚信企业159家、机关94家和个人402名，全民环保意识进一步增强。

三是“帮”群众所需，引导群众“感党恩”。全县6612名党员干部志愿者深入农村开展“攀穷亲、送温暖、聚民心、促发展”志愿服务活动，与贫困群众结亲戚，经常走访慰问，为贫困群众捐赠慰问金60余万元以及大量生活用品，解决生产生活实际问题，增强了农民脱贫信心和发展动力。

四是“兴”先进文化，提振群众“精气神”。先后开展了“宣传十九大、文化进万家”十九大精神下基层、“壮丽七十年　奋斗新时代——2019年卢龙县迎接新中国成立70周年群众才艺电视大赛”等大型文化活动50余场。同时充分发挥乡镇文化站、基层文化服务中心、文化广场等基层宣传阵地作用，创编新思想文艺节目60余个，举办文艺活动600余场次，培训村镇文艺骨干1200余人次，1.7万农民群众参与了文化活动。

五是“树”文明乡风，激发群众共建共治热情。针对大操大办、人情债等问题，全县548个村全部建立完善村规民约、红白理事会，由群众自主制定红白事标准，实现“我承诺、我遵守，我制定、我参与”，费用平均减少三分之二，形成了良好的道德风尚。2019年清明节期间，群众自觉破除烧纸祭拜做法，植树祭祀1.8万多棵，58个村开展了鲜花祭祀，5000余人参加了网络祭祀，文明健康之风渐起。

四、加强未成年人思想道德建设

开展道德实践活动。在全县未成年人中开展“学习雷锋，日行一善，做美德少年”道德实践活动，组织学生到敬老院、集中供养中心、军烈属家中进行志愿服务，2.3 万学生参与实践活动。以“我们的节日”为载体，组织广大青少年开展了优秀童谣作品征集活动，从 102 篇作品中向上推荐作品 32 个；利用营山烈士陵墓、邵洪生烈士陵园、李大钊纪念馆、柳河北山抗战纪念馆等爱国主义教育基地以及中国文明网和央视网等网络平台，在清明节期间组织全县各中小学校学生开展了清明祭英烈主题教育活动，向民族英烈致敬，表达追思缅怀之情，教育学生铭记历史，继承优良传统。

营造良好校园周边环境。联合县相关部门加大联合执法检查力度，重点对网吧、娱乐场所、出版物门店进行专项整治，严厉查处网吧接纳未成年人等违法违规经营行为。加强校园周边治安和交通管理，严防校园周边重大安全事故的发生。共出动执法人员 110 人次，检查经营单位 90 余家。

大 事 记

1905 年

永平府乐亭县大黑坨村 16 岁的李大钊考入永平府中学堂学习。同年，永平府蒋各庄蒋卫平从永平府师范学堂转入永平府中学堂。李大钊与蒋卫平结为同窗好友。

1913 年

撤永平府，改为永平县。同年永平县复名卢龙县。

1919 年

5 月 4 日，县内各学校响应五四运动的号召，开始罢课，示威游行。

1922 年

第一次直奉战争爆发。奉军以县地为第二防线，索粮占房，拉丁抓夫，奸淫抢掠，百姓流离失所。当年，奉军战败东退，留两个团驻守。

1924 年

9 月，第二次直奉战争。直奉军于蛤泊激战，奉军获胜。

1928 年

6 月 28 日，撤销津海道，县直辖于河北省。

1929 年

8 月 16 日，燕河营、大横河一带果农千余人，进行反果税斗争，迫使县府答应减免。

9 月，卢龙县学校师生上街游行，抵制日货，向群众宣讲“九一八”事变经过和抗日救亡的道理。

1931 年

4 月 15 日，日军侵入县城，县长董天华逃走，周佐舜悬日旗投降，张仲儒组织“维持会”。22 日，日军退出，原东北军翁兆元部开进县城，解散“维持会”，处决会长张仲儒。

5 月 7 日，日军向建昌营、桃林营、县城一带进攻，降日之“救国军”李际春部侵入县城，国民党守军不战自退。

是年，县教育局局长高敬之，一天上午到县府办事，竟然打着灯笼。意寓衙门口黑暗。

1935 年

12 月 25 日，县改属于伪冀东防共自治政府。

1938 年

7 月 13 日，高敬之在无税庄（今属滦州市）竖起抗日义旗。仅半月，队伍发展到 2000 人，称“华北人民抗日军”。旋即由李润民带暴动队第五总队来城会合整编，高敬之部编为“冀东抗日联军第

23总队”，高敬之为总队长，阮务德为政治部主任。

8月，卢龙县抗日政府建立，县长张春圃，下设军事、财政、教育等8科。三天后因县城遭日机轰炸而解散。

9月，日军习田带百余人占领县城，境内始有日军盘踞。

1942年

年初，八路军十二团一部来滦东武装开辟根据地。

6月16日，田丰等袭击陈官屯警察所，缴获部分武器，始组建游击队。

9月，日伪强征民夫修建县城至桃林营、商家林至九百户“惠民壕”，群众谓之“毁民壕”，沿青龙河东岸建炮楼18座，设据点13处。

10月8日至12月10日，日军推行五次“治安强化运动”，调集7个联队日军，23个团伪军共4万余，对根据地进行扫荡。

1943年

2月10日，驻富申庄炮楼伪三等警长刘鹤，联合卸甲庄、毛各庄、小万石山、揣庄、段家沟6炮楼伪警备队起义投诚。残存12座炮楼被攻破。敌青龙河封锁线被彻底摧毁。

3月2日，十二团一营两个连，在“仙景山战斗”中，歼灭日伪军60余人，日酋何野、松尾毙命。

6月9日，十二团二营，在后官地伏击战中，毙日伪军108人，俘3人，缴获武器弹药一部。

8月初，八区队夜袭卢龙城，俘敌百余，缴获大批武器。

10月11日，十二团佯攻陈官电据点，诱城内之敌就范，毙日伪军70余，拔掉陈官电敌据点。

10月23日，八区队三连智取大横河炮楼。

11月12日，八区队攻克燕河营伪军据点，守敌朝县城方向逃窜，次日，十二团于桑家岭、大王屯一带截击逃敌和城内接应之敌，歼其大部。

12月3日，十二团于滤马庄击溃伪军围攻，毙伪副团长王树绩。

1944年

1月12日，十二团和八区队于白家窝设伏，俘伪军180余人，毙日军教官以下80余人，伤20余人。

3月21日，八区队在胡家仙河歼伪军50余，俘40余。

3月29日，十二团特务连二排，在柳河圈夹围战中，担任阻击任务，激战一昼夜，数十次打退敌人进攻，在保护专署机关和群众转移后，由民兵王景玉引路冲出重围。

3月29日，联合县政府机关和群众千余人于营山遭6000名日伪军包围，八区队、游击队和民兵密切配合，歼敌400余，掩护机关和群众安全转移。

6月19日，联合县妇救会干部李洗凡、王新，在西花台不幸被捕，次日于城角庄英勇就义。

6月，十二团于商家林伏击日伪军两个团，歼敌600余。

1945年

5月29日，十八团在南丘庄设伏，毙日伪军140余。

6月7日，十八团三连，在相公庄突围战中，激战一昼夜，歼敌500余，受到军区嘉奖。

6月13日，日伪军制造大刘庄惨案，杀害无辜群众13人，烧毁部分民房，并将财物抢劫。

8月15日至20日，县支队、区游击队和民兵，分别攻克双望、台头营、朱各庄、石门、后封台、蛤泊等据点。

8月22日，地方武装和民兵于卢龙城附近集结，至25日拂晓解放卢龙城。

9月，恢复卢龙县单县制。

1946年

2月，“还乡团”头目魏树人，抓走魏官庄军属魏树安，在蛤泊将其杀害。

2月，塔子峪伏击战，钓鱼台民兵小队伏击蒋军，毙敌营长以下10余人。

10日，61团和县支队攻克蛤泊，歼敌200余。

1947年

3月，蒋军九连在城内孔庙（圣人殿），杀害军工属崔润、张朗元和祁水发。

3月，“伙会队”包围城南霍家沟，杀害民兵陈荣、陈德申、霍福祥、刘景山、夏宝林等7人。

5月，县出动5000民兵，参加北宁铁路和公路“破交”战斗。

9月4日，61团在红花峪阻击蒋军470团三营，毙敌27人，俘200余。

9月12日，县出动民兵“破交”，配合辽西战役，断北宁铁路安山至景佃子段，烧毁大批电杆枕木，炸坏车厢4节。

9月，县委在滤马庄召开会议，部署土地改革，实行土地平分。随后土改工作组深入各村，组建贫农团，土地平分在全县展开。

10月8日上午10时，十旅、十一旅攻克石梯子据点，毙俘敌团长以下1300余，缴获大批军用物资。

10月12日，蒋军62团进占县城，三营九连留守，国民党县政府随之迁入。

10月，县府在县城召开万人公审大会，日本守备队情报特务张风歧、毛友贺、谭亮伏法。

12月24日，县人民政府在燕河营召开公审大会，处决国民党县长曹清伦。

1948年

1月，盘踞石梯子之敌夜袭夹河滩，抢走大批粮食衣物和牲畜，杀区村干部和群众数十人。

3月12日，驻滦河西之敌袭扰胡家仙河，杀害村干部8人。

3月下旬，解放军战士邵洪生（部黑石村人）在三河县夏垫战斗中英勇牺牲，被命名为“爆破英雄”。

5月，主力部队十一旅，在县支队配合下，攻克石梯子据点，国民党流亡县政府西逃滦县刘各庄。

9月13日，解放军攻克石门等车站，至是境内全部解放。

秋，为支援辽沈战役，全县总动员战勤民工21400多人，牲畜3420头。

12月5日，平津战役开始，县组成千副担架远征队支援前线。

1949年

1月，县委、县府机关由郑各庄迁入县城。

3月中旬，南下干部100人随军出发。

9月底，赵官庄民兵赵庆友赴京，参加中华人民共和国开国大典。

11月11日，县首届各界人民代表会议在县城召开。选举县府组成人员，部署新区土改工作。

1950年

2月8日，卢龙县人民法院成立，县长姜立川兼任院长。

2月26日至28日，中共卢龙县第一次代表会议在县城召开，选举中共卢龙县委，阎欣为书记。

10月，掀起抗美援朝运动高潮，适龄青年踊跃报名参军。

1951年

4月下旬，县有160207人参加保卫世界和平签名运动。

6月9日，县委做出《关于抗美援朝捐献“卢龙号”飞机用款的决定》。至7月4日，捐款13.7亿元（旧币）。

12月29日，区级机关开始“三反”运动，至次年11月29日结束。

12月下旬，县直机关开展反贪污、反浪费、反官僚主义的“三反”运动，至次年6月底结束。

1953年

5月1日，始行建乡工作，至7月13日结束。

7月，进行首次人口普查，以本月1日零时为标准时间，县有50173户，254568人。

1954年

7月13日至16日，县第一届人民代表大会隆重举行，选举出席省人代会代表及人委组成人选。

1955 年

1 月上旬，开始贯彻执行国家义务兵役制，征兵 500 人，实现了由志兵役制到义务兵役制的改革。

3 月 20 日，建县人民检察院。

3 月底，开始私营工商业社会主义改造。

3 月，县委遵照中共中央“关于书记动手，全党办社的指示”，大办农业社。截至年底，全县初级农业社发展到 1188 个，入社农户达 70%以上。

7 月 25 日，成立县手工业生产合作社联社。

10 月 6 日至 12 日，中共卢龙县第一次代表大会在县城召开，选出中共卢龙县第一届委员会，王水山为书记。

1956 年

1 月，始行初级农业生产合作社并转高级农业生产合作社工作，至 2 月底完成，1100 个初级社并为 80 个高级社，入社农民达 51443 户，占全县总农户的 97. 2%。

1 月，县城 112 私营工商业户公私合营。至月底，县 968 商贩除 66 人转入农业外全部进入合营行业，至 3 月，1254 手工业者和 186 运输户，加入合营行列。

2 月，阎大岭店秧歌艺人伦宝善，参加中央民间文艺汇演，获表演一等奖。

7 月 5 日，始行撤区并乡，至年底完成。原 82 乡（镇）并为 36 乡镇。

1957 年

5 月 14 日，县委成立整风领导小组。县直机关开始反对官僚主义、宗派主义、主观主义的整党运动。

9 月，县直机关单位开始反右派斗争，至 1958 年 7 月底结束，共划“右派分子”91 人。

12 月 14 日至 18 日，中共卢龙县第二次代表大会召开，选举产生第二届委员会，王永山为第一书记。

1958 年

2 月 23 日至 26 日，县委召开三级干部大会，会后，县内掀起“大跃进”高潮。

3 月 1 日，县委常委会议决定修建“跃进渠”，21 日成立工程指挥部。23 日，县委发出开凿跃进渠的号召，4 月 3 日，1.6 万民工进场，6 月中旬增至 2.6 万人，1959 年底下马。

3 月 31 日 9 时，“跃进渠”桃林营火药库爆炸，毁房 3 间，死 8 人，伤 2 人。

9 月 5 日，县委召开县、社干部扩大会议，传达贯彻唐山地委关于大搞钢铁会议精神，动员全党全民投入大搞钢铁运动。

9 月 15 日至 20 日，国家轻工业部在县召开北方 14 省、自治区薯类加工现场会，交流薯类加工、利用和工具设备改革等经验。授予县奖旗一面。

9 月 16 日至 20 日，杨勇上将来陈官屯视察野营部队军事演习。

9 月，进行撤乡并社，由原 36 乡 99 单一经营高级农业生产合作社，组成 10 个公社。

9 月，撤销卢龙县建制，并入昌黎县。

1961 年

5 月 20 日，复置卢龙县。陆达任县委第一书记，傅瑞丰任县长。

5 月中旬，公社进行调整，原 6 公社分置 35 公社。

1962 年

12 月 10 日，整风整社运动在全县展开。

1963 年

3 月中旬，农村开展“四清”（清工、清账、清财、清库）运动。

12 月 5 日，县委组成 548 人的工作队，进驻蛤泊、四百户、六百户、大李佃子 4 公社 84 生产大队，开展“四清”运动，至 1964 年 9 月基本结束。

1964 年

10 月上旬，县委抽调干部 370 人，组成唐山地委工作团十一分团，由县委领导带队，去抚宁县参加“四清”运动。

11 月 5 日至 9 日，县委召开贫农、下中农代表会议，组成县贫下中农协会委员会，王华为主任。

1966 年

5 月 16 日，中共中央“五一六通知”下达，卢龙和全国各地一样，开展“文化大革命”运动。

8 月 12 日，县委成立“文化大革命”办公室，抽调干部深入农村，宣讲中共中央《关于无产阶级“文化大革命”的决定》（十六条）。

9月4日，建县根治海河指挥部，10月初组织4700民工赴大黑汀水库工地，至1980年历年派出民工。

10月下旬，成立县化肥厂筹建处。1967年在四百户莲花池村建成投产，年产合成氨3000吨。

12月8日，县委召开学习毛主席著作积极分子代表会议。

1967年

6月29日，县革命委员会成立大会在县中学操场举行，边树林为革委会主任，下设办公室、政工组、生产指挥组、政法组，设工代会，农代会，红代会联合办公室。

6月，县公、检、法机关成立中国人民解放军卢龙县公安机关军事管制委员会。

1968年

1月21日至2月24日，35公社先后建革命委员会。

5月4日，县成立"无产阶级清理工作指挥部"，开展所谓"一批三查一挖"（简称一三一）运动。

8月3日，县革委发出《关于向刘英俊式的共产主义战士——邵习和同志学习的决定》。邵习和原籍马台子公社邵家略大队，任解放军3028部队运输班长，为保护7名儿童勇拦惊马，壮烈牺牲。

9月，县革委在武山良种场成立五七干校。

1969年

1月12日至19日，学习毛泽东思想积极分子代表大会于县城召开。

1970 年

2 月 12 日，富申庄陈礼被确定为全国四届人大代表。

5 月，接收天津、唐山、秦皇岛知识青年 1685 人，置于 35 个公社 218 个大队中。

10 月初，民工 5200 人，参加根治海河。

1971 年

1 月 16 日，县革委在下寨公社召开批判“走资派”大会。

9 月 25 日 14 时，迁安县瓦房店公社到富申庄参观的社队干部 37 人，归途中于青龙河翻船遇难，经奋力抢数 26 人脱险，11 人死亡。

10 月 15 日至 17 日，县委召开生产大队支部副书记和行政 22 级以上干部会议，传贯彻毛泽东主席批示的中央 7 个文件，批判林彪叛党叛国罪行。

1972 年

1 月 23 日至 28 日，县委在卸甲庄公社召开四级干部会议，传达中央文件，批判林陈反党集团罪行。

11 月，县委组织 310 人批林整风工作队，深入农村开展运动。至 1973 年 2 月底结束。

1973 年

3 月 8 日，县民兵师建立，赵淮为师长，孟英为政治委员。

10 月中旬，县委组织工作队，深入农村开展批林整风运动。

1974 年

2月13日，朝鲜民主主义人民共和国农业考察团来县，考察甘薯生产。

2月30日，县革委抽调民兵2000组建“农田基本建设兵团”，集中进行农田基本建设。

10月，唐山地区革委会在县召开小型水库现场会，在全区推广卢龙“小型为主、配套为主、社队自办为主”的农田水利基本建设经验。

1976 年

7月8日，县委做出“立下愚公志，重上跃进渠”的决定。

7月28日凌晨3时42分56秒，唐山、丰南一带发生7.8级地震，波及卢龙。当日18时50分，发生7.1级强余震，震中在滦河、青龙河交汇处。县死亡251人、重伤555人、轻伤6742人，毁房近30万间，死伤大牲畜及猪万余头。

9月9日，毛泽东主席逝世，全县人民沉浸在悲痛中。

9月18日下午，县革委隆重举行毛泽东逝世追悼大会。

9月28日，县农建兵团第三期工程开工，重点修建炮石岭沟和西马山沟水库，于1977年春竣工。

10月6日，县人集会游行，热烈庆祝粉碎“四人帮”胜利。

12月24日，县委、县革委在潘庄公社滤马庄小学操场召开“跃进渠”震毁修复工程开工誓师大会。25日破土动工。

1977 年

8月30日，县委副书记、县革委副主任李旭庚，随援外农业技术组赴尼日尔，援建水利配套工程，1979年7月30日回国。

1978年

6月28日，复置县人民检察院。

10月，国家体委授予县业余体校张奉先“全国优秀教练员”称号。

1979年

1月11日至12日，县委，县革委召开1978年度“农业学大寨”劳模大会。

5月1日零点，“跃进渠”主干渠试水成功，至16日11时，全线通水。

1981年

2月25日至3月2日，卢龙县第七届人民代表大会召开，县革命委员会撤销，设县人民政府。方宝枝当选为卢龙县人民政府县长。

是年，政协卢龙县第一届委员会第一次会议召开，选举产生第一届常委会，李连璧为主席。

1982年

1月6日，县委召开大会宣布，为“打靶大会”“蓝旗扩大化”“下寨批走资派”“社盟扩大化”四大冤案平反。

1983年

3月3日，国务院批复撤销唐山地区，将秦皇岛市改为省辖，原属于唐山地区的卢龙县划归秦皇岛市。

是年，城关公社西街小学教师王淑英，被命名“全国优秀班主任”称号，获金质奖章一枚。

1984 年

2 月 24 日，开始撤社建乡工作，实行政社分开体制改革，至 4 月 17 日完成。

1985 年

5 月 15 日，县政府为获三十八届世界乒乓球锦标赛女子双打冠军耿丽娟召开庆功会。

5 月 9 日，县举办第一个教师节庆祝大会。节前，县有百名教师光荣加入中国共产党。

12 月 2 日，木井工委烟花厂发生爆炸事故，死 9 人，伤 6 人，毁厂房 6 间，经济损失 2 万元。

1986 年

10 月 6 日，县中教师张瑜被评为全国农村教育系统优秀教师。

1987 年

6 月 3 日，林业部副部长马玉槐视察引青渠绿化工程。

7 月 25 日，国家计委副主任黄毅诚等一行 9 人，来县考察桃林口水库和建设和 120 万千瓦电站选址问题。

9 月 18 日，国家体委命名卢龙县为全国体育先进县，授予铜匾一块，奖金 1000 元。

1988 年

3 月，卢龙经国务院批准定为对外开放县。

4 月 28 日，省政府批准卢龙县为河北省第三批粮食基地县，获省政府颁发的粮食增产奖和玉米“丰收杯”竞赛一等奖。

7 月 18 日，省政协副主席徐纯性在市政协主席赵铭陪同下，抵县视察。

7 月 28 日，河北省府批准卢龙为粮食基地县。

8 月 11 日至 13 日，中共中央组织部副部长吕枫来县检查、指导工作。

8 月 24 日，省委副书记吕传赞到卢龙县了解农村基层组织建设情况。

1989 年

7 月 13 日，省长岳岐峰到卢龙县检查指导工农业生产情况。次日视察了桃林口水库和引青灌渠。

10 月 19 日，副省长王祖武、副市长张玉书到卢龙县检查指导计划生育、业余体育工作。

1990 年

2 月 7 日，水利部副部长侯杰在省水利厅领导、市长丁文斌陪同下到卢龙县视察引青济秦工程。

8 月 24 日至 25 日，中央顾问委员会委员、冀热辽军区原司令员、司法部原第一副部长李运昌，到卢龙县曾经战斗、生活过的地方视察工作。

9 月 17 日，化工部常务副部长林荫才、省化工厅副厅长赫崇良、副市长赵禄祥到卢龙县化肥厂视察工作。

10月10日，县承担的省级农业科研项目《甘薯高产栽培配套新技术》和《甘薯玉米套种绿豆丰产示范推广》通过省级年度验收。

11月21日，县被授予“全国计划生育先进县称号”。

是年，卢龙县被评为全国体育先进县。

1991年

1月6日，国务院大秦铁路办公室副主任毛文礼、黄保庆等到卢龙县视察大秦铁路第二期工程施工情况。

1月18日至19日，省委副书记李炳良、副秘书长肖万军，市委书记顾二熊到卢龙县视察。

1月29日，秦皇岛市市长丁文斌带领中央电视台摄制组到县拍摄水利建设专题片。

1月，卢龙县被确定为省级“农业标准化示范县”“河北省山区开发重点县”。

8月11日，中顾委委员、中国人民银行原行长李葆华，河北省分行行长刘振陆，副市长李书和到卢龙县考察境内出土文物情况并参观了革命先驱李大钊少年时代读书校址。

8月21日，全国政协原副主席杨成武、市政协副主席赖在抗视察引青济秦工程——桃林口渠首。

10月11日至14日，全国政协常委、水利部原副部长刘向三，全国水利经济研究中心理事长、水利部原副部长张季农，天津警备区原政委吴中瑞，水利部办公厅原主任杨文汉，海河流域治理委员会原主任董一林等到卢龙县视察农田水利基本建设。

10月13日，国际马铃薯研究中心在卢龙县召开中国北方甘薯、马铃薯初加工技术培训会议，推广卢龙县甘薯初加工的经验。国际马铃薯研究中心加工部主任威斯曼博士以及全国各地甘薯产区的 20 多名领导和专家参加了会议。

10 月，县被评为全国土地开发先进县。

11 月 23 日，由八一电影制片厂拍摄的历史巨片《大决战（第三部）〈平津战役〉》东北军入关一场在刘家营乡正式开机拍摄。

12 月，卢龙县被评为全国水利建设先进县、全国计划生育先进县。

1992 年

7 月 29 日，化工部副部长谭竹洲、省化工厅副厅长贺崇祥及中阿化肥有限公司领导到卢龙县化肥厂检查工作。

8 月 7 日，中共中央委员、原铁道部原部长、大秦铁路建设领导小组组长陈璞如、市人大常委会副主任崔致中到卢龙县慰问。

8 月 11 日，省顾问委员会主任杨泽江到卢龙县视察。

1993 年

8 月 11 日，常务副省长陈立友在市长陈来立的陪同下到卢龙县检查指导工作。

8 月 13 日，交通部副部长李居昌到卢龙县视察 102 线国道工程建设情况。

1994 年

4 月 8 日，省检察院副检察长张殿山等到卢龙县检查指导工作。

10 月 13 日，李大钊生平事迹展览馆在县开馆。

1995 年

4 月 18 日，省环保局局长马登奇在市人大常委会副主任崔致中等陪同下，到卢龙县检查环保工作。

6 月 13 日，省长叶连松、副省长郭世昌带领省直有关部门和金融部门的负责人专程到卢龙县就国有企业产权制度改革进行调查研究，检查指导工作。

1996 年

3 月 25 日，省检察院检察长侯磊在市检察院检察长尹海波陪同下，到卢龙县看望全体检察干警。

6 月 13 日，省长叶连松、副省长郭世昌带领省直有关部门负责人到卢龙县就国有企业产权制度改革进行调查研究，对县国有小型企业产权制度改革给予充分肯定。

1997 年

4 月 13 日，省委副书记卢展工一行到卢龙县检查指导工作。

5 月 8 日，最高人民法院副院长兼政治部主任谢安山到卢龙县视察法院“两庭”建设情况。

6 月 7 日，副省长陈立友、市委副书记张树仁、副市长黄荣等到卢龙县就甘薯产业化建设做专题调查研究。

7 月 19 日，省财政厅厅长张宝生在市委副书记张树仁的陪同下，到卢龙县就甘薯产业化建设工作进行调研。

7 月 24 日，省委副书记李炳良、市委副书记张树仁到卢龙县检查指导甘薯产业化建设。

8 月 12 日，国家土地局局长邹玉川、河北省土地局局长宋锦林等领导到卢龙县视察土地管理工作。

1998 年

7 月 2 日，副省长郭庚茂、市长赵铁练、副市长黄荣到卢龙县就甘薯产业化建设做专题调研。

1999 年

5 月 5 日，省长钮茂生、市委书记王建忠到卢龙县视察下寨乡十八里铺村甘薯高产试验田。

10 月 5 日，国家计划委员会、水利部检查组将县引青灌区灌溉工程列入国家农业节水灌溉、大型灌渠改造项目

2000 年

3 月，卢龙县创建全国科技工作先进县工作通过省科委验收。9 月 15 日，被科技部命名为“全国科技工作先进县”。

5 月 20 日，省委副书记赵世居、市委副书记周卫东到卢龙县视察甘薯产业化建设工作。

7 月 14 日，省委副书记赵金铎到卢龙县检查灾情。

8 月 2 日，省委常委、省委组织部部长刘德旺到卢龙县检查指导工作。

2001 年

2 月 8 日至 9 日，省委副书记、组织部部长刘德旺带领省委督导组一行 5 人，在市委书记王建忠、副书记张树仁、市委常委组织部部长谌曙光陪同下到卢龙县指导“三个代表”学习教育活动。

6 月 28 日，省人大常委会副主任白录堂带领省人大土地管理执

法检查组在市人大常委会副主任杨文波的陪同下到卢龙县检查土地执法工作。

9月11日，省委“三个代表”讲师团到卢龙县宣讲《江泽民“七一”重要讲话精神》。

2002年

3月9日，市委书记王建忠、副书记张树仁、市委秘书长范怀良、副市长刘景旺到卢龙县检查京沈高速公路绿色通道工程建设工作。

6月28日，省计划生育委员会主任刘德运到卢龙县进行调研。

7月30日，省委书记王旭东、省委秘书长王学军、市长营瑞亭、市委秘书长范怀良到卢龙县检查指导工作。

11月5日，省军区司令员黄洪钦、秦皇岛军分区司令员王茂吉、政委郎岗峰到卢龙县检查指导征兵工作。

12月19日至20日，蒙古国乌兰巴托市教育代表团到卢龙县参观教育教学工作，先后考察了卢龙中学、第三实验小学多媒体教室、语音室和实验室。副市长赵春林会见了代表团人员。

2003年

县内传入SARS非典病毒，至7月结束。卢龙县医院、卢龙县中医院被列为非典治疗专属医院，医护人员无一人感染。

2004年

卢龙县投资1203万元，完成21.3千米蛇刘线崔庄至李官营段改造工程。在全县范围内实施村村通油路（水泥路）工程，截至10月底修建283.81千米，涉及107个行政村。

2006 年

5 月，卢龙县发展改革局成立。下设办公室、综合股、项目股、投资股、体改股、资源股。

2007 年

在抗日战争时期滦东革命根据地柳河北山建立冀东抗战纪念馆。9 月 29 日举行开馆仪式并正式对外开放。

2008 年

5 月 19 日，县委书记孙国胜主持“卢龙县情系四川地震灾区捐款救助”仪式，动员全县上下社会各界力量捐款捐物，奉献爱心，共募集善款近 160 万元。

2009 年

中国民协授予卢龙县为“中国孤竹文化之乡”光荣称号。7 月，卢龙县申报“千年古县”顺利通过由民政部地名研究所、联合国地名专家组中国分部专家组成的专家组评审认定，被评为千年古县。

2011 年

7 月 29 日，中华诗词学会命名卢龙县为“中华诗词之乡”。

11 月 8 日，卢龙县医院搬迁新址，新县医院占地 80 亩，建筑面积 32521 平方米。主要有门诊、医技、病房楼、后勤供应综合楼、感染科楼等建筑。增设五官科、感染科病房。

2012 年

6 月 1 日，经县编委批准，中国孤竹文化研究中心作为常设机构正式挂牌办公。常设机构设在县图书馆二楼，有办公人员 4 名，负责孤竹文化研究工作。

秋，法国勃艮第产区葡萄酒投资与文化发展协会主席菲利普·加涅参加了“中国·卢龙柳河山谷之夜品酒会”，并受聘为卢龙葡萄酒产区首席顾问。

2013 年

9 月，首部反映永平府时期政治、经济、文化的学术著作《京东第一府》由中国文史出版社公开出版发行。

是年，卢龙县卢龙镇中学迁入新校区，占地面积 139403 平方米，建筑面积 308247.59 平方米。至年底，有教学班 48 个，在校学生 2564 人，教职工 288 人。

2015 年

县文化艺术中心建成投入使用，建筑面积 10892 平方米，包含图书馆和文化馆。

2016 年

8 月 6 日，省军区司令员邵亨、市委常委军分区政委傅永国到县检查督导征兵体检工作，县领导张立群、曾宪银、温东陪同。

2017 年

卢龙县被省委、省政府命名为“省级文明县城”。

2019 年

卢龙县被省委列为新文明实践中心试点县。7 月“河北好人榜”暨 2018 年河北首批“新时代好少年”发布活动在卢龙县举行。卢龙县 30 位好人入榜。

11 月，卢龙孤竹小金米入选中国农业品牌目录 2019 农产品区域公用品牌。

12 月，卢龙县老区促进会挂牌成立。

2020 年

1 月 25 日，中国武汉首先发生新冠病毒性肺炎病例，疫情迅速向全国蔓延。卢龙县医院医护人员顾洪涛、窦立婧、刘富斌、李东梅、杨立凤“五朵金花”驰援武汉，圆满完成工作任务。

12 月 15 日，卢龙县新社会阶层人士联谊会成立。

后　记

按照习近平总书记关于“发扬红色资源优势，深入进行党史、军史、老区革命史优良传统教育，把红色基因代代传下去，让革命事业薪火相传，血脉永续”的重要指示精神和中国老区建设促进会、省市老区建设促进会的部署，我们编纂了《卢龙县革命老区发展史》，旨在挖掘红色文化，传承红色基因，振奋革命精神，为实现改革复兴的“中国梦”做出点贡献。红色基因是中国共产党安身立命的一种革命精神，是共产党人的精神内核。这种精神，象征着光明和信仰，是中华民族的精神纽带，是中华民族的伟大信念。卢龙人民历史上的“一渠百库”精神、抗震救灾精神以及“仁义、诚信、务实、拼争”的新时代卢龙精神，都是对红色基因的继承和发展。

《卢龙县革命老区发展史》以现行行政辖区范围追溯历史。上限从1905年16岁的李大钊在永平府中学堂求学开始，下限到2020年。本书采取编年体与记事体有机结合，编、章、节、条环环相扣的形式，全景记述卢龙县百年以来革命老区的发展变化。1958年11月，卢龙县建制撤销，并入昌黎县，1961年5月恢复卢龙县建制。本书对并入昌黎县期间的发展情况记述不多。本书的资料来源于1994年和2014年出版的《卢龙县志》、县党史办公室、党史研究室编印的《古城风云》《红色山村》《卢龙县党史大事记》、县档案馆编印的

《卢龙县大事记》、县委组织部编印的《中国共产党卢龙县组织史》、县政协编印的《烽火卢龙人》、老干部局编印的《晚霞金灿灿》、中国孤竹文化研究中心编印的《冀东抗战》以及《孤竹魂》《中国孤竹文化》《京东第一府》等出版物，并查阅了大量的档案、文史资料，进行了大量的调查走访，获得了许多珍贵的参考资料。

在本书编写过程中，河北省老促会、秦皇岛市老促会的领导给予了极大的关注与支持，积极协调本书的编纂、出版工作。卢龙县委、县政府也高度重视，从财力上大力支持，给予足额保证。县委办公室、县委宣传部、政府办公室、党史研究室、县财政局、农业局、民政局、交通局、档案局、文旅局以及文化馆、图书馆对本书的编纂出版工作都给予了大力支持与帮助，值此一并表示衷心的感谢。

《卢龙县革命老区发展史》是卢龙县老区建设促进会成立后启动的一项重要工作。从启动到书稿完成不到一年时间。由于时间紧，任务重，可用资料不多，编纂工作中遇到许多困难。加之编者水平有限，人力不足，书中纰漏在所难免。敬请各位专家、学者、各位领导特别是在卢龙工作、战斗过的老同志以及广大读者提出宝贵意见。

编者

2020 年 12 月 10 日

图书在版编目（CIP）数据

卢龙县革命老区发展史 / 卢龙县老区建设促进会编 . --石家庄：河北人民出版社，2021.6

（全国革命老区县发展史丛书 . 河北卷）

ISBN 978 - 7 - 202 - 15433 - 5

Ⅰ.①卢… Ⅱ.①卢… Ⅲ.①卢龙县—地方史 Ⅳ. ①K292.24

中国版本图书馆 CIP 数据核字（2021）第 099390 号

丛 书 名　全国革命老区县发展史丛书. 河北卷

QUANGUO GEMING LAOQU XIAN FAZHANSHI CONGSHU HEBEI JUAN

丛书主编　河北省老区建设促进会

书　　名　卢龙县革命老区发展史

LULONGXIAN GEMING LAOQU FAZHAN SHI

编　　者　卢龙县老区建设促进会

责任编辑　杨永林

责任校对　付敬华

美术编辑　于艳红

出版发行　河北出版传媒集团　河北人民出版社

（石家庄市友谊北大街 330 号）

印　　刷　三河市华东印刷有限公司

开　　本　787 毫米×1092 毫米　1/16

印　　张　25

字　　数　290 000

印　　数　1-1 000

版　　次　2021 年 6 月第 1 版　2021 年 6 月第 1 次印刷

书　　号　ISBN 978 - 7 - 202 - 15433 - 5

定　　价　150.00 元
